SAMMLUNG GÖSCHEN BAND 79/79a

GOTISCHES ELEMENTARBUCH

GRAMMATIK, TEXTE MIT ÜBERSETZUNG UND ERLÄUTERUNGEN

von

DR. HEINRICH HEMPEL
o. Professor an der Universität Köln

Dritte, umgearbeitete Auflage

WALTER DE GRUYTER & CO.
vormals G. J. Göschen'sche Verlagshandlung · J. Guttentag, Verlagsbuchhandlung · Georg Reimer · Karl J. Trübner · Veit & Comp.
BERLIN 1962

Satz und Druck: Walter de Gruyter & Co., Berlin W 30. Printed in Germany

Inhaltsverzeichnis

Literatur

F. Mossé, Bibliographia Gotica ... to the end of 1949, in: Mediaeval Studies (Toronto) Bd. 12 (1950), S. 237 – 324. 1. Suppl. ebd. 15 (1953), S. 169ff. 2. Suppl. (von J. W. Marchand) ebd. 19 (1957), S. 174ff.

M. Schönfeld, „Goti". Paulys Realenzyklopädie d. klass. Alterumswiss. Neue Bearb. Suppl. 3 (1918), Sp. 797 – 845.

L. Schmidt, Geschichte der deutschen Stämme bis z. Ausgang der Völkerwanderung. I. Die Ostgermanen. München. ^{2}1934. S. 195ff. Die Goten.

R. Much, Deutsche Stammeskunde ^{3}1920 (Samml. Göschen 126).

F. Vogt, Wulfila. Allg. Deutsche Biographie 44, S. 270ff.

W. Streitberg, Wulfila. Hoops' Reallex. d. germ. Altertumskunde 4, 565ff.

W. Braune-K. Helm, Gotische Grammatik. Tübingen ^{14}1953.

W. Streitberg, Gotisches Elementarbuch. Heidelberg $^{5/6}$1920.

F. Kluge, Die Elemente des Gotischen. Grundr. d. germ. Philologie, hrsg. von H. Paul, I, ^{3}1911.

F. v. d. Leyen, Einführung in das Gotische. München 1908.

A. G. van Hamel, Gotisch Handboek, Haarlem ^{2}1931.

M. H. Jellinek, Geschichte der got. Sprache. Grundriß d. germ. Phil. I, 1 1926.

E. Kieckers, Handbuch d. vergleich. got. Grammatik. München 1928. Dazu Chrostomathie nebst Glossar. 1928.

F. Mossé, Manuel de la langue gothique. Paris ^{2}1956.

H. Krahe, Histor. Laut- u. Formenlehre des Gotischen. Heidelberg 1948.

W. Krause, Handbuch des Gotischen. München 1953.

F. Wrede, Über die Sprache der Ostgoten in Italien = Quellen u. Forsch. 68, 1891.

Codex Argenteus Upsaliensis. Jussu Senatus Universitatis phototypice ed. O. v. Friesen und A. Grape, Uppsala 1927 (nicht im Buchhandel). Dazu O. v. Friesen und A. Grape, Om Codex Argenteus, dess Tid, Hem och Öden. Uppsala 1928.
H. de Boor, Der Cod. Arg. u. seine neueste Ausgabe. Buch u. Schrift II, 1928, S. 39ff.

H. C. v. d. Gabelentz u. G. Löbe, Ulfilas Veteris et novi testamenti versionis gothicae fragmenta quae supersunt. 2 Bde. Leipzig 1843 – 46. (Mit Glossar. u. Gramm.).

Vulfila oder die gotische Bibel, hrsg. v. E. Bernhardt. Halle 1875. (Mit griech. Text u. Anm.)

Stamm-Heyne, Ulfilas. Paderborn u. Leipzig $^{13/14}$1921, hrsg. F. Wrede. (Mit Gramm. u. Wörterbuch)

Die Got. Bibel, hrsg. W. Streitberg. I. Text (got. u. griech.) ^{2}1919; II. Wörterbuch ^{2}1928, Heidelberg.

Wulfilae Codices Ambrosiani rescripti epistularum evangelicarum textum goticum exhibentes, phototypice ed. J. de Vries Florenz 1936.

E. A. Kock, Die Skeireins. Text nebst Übers. u. Anm. Lund u. Leipzig 1913.

G. W. Friedrichsen, The Gothic Version of the Gospels. A Study of its Style and Textual History. Oxford 1926. — The Gothic version of the epistles. 1939.

P. Glaue u. K. Helm, Das got.-lat. Bibelfragment der Univ.-Bibl. zu Gießen. Z. f. d. neutestamentl. Wiss. 11 (1910).

C. C. Uhlenbeck, Kurzgefaßtes etymol. Wörterbuch der got. Sprache. Amsterdam ^{2}1900.

S. Feist, Etymol. Wörterbuch der got. Sprache. Leiden ^{3}1939.

F. Holthausen, Gotisches etymol. Wörterbuch. Heidelberg 1934.

W. Streitberg, Geschichte der got. Literatur. Pauls Grundriß 11, 1. ^{2}1901, S. 1 – 28.

R. Plate, Geschichte der got. Literatur. Berlin und Bonn 1931.
F. Kluge-A. Götze, Etymol. Wörterbuch der deutschen Sprache. 17. Aufl., bearb. von A. Schirmer, Berlin 1957.
W. Wilmanns, Deutsche Grammatik. I ^{3}1911. II ^{2}1899. III $^{1/2}$1906.
K. Brugmann, Grundriß der vergleich. Grammatik der indogerm. Sprachen. 2. Aufl., 5 (7) Bände, Straßburg 1897–1916.
K. Brugmann, Kurze vergleich. Grammatik der idg. Sprachen. Neudruck 1933.
H. Hirt, Indogerm. Grammatik 1–7. Heidelberg 1927–1937.
H. Krahe, Indogerm. Sprachwissenschaft. 2 Bde, ^{3}1958/59. (Samml. Göschen Nr. 59, 64).
H. Krahe, Germanische Sprachwissenschaft, I ^{4}1960, II ^{3}1957 (Samml. Göschen Nr. 238, 780.)

Zeitschriften:

JEGP. = Journal of English and German Philology. Bloomington 1897ff.
Lang. = Language. Baltimore 1925ff.
PBB. = (Paul u. Braune), Beitr. z. Gesch. d. dt. Sprache u. Lit.
Z(Anz)fdA. = Zeitschr. (Anzeiger) f. dt. Altert.

Abkürzungen und Zeichen

abl.	= ablautend	l(at.)	= lateinisch
ae.	= altenglisch	lit.	= litauisch
ahd.	= althochdeutsch	(m)hd.	= (mittel)hochdeutsch
ai.	= altindisch	(m)nd.	= (mittel-)niederdeutsch
air.	= altirisch	ne.	= neuenglisch
ais.	= altisländisch	nl.	= niederländisch
alat.	= altlateinisch	st.	= stark
as.	= altsächsisch	sw.	= schwach
asl.	= altslavisch	südg.	= südgermanisch
(gr.)dor.	= dorisch	urg.	= urgermanisch
g(ot.)	= gotisch	usp.	= ursprünglich
gr.	= griechisch	vw.(∼)	= verwandt aber nicht gleichwertig
idg.	= indogermanisch		

Abkürzungen für Geschlechter, Numeri, Kasus § 45.

Länge ist ais. und ae. durch Akut (á) bezeichnet, sonst durch Strich (ā).

ę̆,ǭ bezeichnen offene (kurze wie lange) Laute; die geschlossenen bleiben ohne Sonderbezeichnung. Ais. ǫ (kurz) anfangs auch so, später, im 13. Jh., etwa wie *ö* gesprochen.

Runisch *R* ist ein auf dem Wege zwischen *z* (= weiches *s*) und *r* liegender Zitterlaut, später mit altem *r* zusammengefallen.

Ae. ʒ ist vor hellem Vokal palataler Reibelaut (*j*).

In den Texten: [...] = Zusatz zum Text, (...) = Streichung.

Braiþs (*d*), *hlaifs* (*b*) bedeutet, daß inlautend weicher Reibelaut hervortritt, *þ* bzw. *f* also Auslautverhärtung ist.

Einleitung

§ 1. Die Goten

S p r a c h l i c h e s. Das Gotische ist die älteste germanische Sprache, die uns ziemlich vollständig überliefert ist und vor allem die altertümlichste: sie steht dem Urgermanischen, wie man es als gemeinsame Stammform aller germ. Sprachen zu erschließen pflegt, am nächsten. Noch altertümlicher sind allerdings die ältesten Runeninschriften, von denen einige als gotisch, also sozusagen „frühgotisch“ gelten, und vor allem die im Finnischen zahlreich erhaltenen Lehnwörter aus dem Germanischen; aber dies sind beides nur sehr begrenzte Sprachausschnitte.

Die germ. Sprachen werden am natürlichsten in zwei Gruppen eingeteilt, eine s ü d g e r m a n i s c h e (früher auch w e s t g e r m a n i s c h, dann auf Grund besonderer Annahmen i n g w ä o n i s c h genannt[1]), und eine n o r d i s c h - g o t i s c h e. Zum Südgermanischen gehören das heutige Deutsche (Nieder- und Hochdeutsch), wozu sich in entfernterem Sinne das um 1000 ausgestorbene Langobardische stellt, und zum andern das Anglofriesische (Englisch und Friesisch). Zur nordisch-gotischen Gruppe gehören einerseits die nordischen oder skandinavischen Sprachen: Norwegisch-Isländisch-Färöisch („Westnordisch“) und Schwedisch-Dänisch („Ostnordisch“), — andererseits das Gotische.

Zwischen beiden Gruppen bestand einst keine scharfe Grenze, die Dialekte der jütischen Halbinsel bildeten den natürlichen Übergang zwischen ihnen; und diese Dialekte waren, einerseits durch vielfache Zuwanderung aus Skandinavien (Wandalen!), andrerseits durch eigene Ausstrahlung ins nordwestliche Deutschland (sächsische Eroberung?) in steter Bewegung und Umbildung. Schließlich entstand im 5./6. Jh. durch die Abwanderung eines Großteils der Angeln, Sachsen und Jüten nach England eine Lücke zwischen Nord und Süd, die sich durch das Vordringen der ostnordischen Dänen zu einer Sprachgrenze auswuchs.

---

[1]) Vgl. F. W r e d e, ZfdMda. 19, S. 270ff. Dazu G. N e c k e l, Beitr. z. Gesch. d. dt. Spr. u. Lit. 51, 1ff. L. W o l f f, ZfdA. 71, 129ff.

Neuerdings sondert man die (alte) Sprache der jütischen und angrenzender Stämme als „nordseegermanisch“ von den eigentlich deutschen, „binnengermanischen“ Dialekten[1]).

Das Gotische steht also für sich, ist aber ursprünglich dem Ostnordischen deutlich näher verwandt als dem Westnordischen[2]); besonders nahe steht es dem Gutnischen, der Sprache der Insel Gotland, die ja noch immer den Gotennamen trägt. In alter Zeit hieß sie „*Gutland*“, und als Selbstbenennung der Goten ist im „Kalender“ (vgl. unten § 3, 7) *Gut-þiuda* = „Gotenvolk“ überliefert. Das Simplex wäre got. *Gutōs* (st.) oder *Gutans* (sw.). Die älteste lateinische Quelle, Plinius, enthält noch die Form mit *u*: *Gutones*, Spätere schreiben *Gotones* oder *Gotae*, *Goti*. Aber auch die Gauten in Südschweden (heute Öster- und Wester-Götland, ehemals Gautland geheißen) tragen in leichter Veränderung (anderer Ablautstufe) den gleichen Namen, und zu vermuten ist eine ursprüngliche sprachliche Zugehörigkeit der Gauten zu Gotländern und Goten, die erst durch die schwedische Eroberung Gautlands überdeckt wurde. Das Gotische wieder entfernte sich, da die Goten früh auf das deutsche Festland abwanderten, von den anderen skandinavischen Sprachen, so daß diese ihm gegenüber zu einer relativen Einheit zusammenrückten.

Man stellt daher das Gotische gern mit den Sprachen anderer in der Völkerwanderungszeit auf ostdeutschem Boden (d. h. östlich der Oder, nicht der Elbe!) und weiter östlich und südöstlich bis zum Pontus stehenden Germanenstämme, die sämtlich seither sprachlich untergegangen sind, zusammen zu einer „ostgermanischen“ Gruppe; diese vereinigt man entweder mit der nord. zu einer nord.-ostgerm. Obergruppe oder stellt sie als selbständige dritte Gruppe neben die südgerm. und nord., gelangt also zu einer Dreiteilung. Aber das „Ostgermanische“ ist nicht wie die zwei anderen Gruppen ein klarer sprachwissenschaftlicher, son-

---

[1]) Vgl. F. Maurer, Nordgermanen und Alemannen. [3]1952. — E. Schwarz, Goten, Nordgermanen, Angelsachsen. 1951. — H. F. Rosenfeld, Zur sprachl. Gliederung der Germanen. Zeitschr. f. Phonetik u. allgem. Sprachwiss. 8, 365 ff.

[2]) Vgl. Neckel, a. a. O., S. 3 und unten § 20,3.

dern mehr ein historisch-geographischer Begriff[1]). Außer den Sprachen der Goten und der Gepiden, die nur ein Teilstamm der Goten waren, rechnet man hierher noch die der Heruler, Burgunden, Rugier und Wandalen, manchmal auch noch die der Donaugermanen: Bastarnen und Skiren. Von der Mehrzahl dieser Stämme wissen wir, daß sie wie die Goten selbst aus Skandinavien stammten. Aber von ihren Sprachen wissen wir sehr wenig, nicht genug, um sie mit Sicherheit näher zu den Goten als zu den Skandinaviern zu stellen. Es ist aber das dünn besetzte Ostdeutschland nicht nur von den Nordleuten über See, sondern auch von Westen her über die Oder, von Südgermanen also aufgesucht worden und wird sprachlich bei den beständigen Völkerschiebungen langhin ein stark gemischtes Bild geboten haben. Von den genannten Völkern gehören die Heruler vielleicht nahe zu den Goten[2]), für die Burgunden, die von Bornholm (alt „Borgundarholm") wohl um 100 v. Chr. ins Odergebiet einrückten, ist ein gleiches möglich. Die Rugier kamen vermutlich aus Norwegen, aus Rogaland. Die Wandalen stammten wohl aus dem schwedischen Uppland, Teile von ihnen waren aber früh nach der Nordspitze Jütlands (noch heute „Vendsyssel") gelangt und mögen dort in Nachbarschaft der nordseegermanischen Chimbern und Teutonen manche nordseegerm. Sprachzüge angenommen haben. Wenn sich dann etwa seit 100 v. Chr. Schlesien von Wandalen besiedelt findet, so bleibt fraglich, ob diese aus Jütland oder aus der uppländischen Stammlandschaft kamen, oder ob etwa beide Volksteile gemeinsam ausgezogen sind. Man nimmt vielfach an, daß die Wandalen sich dem Chimbernzug anschlossen und sich dann auf ostdeutschem Boden abzweigten. Ob sich unter Stämmen so verschiedener Herkunft eine relative sprachliche Einheit hergestellt habe ohne den Druck einer übergreifenden Staats-

[1]) Das Zeugnis antiker Autoren (besonders Procop, Vand. I 2) über enge auch sprachliche Zusammengehörigkeit der ostgerm. Stämme ist gewiß nicht gemeint in Unterscheidung von anderen germanischen, sondern von nichtgermanischen Stämmen.

[2]) Vgl. C. Marstrander, Norsk Tidsskrift f. Sprogvidenskap 3, S. 92ff.

gründung, muß fraglich bleiben. Nur das Gotische dürfen wir also als klare sprachwissenschaftliche Größe ansetzen.

Echt gotischen Stammes waren die sog. Krim-Goten[1]) beiderseits der Straße von Kertsch, die mindestens bis ins 16. Jh. ihre germ. Sprache bewahrt haben, aber in deutlich weiterentwickelter Form. Um 1560 hat der Flame Busbecq eine Anzahl Wörter und Sätze ihrer Sprache aufgezeichnet. Hier waren dt. *ĕ* und *ŏ* nicht, wie im Gotischen, fast stets durch *ĭ* und *ŭ* vertreten: got. *swistar* — krimg. *schwester* got. *gulþ* — krimg. *goltz*. Dagegen teilte das Krimgot. mit dem Got. die Schließung des offenen germ. *ę̄*, und ging hier sogar bis zum *ī*; vgl. ahd. *slāfan* — got. *slēpan*, krimg. *schlipen*, Entsprechend war germ.-got. *ō* zu *ū* gehoben: got. *brōþar* — krimg. *bruder*. Nicht begründet ist die Annahme, daß die Krimgoten Reste der Heruler waren.

Geschichtliches. Schon in vorchristlicher Zeit sind die Goten aus ihrer skandinavischen Heimat, wohl aus Gautland[2]) zu Schiff nach den Weichselmündungen übergesetzt. Bald breiteten sie sich über Ostpreußen aus. Um die Mitte des 2. Jh.s n. Chr. zogen sie nach Südosten ab und stießen durch Südrußland bis zum Schwarzen Meere vor, wo sie 214 zuerst nachweisbar sind und beiderseits des Dnjestr ein großes Reich gründeten. In diese Zeit fällt ihre Spaltung in die zwei Stämme der Austro-Goti und Visi oder Visi-Goti. Nur ersteres konnte „Ostgoten" bedeuten, das zweite ist irrig, aber der geographischen Lagerung entsprechend als „Westgoten" gedeutet worden. Die Blüte des Gotenreiches wurde um 375 durch den Hunnensturm gebrochen, und seitdem wandten beide Stämme sich westwärts. Zuerst die Westgoten. Unter Alarich durchzogen sie Italien und gründeten 415 in Südfrankreich das tolosanische Reich, das sich seit 466 auch über große Teile Spaniens ausdehnte. Nach 507 (Schlacht bei Vouillé) wurden ihnen die südfranzösischen Gebiete von den siegreichen Franken

[1]) Vgl. E. Schwarz, Die Krimgoten. Saeculum 4, 156ff.

[2]) Für Gautland B. Nerman, Die Herkunft und die früheste Auswanderung der Germanen (1924), S. 52, und jetzt mit eindrucksvoller Begründung C. Graf Oxenstierna, Die Urheimat der Goten, Leipzig u. Stockholm 1948 (Diss. Uppsala).

größtenteils entrissen, und 711 erlag der spanische Rest ihres Reiches den Arabern. Die germ. Sprache war bei ihnen wohl schon zuvor erloschen. Die Ostgoten kamen später zum Zuge. Unter Theodorich gewannen sie von ihren damaligen pannonischen Sitzen aus 493 Italien, ihr Reich wurde aber schon 555 durch die Feldherren Ostroms vernichtet, und bald danach wird auch ihre Sprache erloschen sein. Manche der erhaltenen got. Handschriften stammen aus Italien, sind also ostgotischer Herkunft.

Teile der Goten blieben aber am Balkan sitzen, wo sie allmählich in fremdem Volkstum aufgingen. Im 9. Jh. wurde dort mancherorts, namentlich in Tomi, dem alten Bistumssitz der Dobrudscha, noch gotisch gepredigt.

§ 2. Wulfila und seine Bibelübersetzung

Das weitaus wichtigste got. Sprachdenkmal ist die Bibelübersetzung des Wulfila, die in mehreren unvollständigen, sich teilweise ergänzenden Hss. auf uns gekommen ist.

Ein Teil dieser Hss. (im folgenden die Nrn. 1, 4—6) stammen freilich aus Italien, weshalb man in ihnen ostgotische Einflüsse vermutet, und sind in der knapp ein Jahrhundert umfassenden Zeitspanne von der Aufrichtung des italischen Reiches bis zu seinem Sturz und der Verdrängung der gotischen Sprache entstanden. Die ursprüngliche Sprache der Bibel aber war westgotisch, und sie ist wohl im ganzen bewahrt geblieben. Keine der Hss. nennt Wulfila als Schöpfer der Übersetzung, aber er ist uns als solcher gut bezeugt durch die Berichte mehrerer Kirchenhistoriker, vor allem der beiden Arianer Philostorgios und Auxentius, die im 5. Jh. schrieben. Sie nennen ihn Ulphila(s) oder Urphilas und berichten, daß er mutterseitig von kappadokischen Kriegsgefangenen abstammte; sein Vater wird Gote gewesen sein. Er hatte eine treffliche gelehrte Erziehung genossen, schrieb und predigte in drei Sprachen (gotisch, griechisch und lateinisch). Bereits mit dreißig Jahren wurde er Bischof eines schon früh christlich, d. h. arianisch gewordenen Teiles der Westgoten (341), und als eine Verfolgung der Christen, wohl durch König Athanarich, einsetzte, führte er seine Anhänger über die Donau auf römischen Reichsboden, und Kaiser Konstantius gewährte ihnen Wohnsitze in Mösien am Nordhbhang des Hämus, südlich des heutigen Plewna (348). Sie hießen seither Mösogoten oder Kleingoten. Wulfila waltete noch 33 Jahre, bis zu seinem Tode, hochgeehrt seines Bischofsamts. Er starb in Konstantinopel, wohin er zu einer Kirchenversammlung gerufen war.

Seine größte Tat war die Übersetzung der Bibel in die Sprache seines Volkes, d. h. der Mösogoten, die nicht etwa die Sprache aller Westgoten oder gar aller Goten war. Wir müssen für diesen Zeitpunkt schon mit starken dialektischen Verschiedenheiten der weitverstreuten gotischen Stämme rechnen. Wulfilas Übersetzertätigkeit fällt vermutlich in die Jahre um 369. Nach Philostorgios übertrug er alle Bücher mit Ausnahme der Könige, deren kriegerischer Inhalt, wie er glaubte, die alten Kriegerinstinkte seiner Goten zu sehr anregen würde. Ausgelassen war wohl auch der Hebräerbrief, dieser aus dogmatischen Gründen. Erhalten ist uns vom Alten Testament nur ein Bruchstück aus Nehemia (c. 5—7), auch das Neue Testament ist unvollständig. Die gr. Vorlage, nach der er übertrug, war für das A.T. die Septuginta in der im ganzen Osten geltenden antiochenisch-byzantinischen Fassung Lukians; vermutlich gilt für das N. T. das gleiche. Daneben hat wohl schon Wulfila selbst die Vetus Latina (Praevulgata) herangezogen[1]), und in verstärktem Maße ist das in der weiteren Überlieferung seines Werkes geschehen. Man stellte „Bilinguen" her, die den gotischen und den lateinischen Text nebeneinander boten, und beide waren einander vielfach angeglichen. Reste solcher Bilinguen sind unten Nr. 2 und 3; auch der Cod. Arg. ist die Hälfte einer Bilingue, deren andere, lateinische Hälfte annähernd durch f, den Codex Brixianus (Brescia, 6. Jh.) dargestellt wird.

---

[1]) Dies wird jetzt, m. E. nicht mit Recht, bestritten von J. W. Marchand, Language 33 (1957), 233ff.

Handschriften:

1. Codex argenteus (Arg.), in Silberschrift, die Anfänge in Gold, auf purpurfarbenem Pergament geschrieben. Zuerst um 1550 im Kloster Werden nachweisbar, wohin ihn vielleicht der hl. Liudger um 780 aus Italien oder eher aus dem westgot. Südfrankreich gebracht hatte; seit etwa 1600 im Besitz Rudolfs II. in Prag, 1648 nach der Eroberung der Stadt von den Schweden entführt. Isaak Vossius brachte die Hs. vorübergehend nach Holland, der schwedische Kanzler Graf de la Gardie kaufte sie zurück und schenkte sie, kostbar in Silber gebunden, 1669 der Universität Uppsala. — Die Hs. enthielt auf 336 Blättern, von denen 187 erhalten sind, nur die Evangelien in der Reihenfolge Matthäus, Johannes, Lukas, Markus. Geschrieben um 500 in Norditalien (Ravenna?) von zwei Händen; das Lukas-Ev. und in geringerem Grade das Johannes-Ev. zeigen vielfach abweichende, jüngere Sprachformen, die man gern als ostgotisch angesprochen hat. Aber man sollte eine fortgeschrittene Sprachentwicklung eher den Westgoten zutrauen, die früher in neues welthistorisches Geschehen eintraten. Das Reich von Toulouse ist fast ein Jahrhundert älter als das von Ravenna.

2. Codex Gissensis (Giss.) in Gießen, ein Pergamentdoppelblatt aus Ägypten, 6. Jh., Rest einer lat.-got. Evangelienbilingue; enthält Bruchstücke aus Luk. 23—24.

Alle übrigen Hss. sind Palimpseste.

3. Codex Carolinus (Car.) in Wolfenbüttel, früher in Weißenburg, aus dem 5. Jh., ebenfalls Bilingue; enthält Stücke aus Röm. 11—15 nebst lat. Paralleltext.

4. Codices Ambrosiani (Ambr.) A—D in Mailand: Cod. A und B enthalten auf 192 bzw. 154 Seiten Teile aller Paulinischen Briefe mit Ausnahme des Hebräerbriefes, der von Anfang an gefehlt hat. — Cod. C (2 Blätter) enthält Stücke aus Matth. 25—27. — Cod. D (3 Blätter) Stücke aus Nehemia 5—7, die einzigen Reste des A. T. — (Cod. E = „Skeireins", unten Nr. 6).

5. Codex Taurinensis (Taur.) in Turin, zu Ambr. A gehörig, enthält auf vier sehr beschädigten Blättern Reste aus Galater- und Kolosserbrief.

§ 3. Die sonstigen Denkmäler der gotischen Sprache

Außer der Bibelübersetzung ist nur wenig Gotisches erhalten:

6. Skeireins. Am wichtigsten sind die Bruchstücke einer Erklärung des Johannes-Ev. von einem unbekannten Verfasser, den Cod. Ambrosianus E bildend. Erhalten sind acht Blätter, von denen aber nur fünf in Mailand, drei in Rom auf der Vaticana liegen. Der Herausgeber Maßmann überschrieb das Werk „Skeireins aiwaggeljons þairh Johannen", und so heißt es bis heute „Skeireins". Es ist zwar in stark gräzisierendem Stil abgefaßt, aber nicht, wie man vielfach annahm, eine Übertragung aus dem Griechischen; so hat es erheblichen Wert für die Aufhellung der got. Syntax.

7. Gotischer Kalender. Reste eines solchen, der noch im Donauland entstand, stehen am Ende von Ambr. A. Abgedruckt bei Streitberg, Got. Bibel I^2, S. 472[1]).

8. Alphabete. Zwei got. Alphabete und einige Sätze mit lat. Umschrift stehen in der Salzburg-Wiener Alkuin-Hs. des 9./10. Jh.s (Cod. Salisb. 140). W. Grimm, Kl. Schr. 3, 88f.

9. Gotica Veronensia. Einige got. Satzglossen zum lat. Text einer Veroneser Hs. des 6. Jh.s, hrg. von C. v. Kraus, ZfdA. 66, S. 209ff.

10. Urkunden. Zwei lat. Verkaufsurkunden, die eine aus Ravenna vom Jahr 551, jetzt in Neapel, die andere früher in Arezzo, verschollen, beide mit ausführlichen got. Unterschriften. Abgedruckt bei Streitberg, Got. Bibel S. 479f.; Proben unten S. 157f.

11. Epigramm. Unten S. 158.

---

[1]) Vgl. Loewe, ZfdA. 59, 245ff.

12. Runeninschriften. Einige der ältesten Stücke, die ins 3. Jh. und also über Wulfilas Zeit hinauf reichen, gelten ohne Gewähr als gotisch: a) Das Speerblatt von Suszyczno (Kreis Kowel, Wolhynien), dessen Inschrift meist, aber nicht ganz befriedigend gelesen wird als *Tilarids* (= „Angreifer"), wohl poetische Benennung des Speeres; gestützt durch den ae. Personennamen *Tilred*, aber runologisch anfechtbar[1]). b) Der Speer von Dahmsdorf in der Mark, Inschrift *ranja* (= „Renner"), ebenfalls Benennung der Waffe. c) Am ersten kann als gotisch (aber nicht bibelgotisch!) gelten der in der russischen Revolution verschollene Goldring aus dem Schatzfund von Pietroassa (Walachei), da seine Aufschrift den Gotennamen zu enthalten scheint: *gutani o wi hailag*, nach Krause: „der Goten Eigentum, (*o* stände wie oft für *ōđal*), kraftgeschütztes Weihtum". — Am sichersten verwandt sind aber die Denkmäler von Gotland: der Speer von Mos (3. Jh.), die Alphabetinschrift von Kylver (4. Jh.), die Spange von Etelhem (5. Jh.).

§ 4. Die gotische Schrift

Wulfila hat, wie ausdrücklich überliefert wird, zu seiner Bibel den Goten auch eine eigene Schrift für den religiösen Bedarf geschaffen. Die Goten kannten, wie wohl alle Germanen, schon seit der Römerzeit die Runenschrift in älterer, gemeingerm. Gestalt — als deren Schöpfer dürfen sie freilich heute nicht mehr gelten[2]). Wulfila hat seine Schrift aber wesentlich der griechischen und zwar der Kursivschrift nachgebildet, unter geistreicher und sehr vollkommener Anpassung an den gotischen Lautstand:

𐌰	𐌱	𐌲	𐌳	𐌴	𐌵	𐌶	𐌷	𐌸
1	2	3	4	5	6	7	8	9
a	b	g	d	e	q	z	h	þ
𐌹 ï	𐌺	𐌻	𐌼	𐌽	𐌾	𐌿	𐍀	𐍁
10	20	30	40	50	60	70	80	90
i	k	l	m	n	j	u	p	—

1) Vgl. Marstrander, Norsk Tidsskrift for Sprogvidenskap 3, 34. 233ff.
2) Vgl. H. Hempel, Germ.-rom. Monatsschr. 23, S. 401ff.

𐍂	𐍃	𐍄	𐍅	𐍆	𐍇	𐍈	𐍉	𐍊
100	200	300	400	500	600	700	800	900
r	s	t	w	f	χ	ƕ	o	—

Von diesen 27 Buchstaben sind 18 oder vielleicht 19 dem griechischen Alphabet entlehnt, und durchaus ist dessen Anordnung übernommen worden[1]). Alle gotischen Zeichen haben wie die griechischen zugleich Zahlenwert, zwei haben, wie dort, ausschließlich Zahlenwert: 𐍁 = 90, 𐍊 = 900 (nach den gr. Koppa und Sampi). 𐍇 = gr. χ hat im Gotischen keinen einheimischen Lautwert, es wird nur in Fremdwörtern, vor allem im Namen „Christus" verwendet. Aus dem Griechischen sind entnommen abgde zþikl mnp 90 t wx 900 = 18 Zeichen[2]). Marchand[3]) leitet auch das got. 𐍃 aus griech. Kursivformen ab. Wo die griech. Schrift nicht ausreichte, die namentlich kein *h* und *j* bot, zog Wulfila ergänzend das lat. Alphabet und, wie man meist annimmt, auch die Runenschrift heran. Nur die letztere konnte für die Unterscheidung von *i* und *j* wie von *u* und *w* ein Vorbild liefern.

Sicher lateinisch ist *h*, hier kam die Rune ᚺ, ᚻ offenbar wegen ihrer Ähnlichkeit mit got. 𐌽 nicht in Betracht; *r*, *s*, *f* können lat., ebensowohl aber runisch sein.

Aus der Runenschrift stammen nach wahrscheinlichster Annahme *j*, *u*, *o*. Nicht sicher ableitbar sind *q* und *ƕ*, wohl eigenste Schöpfung Wulfilas, um Besonderheiten des got. Lautstandes zum Ausdruck zu verhelfen. Nicht verwendet ist das run. ᛜ, das dem got. *o* zu nahe stand. Der gutturale Nasal *ŋ*, der nur vor *g k q* vorkommt, ist vielmehr nach griech. Vorbild durch *g* ausgedrückt: *siggwan* = *siŋgwan* „singen", *sig(g)qan* = *siŋqan* „sinken", vgl. gr. ἄγγελος, ἀγκύλος. Doch kommt auch echtes geminiertes *g* vor, so in *bliggwan* „schlagen", das gesprochen wird wie geschrieben, vgl. § 31, 3).

---

[1]) Über die Gründe der Zeichenauswahl E. Hermann, Gött. gel. Nachr. 1930, S. 136ff. J. Boüüaert, Revue belge 28 (1950), 423ff.

[2]) Über das *þ* vgl. J. W. Marchand, PBB. 77, 490ff. J. Boüüaert, S. 429f.

[3]) Marchand, Lang. 31, 493.

Digramme. Auch deren Gebrauch ist durch das Vorbild der gr. Schrift und Aussprache bestimmt. Die got. Schrift kennt am eigenen Wortmaterial die vier Digramme *iu ei ai au*.

In Lehnwörtern kommen noch vor *aw* und *aiw*; *aw* entspricht gr. *αυ* l. *au*: *Pawlus* = *Παῦλος*, *Esaw* = *'Ησαυ*, dazu noch *kawtsjo* für l. *cautio*, Urk. von Neapel. *aiw* entspricht gr. *εὐ*: *aiwlaugia* = *εὐλογία* „Segen". Das gr. *υ* in *αυ*, *ευ* hatte aber längst (mindestens seit 2. Jh. n. Chr.) die spirantische Aussprache, wie sie im Neugriech. herrscht, so daß in beiden Fällen keine einheitlichen Zeichen vorliegen, sondern Zeichen für Vok. + Kons. *av* bzw. *ev* (spr. *evlogia* usw.).

Kein griech. Vorbild hat **iu**, es ist speziell got. und bezeichnet echten Diphthong *iu*, der germ. *eu* vertritt: *liugan* ahd. *liogan* lügen. **ei** ist Zeichen für langes *ī*, entsprechend gr. *ει*, das seit Jahrhunderten die gleiche Aussprache hatte. **ai** steht für offenes, langes und auch kurzes *ę*, denn gr. *αι* hatte im 3./4. Jh. die Aussprache *ę̄*. Vom langen Laut ist das Zeichen got. auch auf den kurzen übertragen worden. — **au** steht wieder ohne gr. Vorbild, aber in naheliegender Analogie zu *ai* als Zeichen für offenes, langes wie kurzes *ǫ*[1]).

Über die Deutung der Digramme besteht keine Einigkeit. Wir nehmen an, daß die urg. noch anzusetzenden Diphthonge *ai̯* und *au̯* got. kontrahiert waren zu *ę̄* bzw. *ǭ*. Die Mehrheit der deutschen Forscher vertritt aber bisher die Auffassung, daß die got. *ai au* noch echte Diphth. meinen überall da, wo germ. Diphth. *ai̯ au̯* zugrunde lagen und in zwei Randgebieten des germ. Raumes, wnord. und hd. bis heute z. T. bewahrt sind (gr. *οἶδα* g. *wait* nhd. *ich weiß*, nnorw. *eg veit*). Ausgenommen ist die Stellung vor *h*, *w*, *r*, wo zumeist kurze offene Brechungsvokale stehen: laíƕum neben *gripum*, *taúhum* neben *budum*. Nicht immer, auch vor *h*, *ƕ*, *r* könnten echte Diphthonge stehen: der Sg. zu *laíƕum* hieße *láiƕ* mit Diphth. *ai̯*. Seit Grimm unterschied man durch Akzente die kurzen Vokale als *aí aú* von den vermeintlichen Diphthongen, die im Bedarfsfall durch *ái áu* bezeichnet wurden.

---

[1]) Hier kann das Lateinische anregend gewesen sein, denn in volkstümlicher Aussprache war l. *au* in weiten Gebieten längst zu *ǭ* geworden (vgl. *Clodius* für *Claudius*).

Es ist wohl erster Wahrscheinlichkeitsgrundsatz, daß wer für eine Sprache ein Schriftsystem neu ersinnt, nach Deutlichkeit in der Unterscheidung der Laute strebt. Daß Wulfila so verschiedene Laute wie kurze ę, ǫ und die Diphth. *ai̯ au̯* mit den gleichen Zeichen versehen hätte, daß in *haihait* die 1. Silbe ę̆, die 2. *ai̯* enthalten solle, und daß hinter den gleichen Zeichen in *tauh/tauhum* ein Wechsel *au̯*/ǫ̆ verborgen sei, ist höchst unglaubhaft. Wohl aber ist die Annahme tragbar, daß kurze und lange Laute gleicher (offener) Qualität gleich bezeichnet wurden. Positiv beweisend für monophthongische Geltung der Zeichen *ai au* ist die Wiedergabe fremder Namen. Da wird gr. αι, das ę̄ lautete, und manchmal auch gr. η, das ebenfalls lang war, durch got. *ai* vertreten: *Idumaia* Ἰδουμαία, *Neikaudaimau* (D.) Skeir. VIII, 19 neben *Nikaudemus* J. 7, 50, gr. Νικόδημος. *au* kann für gr. ω stehen, das lang und offen war: *Trakauneitidaus* G. Sg. Τραχωνίτιδος L. 3, 1. Für die kurzen Laute vgl. *Paitrus* gr. Πέτρος, *Naubaimbair* l. *November*; kurz und lang *ai* nebeneinander in *Zaibaidaius*, gr. Ζεβεδαῖος.

Allgemein zugegeben ist die monophth. Aussprache für die kurzen Laute, also im Falle der Brechung, in Lehnwörtern, wo sie durch Fälle mit gr. oder lat. Kürze wie *Paitrus*, gr. Πέτρος, *Naubaimbair* lat. *November* einwandfrei belegt ist, dazu für *ai* noch in Reduplikationssilbe, § 9, 2. — Für *ai au* der Endsilben, wo die Quantität nicht ganz sicher ist, hat Jones[1]) monophth. Geltung nachgewiesen. — In Mittelsilbe der sw. V. III: g. *þahaida* schwieg ahd. *dagēta*, weist l. *tacē-bam* auf idg. langes *ē* als Grundlage. — Wo *ai* in hauptton. Silbe vor Vokal steht: *saian* säen, *waian* wehen, führt das Vergleichsmaterial wieder auf lang *ē*, zu dem g. *aī* = ę̄ kombinatorische Variante ist: neben *saian* stehen *sēþs* Saat ahd. *sāt* und l. *sē-vī*, *sēmen*, lit. *sē-ju* säe. Wo *au* vor Vokal steht: *bauan* bauen, *trauan* trauen, weisen ahd. *būan trūēn* ais. *búa trúa* und, am nächsten zum Got. stehend, aschwed. *bōa trōa* auf Monophth. — Nur für die Längen in hauptton. Stellung vor Kons. ist ein eigentlicher Aufweis

[1]) O. F. Jones, Lang. 32, 633ff. u. 34, 33ff.

nicht möglich. Doch schreiben Historiker um 300 *Austrogothi*, um 400 *Ōstrogothi*.

Auf die spätantiken Schreibungen got. Personen- und Stammesnamen beruft man sich oft für lautgeschichtliche Fakten. Diese Schreibungen sind aber zu schwankend und vor allem zu traditionsbedingt, um sichere Argumente zu bieten. Und was etwa für andere got., selbst westgot. Volksteile gilt, gilt noch nicht auch für das Bibelgotisch[1]). Immerhin darf man sagen, daß Neuerungen sicherere Zeugnisse bilden als Bewahrungen, siehe das erwähnte *Ōstrogothi*.

Obgleich der Bestand an got. Denkmälern klein ist, lassen sich doch Verschiedenheiten des Schriftduktus erkennen. Deutlich weichen von der Norm des Cod. Arg. besonders die Codd. B und D sowie die Urkunden ab; sie stellen eine altertümlichere Stufe dar, auf der die kursive Herkunft der Schrift noch gut erkennbar ist, während die schöne unziale Schrift des Cod. Arg. nach der lat. Quadrata des 6. Jh.s stilisiert ist und von da namentlich ihren vertikalen Charakter empfangen hat.

Die modernen Ausgaben gotischer Denkmäler verwenden aus praktischen Gründen nicht die Schrift des Wulfila, sondern die lateinische; sie wird vervollständigt durch zwei Zeichen, *þ* nach ae.-nord. Vorbild und *ƕ*, eine moderne Schöpfung, wofür ältere Werke z. T. noch *hw* oder *hv* schreiben. Y (gr. *υ*) wird hier mit *y* wiedergegeben, wo es Vokal ist, mit *w*, wenn Halbvokal.

Grammatik

A. Betonung

§ 5. Der germ. Wortton war nicht wie der idg. frei, er wurde schon urgerm. auf die erste Silbe verlegt. Das war normalerweise die Stammsilbe, bei doppelt-nominalen Komposita die Stammsilbe des ersten Gliedes. Bei Präfix-Komposita nimmt man im Gotischen meist verschiedene Be-

---

[1]) Vgl. H. Penzl, JEGP. 49, 228f.

handlung an: die Nomina betonten das Präfix, die Verba die Stammsilbe, also *frá-lusts* f. „Verlust", aber *fra-líusan* „verlieren". Mit den Verba gingen die von solchen abgeleiteten Feminin-Abstrakta auf *-eins*, *-ōns*, *-ains*, also z. B. *us-fúlleins* „Erfüllung" zu *usfúlljan*. Umgekehrt hatten denominative Verba die Betonung der Nomina übernommen: *gámainjan* „gemeinsam machen" zu *gámains* „gemeinsam".

B. Lautlehre

I. Vokale

(Vorwiegend werden diejenigen der Stammsilben behandelt.)

§ 6. Transkription und Lautwerte der gotischen Schreibung

Lautqualität:		i	e	ę	a	ǫ	o	u	Diphth. iu
Schreibung	kurz:	i		aí	a	aú		u	iu
	lang:	ei	e	aī	a	aū	o	u	

Wir nehmen an, daß im Gotischen noch kurze und lange Vokale als bewußt getrennte Phoneme bestanden[1]).

Stets kurz ist *i*, für den langen Laut steht *ei*. Stets lang sind *e* und *o*, beide sind geschlossen; im *e* sind zwei germ. Laute (e_1 und e_2) zusammengefallen. — Bei *u* und *a* sind kurzer und langer Laut nicht unterschieden (wir scheiden, wo nötig, als ŭ-ū, ă-ā); die Längen sind selten. Offene *e*- und *o*-Laute finden sich lang und kurz, und Wulfila hat für beide Quantitäten ohne Unterschied die Diagramme *ai au* gewählt. Wo Unterscheidung nötig, pflegt man seit Grimm die kurzen Laute durch Akut auf dem zweiten Element zu bezeichnen: *aí aú*. Wir verwenden noch für die langen Vokale,

1) Dies ist nicht unbestritten; vgl. H. Penzl, Lang. 30, 412. J. W. Marchand, Lang. 33, 236. E. P. Hamp, Lang. 34, 359ff.

wo es für die Deutlichkeit erwünscht ist, die Bezeichnungen *aī aū*[1]).

a) Kürzen

§ 7. **i** ist 1. germ. *ĭ* = idg. *ĭ*: *fisks* Fisch l. *piscis*. — 2. germ. *ĭ* = idg. *ĕ*: g. *ist* ist (schon urg. **isti* durch i-Uml.), gr. *ἐστί* l. *est*. — 3. germ. *ĕ* = idg. *ĕ*: *itan* „essen" ahd. *ëzzan* l. *edere*; jedes hochtonige idg.-urgerm. *ĕ* wurde so got. *ĭ*[2]), dann kehrte im Falle der Brechung *ĭ* zu *ę̆* (geschr. *aí*) zurück nach § 19. Als Ausnahmen finden sich *hiri*! komm her!, ein zum Imperativ gewordenes Adverb, mit Pl. *hirjiþ* und Du. *hirjats*. — *nih* = l. *neque* (weil unbetont im Satz?).

Vokal *ĭ* entsteht aus *j*, wo dieses in den Auslaut tritt: *kuni* Geschlecht neben Gen. *kunjis*. — Vereinzelt schwand *i* in Kompositionsfuge: *brūþfaþs* aus **brūđī-* Bräutigam.

§ 8. **u** ist 1. germ. *ŭ* = idg. *ŭ*: *juk* Joch l. *jugum*. — 2. 2. germ. *ŭ* aus idg. Sonant *l̥ r̥ m̥ n̥* unter neu entstandenem Hochton: *wulfs* Wolf ai. *vr̥kaḥ* (wo *r̥* statt *l̥* steht). Die übrigen germ. Sprachen haben *ŭ* großenteils gesenkt: ahd. *joh*, *wolf*. In Kompositionsfuge bleibt *ŭ* erhalten: *fōtubaurd* n. „Schemel".

§ 9. **aí** (*ę̆*, offen) steht 1. im Hauptfalle vor *h ƕ r*, es ist hier durch „Brechung" aus urgot. *ĭ* entstanden (das idg. *ĭ* oder *ĕ* sein konnte, s. o. § 7): *waír* Mann l. *vir*, *saíhs* ahd. *sëhs* *ἕξ* l. *sex*. Unter Nebenton kommt Brechung kaum vor. nur *widuwaírna* M n Waise, zu *widuwō* = „zur Witwe gehörend". — 2. stets in Reduplikationssilbe: *haíhait* (spr. *hęhēt*) hieß, aber auch *laílōt* ließ, wo nach § 7 **lĭlōt* zu erwarten wäre. Vermutlich wurde *aí* von denjenigen Verben aus verallgemeinert, deren Wurzeln mit *h ƕ r* anlauteten und wo also Brechung erfordert war: *haíhait*, *ƕaíƕōp* rühmte mich, *raírōþ* riet. — 3. in *aíþþau* oder, ahd. *ëddo* (aus **ĕh-þau*? zu **ĕh-* vgl. l. *ec-ce*), wohl auch in *waíla* wohl, ahd. *wëla*,

---

[1]) Die Anhänger der Meinung, daß *ai au* noch Diphthonge waren da, wo idg-germ. Diphthonge zugrunde lagen — und darüber hinaus —, bezeichnen diese diphth. Geltung durch *ái áu*, welche Bezeichnungen wir nicht mehr benötigen.

[2]) Das Krimgotische hat diese Entwicklung nicht mitgemacht oder sie ist rückläufig geworden; vgl. oben S. 9.

wola, und in *jaíns* jener, ahd. *jenēr*. — 4. in Fremdwörtern: *gaíaínna* „Gehenna".

§ 10. **aú** (= ǫ̆, offen) steht 1. in echt got. Wörtern nur in Brechung vor *h ƕ r*, stets aus *ŭ* entstanden, da es ein *ŏ* urgerm. nicht gab (unten § 11): *baurgs* Burg ahd. *burg*, *waurþum* ahd. (*wir*) *wurtum*. Entgegen der Regel zeigt Brechung *aúftō* „allerdings, vielleicht". — 2. in Lehnwörtern: *apaústaúlus* gr. ἀπόστολος. — Brechung unter dem Nebenton nur in *undaúrni-mats* Mittagessen ahd. *untorn*, *untarn*. Erhalten ist *ŭ* vor *r* in unbetonter Silbe: *fidur-dogs* „viertägig", — vor *h* in enklit. *-uh* „und" (= Partikel *-u* plus *h* = l. *-que*) wie auch in *nuh*, Fragpartikel „denn?" gr. οὖν (daneben aber mit Vollton *naúh* „noch", beide aus idg. **nu-que*).

§ 11. **ă** ist germ. *ă* und entspricht 1. idg. *ă*: *akrs* Acker l. *ager* gr. ἀγρός. — 2. idg. *ŏ*, das germ. in Tonsilbe allgemein zu *ă* wurde: g. *gasts* Gast l. *hostis*. In Nebensilbe blieb *ŏ* teilweise länger, was aber vom Gotischen aus nicht zu veranschaulichen ist (vgl. *Langobardi*). Besonders hielt sich *ŏ* vor einfachem Nasal, so im D. Pl. der *ă*-Stämme auf idg. *-ŏmis*: ais. dǫgom ae. as. *dagum* ahd. *tagum*; got. auch hier *dagam*. — 3. idg. *ə*, das germ., wie in allen idg. Sprachen außer den arischen *a* wurde: *fadar* Vater, idg. **pətḗr*, ai. pitā́, aber gr. πατήρ l. pater.

In Nebensilbe vor *r* entspricht *ă* germ. *ĕ* = idg. *ĕ*: *fadar* Acc. Vater ahd. *fater* gr. πατέρα. — In Kompositionsfuge fiel das *ă* der langsilbigen *jă-* und *jō*-Stämme: *andi-laus* endlos gegen *alja-kuns* fremd. Das Präfix *anda-* hat vor Verb die Kurzform *and-*: *ándanēm* n. Annahme, aber *andníman* annehmen; der Grund war einstige Betonung (wie bezeichnet). — *ă* in Endsilbe kann für urgerm. *ē ō ai* stehen, die unter anderen Umständen (Einsilbigkeit, Deckung) auch got. bewahrt sind: *ƕana* „wen" neben *ƕanōh*, *giba* f. „Gabe" neben *sō* „die, diese" N. Sg. f, *þō* „diese" N. A. Pl. n. — *ƕamma* „wem" neben *ƕammēh* „jedem", — *baírada* „wird getragen" (gr. φέρεται) neben *þai* „die, diese" N. Pl. m (dor. τοι).

§ 12. Elision: sie trifft meist auslautendes kurzes *ă*, vereinzelt *ĭ* vor enklitisch anlehnenden Wörtchen: *þatist* für *þata ist* „das ist", *þammuh* für *þamma-uh* „diesem", *nist* für *ni ist* „nicht ist", *sei* für *si-ei* „welche" N. Sg. f.

b) Längen

§ 13. Die *ei ū ā* stehen besonders vor *h* und sind hier urgermanisch durch „Ersatzdehnung" nach *n*-Schwund entstanden; got. *ā* hat ausschließlich diese Quelle.

§ 14. **ei** (spr. *ī*) ist 1. = germ. *ī* = idg. *ī*: = *swein* Schwein l. *suīnus*. — 2. = germ. *ī* aus idg. *ei* (auch das Lat. hat hier zu *ī* kontrahiert): *steigan* steigen gr. στείχω l. *ve-stīgium*. *ga-teihan* zeigen, etym. aber = nhd. *zeihen*, δείκνυμι l. *dīcō*. Doch wurde nicht jedes idg. *ei̯* zu *ī*, vgl. § 17 über e_2. — 3. *ei* entstand in der urg. Gruppe *-inh*, indem *n* unter Nasalierung des Vokals schwand, aus der sich Länge entwickelte: *þreihan* „drängen" < **þrį̄han* < **þrinhan*, welch letztere Form zu der ahd. Entsprechung *dringen* hinüberführt.

§ 15. **ū** steht 1. in wenigen Wörtern für germ. *ū* = idg. *ū*: *fūls* faul ∼ l. *pūs* Eiter, *hūs* Haus. — 2. ist es gedehnt aus nasalem *u* vor *h* in der alten Gruppe *unh* (wie *eih* < *inh*, *āh* < *anh*): *þūhta* däuchte ahd. *dūhta*.

§ 16. *e* und *o* (= *ē*, *ō*) verhalten sich vielfach parallel. Für geschlossene Lautung spricht, daß nicht selten, besonders im Lukas-Ev., *ei* oder *i* statt *e* geschrieben wird (*qeins* statt *qēns* Frau, *birusjōs* statt *berusjōs* Eltern), seltener *u* statt *o* (*ūhtēdun* „fürchteten" zu *ōg*); ferner spricht dafür das Krimgot., das weitere Hebung zu *ī* bzw. *ū* zeigt (vgl. oben § 1). Vor Vokal[1]) waren beide durch offene Längen (*aī*—*aū*) vertreten, vgl. § 19, 20.

§ 17. **ē** hat zwei nach der Lautqualität verschiedene Quellen im Urgerm., die im Got., aber nicht in den anderen Dialekten zusammengeflossen sind. Got. $ē_1$ vertritt germ., wohl offenes *ē* aus idg. *ē*, das got. geschlossen wurde außer vor Vokal (siehe voriger Paragraph), wo es offen blieb und

[1]) Auch im absol. Auslaut? Formen wie *gibō* G. Pl. würden nicht dagegen sprechen, sie stehen unter Systemzwang.

durch *aī* wiedergegeben wird. Nord. und südg. dagegen wurde der Laut weiter zu *ā* geöffnet, ging anglofries. dann zu *ę̄*, fries. zu *ē* zurück: g. *garēdan* Rat schaffen ais. *rāđa* ahd. *rātan* ae. (wsächs.) *rædan* afries. *rēda* — l. *rē-ri* meinen. — Vor Vokal finden wir *saīan* säen neben *sēþs* Saat ahd. *sāt.*

Got. $\bar{e}_2$ findet sich nur in zwei Erbwörtern: *hēr* hier und *fēra* Seite. Dazu kommen Lehnwörter: *mēs* Tisch < l. *mē(n)-sa*, ahd. *mias*, *Krēks* Grieche l. *Graecus* ahd. *Kriach.* Trotz seiner Spärlichkeit ist der Laut gemeingerm., und hier zeigen die anderen Dialekte gleichfalls geschlossenen Laut, der meist *ē* ist: g. *hēr* ais. *hér* ae. *hér*, auch früh-ahd. noch *hēr*, das dann aber diphthongiert zu *ea-ia-ie*: *hēr hear hiar hier.* — Nord. und südg. tritt $\bar{e}_2$ systemartig auch in den Prät. der „reduplizierenden" Verben mit hellem Vokal auf: ahd. *heizan* (*ei* aus *ai̯*), Prät. *hēz* — *hiaz* mit $\bar{e}_2$ aus *ei̯*. Got. einziger Fall *saíslēp* schlief mit $\bar{e}_2$ (ahd. *sliaf*!) gegen Inf. *slēpan* ahd. *slāfan* mit $\bar{e}_1$.

$\bar{e}_2$ gehört in die *i*-Reihe des Ablauts (*ei̯/ai̯/ĭ*) und ist kombinatorische Variante zu germ.-got. *ī* (got. geschr. *ei*) aus idg. *ei̯*; wie jenes, entstand auch $\bar{e}_2$ aus idg. *ei̯*, aber unter Wirkung des *a*-Umlautes[1]), der im Got. sonst nicht erkennbar bewahrt ist[2]) und auch in den übrigen germ. Dialekten sehr unregelmäßig auftritt. Got. *hēr* gehört als „tiefe" *ei̯*-Stufe zu dem Pron.-Stamm *hi-* „dieser", der sonst nullstufig in g. *himma* (*daga*), *hina* (*dag*), ahd. in *hiutu* „heute" aus **hiu tagu* erhalten ist, ebenso in g. *hidrē* und *hiri* „hierher" und ahd. *hina hinān hinana* „von hinnen", und mit *a*-Umlaut in *hëra* „her"; l. in *cis*, *citrā* „diesseit". Die idg. *ei̯*-Stufe noch in gr. (ἐ)κεί „dort" und κεῖνος, ἐκεῖνος „jener". Neben ais. *tírr* ae. *tír* „Ehre" (hohe *ei̯*-Stufe) steht ahd. das Adj. *zēri*, *ziari* „schmuck" (tiefe *ei̯*-Stufe); das Bindeglied, ein *a*-stämmiges Subst. *zēr* „Ehre", das die

---

[1]) Fr. van Coetsem, Das System der starken Verba u. die Periodisierung im ält. Germanischen. Mededelingen d. Koninkl. Nederl. Akad. v. Wetensch., Afd. Letterkunde, N. R. 19, 1 (1956) S. 22ff. — Anders H. Lüdtke, Phonetica I (1957) S. 157ff. (Hinweis von R. Schützeichel).

[2]) Wohl aber anscheinend im Krimgotischen, van Coetsem a. a. O. S. 45 Anm. 70.

tiefe Stufe motivieren müßte, ist verloren. Neben ae. *wír* Draht, Metallschmuck ne. *wire* steht ahd. *wiara* Gold- und Silberdraht.

§ 18. **ō** ist urg. *ō*, in dem idg. *ō* und *ā* zusammengeflossen sind: *fōtus* Fuß gr. (dor.) πώς, aber *brōþar* Bruder l. *frāter*. — Wo *ō* vor Vokal trat, ist es offen und wird durch *aū* wiedergegeben: *stōjan* richten, aber Prät. *stauida* und Subst. *staua* Gericht. — In Fremdwörtern gibt *ō* gewöhnlich das gr. ω wieder: *þomas* Θωμᾶς.

§ 19. **ai** bezeichnet offene Länge *ę̄*. Die Längen *aī* und *aū* (folgender Paragraph) zeigen in ihrem Verhalten weitgehenden Parallelismus. *aī* steht 1. in haupttoniger Silbe vor Konsonant und ist da kontrahiert aus urg. Diphth. *ai̯*, der idg. *ai̯* oder *oi̯* war. Urg. *ai̯* aus idg. *ai̯*: g. *gaits* Ziege l. *haedus* (l. *ae* war einst Diphth. *a* + *e*), ahd. *geiz* as. *gēt*. Urg. *ai̯* aus idg. *oi̯*: g. *wait* ich weiß gr. οἶδα l. *vīdi*. Langes *aī* aus urg. Diphth. kann auch vor *h ƕ r* stehen: *sair* Schmerz ahd. *sēr*, *laiƕ* lieh ahd. *lēh* gr. λέλοιπα (dagegen Pl. *laíƕum* ahd. *līwum* mit Brechungs-*aí*!). Die Kontraktion entfiel, wo *aī* vor Vokal trat und sein zweites Element zur folgenden Silbe gezogen wurde; vgl. *waja-mēreins* Lästerung gegen *wai-dēdja* Übeltäter. — 2. Wo *aī* in hauptton. Silbe vor Vokal steht, setzt es germ. *ē* fort, das hier also auch got. offen blieb (nicht zu *ē*₁ geschlossen wurde); nord. und südg. zeigt sich die reguläre Entwicklung zu *ā* (oben § 17). Fast nur in red.-abl. Verben: *saian waian* säen wehen, ais. *sá*, ahd. *sāen wāen*. Idg. liegt langer Monophthong *ē* zugrunde[1]). — 3. *aī* kommt auch in unbetonten Silben vor, in denen meist alte Diphth. zugrunde liegen. Daß es hier noch lang war, ist sehr wahrscheinlich, aber nicht gewiß, da *ai* ja auch den kurzen *ę*-Laut bezeichnen konnte. Nord. und Südg. stehen einfache Kürzen bis auf das Ahd., das in gedeckter Stellung noch lange Monophth. bietet: *berēs* du trügest g. *bairais* urg. **ƀerais* idg. **bherois* gr. φέροις. Am sichersten wird man der Zweitsilbe in redupl. Verben wie *haíhait*, *skaískaiþ*, die ja Wurzelsilbe ist, trotz ihrer Tonlosigkeit noch Länge geben.

[1]) Im Arg. und Ambros. A stehen vor *i* Formen mit hiatustilgendem *j*: *saijiþ* Mk. 4, 14 etc. Aber der altertümliche Cod. B zeigt kein *j*!

Ferner dem *ai* in Mittelsilbe namentlich in den sw. Verben III. Kl.: g. *habaida* ahd. *habēta*[1]). — 4. *ai* in Lehnwörtern läßt seine Aussprache, einschließlich der Quantität, am deutlichsten erkennen: *Idumaia* gr. *Ἰδουμαία* (*αι* = *ę̄*).

§ 20. **aū** bedeutet offene Länge *ǭ*. 1. Es steht in hauptton. Silbe vor Kons., wo es aus urg. *au̯* kontrahiert ist, das idg. *au̯* oder *ou̯* zur Quelle hatte. a) *aū* aus urg.-idg. *au̯*: g. *aukan* sich mehren ahd. *ouhhōn* gr. *αὔξω*, *αυξάνω* l. *augeō*. b) für *aū* aus urg. *au̯* = idg. *ou̯* mangelt es an deutlichen Beispielen; im got. Prät. *kaus* wählte steckt idg. *ou̯*, vgl. ai. *ju-jṓsa* (wo *ō* gleichfalls aus *au̯* kontrahiert ist). Dies *aū* (= *ǭ*) aus urg. Diphth. kommt auch vor *h ƕ r* vor: *hauhs* hoch ahd. *hōh* (der Diphth. noch im Stammnamen der *Chauci* germ. **χauχōs*), *gaurs* traurig ahd. *gōrag*. Den einstigen diphth. Charakter verrät noch das Verhalten vor Vokal, wo der Diphth. gespalten und sein zweiter Teil zur folgenden Silbe gezogen worden war, so daß keine Kontraktion mehr möglich war; für *au* wird hier *aw* geschrieben: zu *taujan* machen (ahd. *zouwen*) heißt das Prät. *ta/wida*. — 2. *aū* in hauptton. Silbe steht ebensowohl vor Vokal, hier als kombinatorische Variante *ǭ* für germ. *ō* (idg. *ō* oder *ā*), das sonst auch got. *ō* blieb. Ein Diphth. liegt also nicht zugrunde. a) *aū* für urg. *ō* = idg. *ō*: das Pzp. *af-maūiþs* „ermüdet“ fordert einen (nicht erhaltenen) Inf. *mōjan* mühen, entsprechend ahd. *muoen* und l. *mōlīrī* ‘mit Anstrengung bewegen‘, ‚wuchten‘. b) *aū* für *ō*, das wohl idg. *ā* fortsetzt: Prät. *stauida* zu *stōjan* anklagen, dazu ahd. *stuowan* „Einhalt tun, sistieren“ (l. corripere) und *stūēn* „büßen“; das Wort gehört zu der Sippe von l. *stāre* ahd. *stantan stān* (daneben in unklarem Verhältnis ein ahd. *stouwen* „anklagen“ und mhd. *stöuwen* „stauen“). — 3. *aū* steht weiter vor Vokal in Verba pura, wo die übrigen Dialekte *ū* zeigen: g. *bauan trauan* bauen trauen gegen ahd. *būan trūēn* (zum Vokal vgl. auch gr. *φύω* l. *fui*). Got. und ahd. schwache Flexion, aber noch redupl. Bildung des Prät. bei ais. *búa*: *bió* < **beu* < **be-*

[1]) In der Wiener Alcuin-Hs. ist noch um 900 die, wohl ältere Notiz überliefert, daß Digramm *ai* für langes e, „diptongon .ai. pro e. longa“ geschrieben wurde.

_bū_ (vgl. unten § 96). Im Vokal dieser Verben ist die nähere Verwandtschaft des Got. zum Ostnordischen erkennbar; das Aschwed. hat gleichfalls ō-Laut: _bōa trōa_ gegen ais.-anorw. _búa trúa_. — 4. _aū_ in Nebensilbe ist meist aus Diphth. entstanden: got. _sunaus_ des Sohnes (lit. _sūnaũs_), D. _sunau_, ahd. _fridō_ des Friedens (g. *_friþaus_) bezeugt noch Länge; ihr Fortbestand im Got. ist wahrscheinlich (vgl. zu _aī_ oben § 19). Nicht überall liegt Diphth. zugrunde; die Endung von g. _bairadau_ Imp. „er soll tragen" geht zurück auf ein idg. -_tōd_: gr. φερέτω, alat. _datōd_ er soll geben. — 5. in Lehnwörtern steht _aū_ zuweilen für gr. ω, das offene Länge war: g. _Nauel_ gr. _Νῶε_.

§ 21. **ā** ist selten, urg. fehlte es anfangs ganz, da idg. _ā_ zu _ō_ übergetreten war (g. _brōþar_ gegen l. _frāter_). Das neue _ā_ entstand dann, auf engstem Raum, noch urg. in der Gruppe *_anh_-: _fāhan_ < *_fąhan_ < *_fanhan_ fangen, _þāhta_ < *_þanhta_ dachte.

c) Diphthong iu

Wenn _ai_ und _au_ auch da wo sie die Stelle der urg. Diphthonge _ai̯ au̯_ einnehmen, uns nicht mehr als Diphthonge gelten, bleibt für das Gotische nur ein Diphthong, das _iu_.

§ 22. _iu̯_ ist fallender Diphth. und vertritt urg.-idg. _eu̯_: _liufs_ lieb, frühahd. _Leubwini_ (Eigenname, runisch) später _liob_, _liub_, _kiusan_ wählen ahd. _kiosan_ gr. γεύ(σ)ομαι. — Nicht hierher gehört zweisilbiges _i-u_ in _biuhts_ gewohnt, _niun_ neun, _sium siuþ_ wir sind, ihr seid, (meist _sijum sijuþ_), _niu_ Fragepartikel.

Der diphthongische Charakter des _iu_ ist nicht unangefochten. Jones[1]) sucht es mit ernsthaften Gründen als monophthongisch zu erweisen, er denkt an einen hohen mittleren Vokal, wohl etwa wie russ. _y_ in _ryba_ Fisch; denn ein ü lehnt er ausdrücklich ab.

Das Bibelgotische hätte dann gar keine fallenden Diphth. mehr gehabt. Dagegen hatte es in großer Zahl „steigende Diphthonge". Neben _iupa_ „oben" mit fallendem Diphth. _íu̯_ (Akzent hier = Silbengipfel) steht _juk_ „Joch" mit stei-

[1]) O. E. Jones, Lang. 34, 353ff. Ähnlich E. P. Hamp, Lang. 34, 361.

gendem Diphth. *i̯ú*. Ein Wort wie *wilja* „Wille“ enthält zwei solche Bildungen, *u̯í* und *i̯á*. Doch ist fraglich, ob *w* und *j* (*u̯* und *i̯*) im Silbenanlaut nicht schon spirantischen Charakter hatten. Für *w* nimmt man das meist an; es dürfte auch für *j* gelten. Dann trifft die Bezeichnung als Diphthonge nicht mehr zu.

II. Konsonanten

§ 23. Man teilt die Konsonanten ein in

A. Sonorlaute: 1. die Halbvokale *j* und *w* (beide mit Einschränkung hierher zu zählen), 2. die Liquiden *l* und *r*, 3. die Nasale *m*, *n*, *ŋ* (letzteres geschr. *g*, auch *gg*).

B. Geräuschlaute: 1. die Verschlußlaute (Occlusivae) oder Sprenglaute (Explosivae), 2. Reibelaute oder Spiranten — beide Klassen je eine stimmlose oder harte (Tenues) und stimmhafte oder weiche (Mediae) Parallelreihe bildend. Die got. Schrift unterscheidet nicht die beiden stimmhaften Reihen, *b d g* bedeuten bald Verschlußlaut, bald Spirant (wir verwenden, wo nötig, für die Spiranten *ƀ đ ǥ*).

Der Bildungsstelle nach zerfallen die Geräuschlaute in Labiale (Lippenlaute), Dentale (Zahnlaute), Velare (Gaumenlaute) und Labiovelare (Gaumenlaute mit gleichzeitiger Lippenrundung). Also:

Verschlußlaute (Explosivae)		Reibelaute (Spiranten)	
stimmlos (hart)	stimmhaft (weich)	stimmlos (hart)	stimmhaft (weich)
p	b	f	ƀ
t	d	þ, s	đ, z
k	g	h	ǥ
kᵘ̯(q)	—	ƕ	—

a) Sonorlaute

§ 24. *j* ist nach der geltenden Auffassung[1]) reiner unsilbischer Vokal (nicht mit Reibungsgeräusch wie dt. *j*); es steht nur vor Vokal. In griech. Wörtern vertritt es *ι* vor

[1]) Doch vgl. § 22 Ende.

Vokal, für das aber auch zuweilen *i* geschrieben wird: *Judas* und *Iudas* Ἰούδας. — Im Auslaut wird *j* zu *i*: *harjis* Heer Akk. *hari*; ebenso in der Kompositionsfuge: *arbi-numja* (< **arbja-*) Erbe, — und vorkonsonantisch: *tauja* bewirke Prät. *tawi/da*. — Wo *j* vor flexivisches *i* tritt, wird die Gruppe *ji* zu *ī* (geschr. *ei*) kontrahiert nach langer geschlossener Silbe und in Drittsilbe: *sokeiþ* sucht gegen *nasjiþ* rettet *stōjiþ* richtet, *bōkareis* Schriftgelehrter, *haírdeis* Hirte / *harjis* Heer, *wilþeis* wild / *miþjis* mittlere. Der Regel entziehen sich die *ja*-Neutra: *arbi* das Erbe G. *arbjis*, und die *jan*-Mask.: *fiskja* Fischer G. *fiskjins*.

Geschwunden ist *j* oft nach *i*: *fian* neben *fijan* hassen.

Anm. Über Schärfung von *j* zu doppeltem Verschlußlaut (Schreibung *ddj*) siehe unten § 31, 2.

§ 25. *w* kann (anders als *j*) an- und inlautend vor Konsonanten stehen: *wlits* Antlitz, *manwjan* bereiten, und auch auslautend nach Konsonant: *waúrstw* Werk. Es hatte also wohl schon (bilabiales) Reibungsgeräusch, während es ursprünglich reiner unsilbischer Vokal gewesen war (etwa wie engl. *w*). Es vertritt stets gr. *υ*, nicht nur in ehemaligen Diphthongen, wo dieses schon spirantisch war: *aíwaggēljō* εὐαγγέλιον, sondern auch als Vokal: *martwr* μάρτυρ Märtyrer; doch pflegt man im zweiten Falle jetzt *y* zu schreiben.

Die Verteilung von *w* und *u* wechselt, da sie durch analogische Ausgleichungen gestört ist, in wenig folgerechter Weise. Namentlich ist, wo *w* in den Auslaut trat und zu *u* hätte werden sollen, doch wieder *w* durchgedrungen. So müßte die 1. Sg. Prät. zu *wilwan* rauben **walu* lauten, sie lautet aber *walw*. Folgende praktische Regel läßt sich angeben: *w* wechselt mit *u* 1. im Auslaut, 2. vor *j*, 3. vor *s* so, daß *w* nach langem Vokal oder nach Konsonant steht, *u* aber nach kurzem Vokal: 1. *lēw* Gelegenheit, *waúrstw* Werk gegen *triu* Baum. 2. *lēwjan* verraten / *taujan* bewirken, 3. *snaiws* Schnee / *naus* Toter.

Zuweilen entspricht got. *w* einem dt. *g*, dann liegt urgerm. g^w aus idg. g^wh bzw. k^w, k^wh (nach Verner) zugrunde: *hneiwan* neigen ahd. *hnīgan* l. *cō-nīveo* < **coŋ-cnīveō*.

Anm. Über Schärfung zu *ggw* nach kurzem Vokal vgl. unten § 31, 3.

§ 26. Zu den Liquiden **l r** und den Nasalen **m n** *ŋ* ist nur zu sagen, daß alle, außer *ŋ* in Nebensilbe als Silbenbildner auftreten können: *fugls* Vogel (spr. *fugl̥s* zweisilbig wie in dt. *Vogl̥*), *akrs* Acker l. *ager*, *bagms* Baum, *taikns* Zeichen.

Der velare Nasal *ŋ* kommt nur vor *g k q* vor und wird bezeichnet durch *g* (*gg*): *aggilus* Engel gr. *ἄγγελος*, *drigkan* (auch *driggkan*) trinken, *sigqan* sinken.

Liquiden und Nasale können im Auslaut verdoppelt stehen: *fill* Fell, *kann* kenne. Vgl. § 36.

b) Geräuschlaute

§ 27. Während die germ.-got. Vokale und Sonorlaute gutenteils den idg. Zustand bewahren, ist das System der germ. Geräuschlaute aus dem idg. durch eine völlige Verschiebung hervorgegangen, die erste oder germanische Lautverschiebung. Unverändert blieb nur *s*, der einzige ganz sichere indogermanische Spirant. Im übrigen bestanden idg. nur Verschlußlaute, eine stimmlose (Tenues) und eine stimmhafte Reihe (Mediae) und zu jeder eine aspirierte (behauchte) Nebenreihe, zu *p* also ein *ph*, zu *b* ein *bh*.

1. Im Übergang zum Germ. sind die Tenues *p t k* k^{μ}, wohl sicher über die Zwischenstufe der Aspirierung (*ph* usw.), zu harten Spiranten „verschoben“, also zu *f þ χ* (got. *h*) χ^{μ} (*ƕ*): dor. *πώς* l. *pes*: g. *fōtus* Fuß, *τρεῖς* *tres*: g. *þreis* drei, *κλέπτειν* *clepere*: g. *hlifan* stehlen, *aqua*: g. *aƕa* Gewässer. Unverschoben blieben *sp st sk* (*piscis* g. *fisks* Fisch) und *t* in den Gruppen *pt kt* (*captus* g. *hafts* behaftet, *rectus* g. *raíhts* recht).

2. Die idg. Mediae *b d g* g^{μ} wurden zu Tenues *p t k q*. Da *b* im Idg. selten war, ist *p* es im Germ., namentlich im Anlaut fehlte es in Erbwörtern ganz. Vgl. l. *tribus* g. *þaurp* Acker, *δέκα* *decem* g. *taíhun* zehn, *ἀγρός* *ager* g. *akrs* Acker, l. *venio* (< *g^{μ}emi̯o) g. *qiman* kommen. Mit anlaut. *p* *paida* Rock ahd. *pfeit*, entlehnt aus gr.-thrak. *βαίτη*.

3. Die idg. stimmhaften Aspiraten *bh dh gh g*^{u}*h*, im Griech. durch stimmlose Asp. φ ϑ χ φ ersetzt, wurden germ. zu stimmhaften Spiranten *ƀ đ g w/g*, für die in den Einzelsprachen, auch got. teilweise stimmhafte Verschlußlaute (Mediae) eintraten. Die got. Schrift erschwert hier die Unterscheidung, sie schreibt beide Lautarten als *b d g*. Ai. *bhárāmi* φέρω *fero* g. *baíran* tragen, ai. *bṓdhāmi* g. *biudan* bieten, ἄχος g. *agis* Schreck, ai. *stighnṓmi* στείχω g. *steigan* steigen; für *g*^{u}*h*: νίφα l. *nix / nivis*, *ninguit* es schneit g. *snaiws* Schnee (daneben ahd. *far-snigan* verschneit).

Die idg. stimmlosen Aspiraten fielen mit den einfachen Tenues in der Entwicklung zusammen, können also übergangen werden.

§ 28. Verners Gesetz. Die unter 1. besprochene Entwicklung der idg. Tenues ging zu stimmlosen Spiranten. Sie blieb aber bei diesen nur stehen, wenn der Akzent idg.-frühurgerm. die unmittelbar vorhergehende Silbe traf. Stand er anders, dann wurde der stimmlose Spirant noch urgerm. „erweicht“, d. h. stimmhaft, *f, þ χ χ*^{u} (aus idg. *p t k k*^{u}) wurden also weiter zu *ƀ đ g w*, got. geschr. *b d g w*, und flossen so zusammen mit den in § 27 unter 3 behandelten stimmhaften Spiranten; auch *s* wurde erweicht zu got. *z*. Daher φράτωρ *frāter* g. *brōþar* Bruder, aber πατήρ *pater* g. *fadar* Vater. — Eine Folge des Vernerschen Gesetzes ist der „grammatische Wechsel“, in der Reihenbildung der germ. starken Verba besonders wichtig, im Got. aber hier fast verschwunden, vgl. unten § 95 und 107, 5 und 13.

Die Einzellaute

§ 29. Harte Spiranten. Germ. *f þ χ*^{u} (*ƕ*), dazu *s*, blieben got. unverändert, nicht aber *χ*.

1. **f**: war wohl bilabial; es steht auch in gr. Lehnwörtern, wo es φ vertritt: *Filippus* Φίλιππος.

2. **þ** : das moderne Zeichen ist dem ae.-nord. Schreibgebrauch entnommen, in den es aus der Runenschrift gelangte. Es bedeutet harten interdentalen Spiranten (= engl. hartes *th*); in gr. Wörtern steht es für ϑ: *þata* engl. *that* das;

þōmas Θωμᾶς. — Im Anlaut findet sich wechselnd *þl* und *fl* vor, wo die übrigen Dialekte stets nur *fl* haben; so *þliuhan* gegen ahd. *fliohan* fliehen, aber stets *flokan* wie ahd. *fluohhan*, *-ōn*, *flōdus* wie ahd. *fluot*. Da der Gebrauch nach Wortstämmen verteilt ist, muß man Einfluß verschiedener Dialekte in Wulfilas eigener Sprache vermuten.

3. *χ* wird got. *h* geschrieben, der Lautwert ist unsicher; der urgerm. harte Reibelaut bestand wohl abgeschwächt noch im Anlaut vor Konsonant: *hlaifs* Brot. Anlautend vor Vokal galt Hauchlaut wie nhd. *h*: *hafja* hebe l. *capiō*; in Fremdwörtern vertritt *h* hier den Spiritus asper: *Hērōdēs* Ἡρώδης. Wahrscheinlich war *h* auch in- und auslautend Hauchlaut oder unwesentlich stärker, da es in der Schrift oft ausfällt: *liu(h)teiþ* leuchtet, *al(h)s* G. des Tempels, *ƕammē(h)* jedem. Zur Wiedergabe von gr. *χ* dient nicht *h*, sondern *k*: Ἀχαία g. *Akaia*!

4. *ƕ*: *ƕat-a* was l. *quod*, *aƕa* Gewässer l. *aqua*. Dem got. *ƕ* entspricht in den übrigen germ. Sprachen stets ein Doppellaut *h* + *w*: g. *ƕata* ahd. *hwaz*. Gleichwohl war *ƕ* vermutlich ein einfacher Laut (etwa wie engl. *wh* in *white*?), da Wulfila ein einheitliches Zeichen wählte. Auch redupliziert der Laut als Ganzes: *ƕaíƕōp* rühmte mich, und steht das Verbum *saíƕan* sehen in der V. st. Reihe, die einfachen Schlußkons. fordert.

5. **s** ist zu den harten Spiranten zu stellen, älter als sie alle, nämlich idg. Auslautendes *s* (urgerm. *z*) des N. Sg. entfiel 1. nach *s*: *laus* los < urgerm. **lausaz*, *hals* Hals **halsaz*. 2. nach *z*: *ans* Balken < **anzaz*. 3. nach konsonantischem *r*: *waír* Mann < **waíraz*, *anþar* der andere < **anþaraz*, *unsar* unser, *stiur* Stier; *s* blieb aber nach *r* bei einsilb. Adj., oder wurde eher analogisch wieder durchgeführt: *gaurs* betrübt, *skeirs* klar; ebenso wenn *r* sonantisch war: *akrs* Acker. — Später, auch ostgot., schwand Nom.-*s* in noch weiterem Umfange, vgl. die Eigennamen in den Urkunden, unten S. 157f.

§ 30. Tenues. Die germ. Tenues beharren im Got. durchaus und bieten wenig Bemerkenswertes.

1. **p** ist nicht häufig: *diups* tief lit. *dubùs* hohl. Im Anlaut kommt es in Erbwörtern nicht vor: *pund* Pfund l. *pondus*, *paida* Rock gr.-thrak. *βαίτη* sind Lehnwörter.

2. **t**: *taíhun* zehn l. *decem*, *itan* essen l. *edo*.

3. **k**: *kniu* Knie l. *genu*, *akrs* Acker l. *ager*. Es gibt gr. *κ* und *χ* wieder: *Kēfas* *Κηφᾶς*, *Akaja* *'Αχαία* (*X* fast nur in *Xristus*).

4. **q**: *qius* lebendig l. *(g)vivus*. Vielleicht war der Laut einfach (*k* mit Lippenrundung), denn mit ihm wird l. *qu* wiedergegeben, das einfacher (nicht positionsbildender) Kons. war: *Qartus* l. *Quartus*; die andern germ. Sprachen haben aber Doppellaut *kw* (wie dt. *qu*): ahd. *quick*.

§ 31. Weiche Spiranten und Mediae: sind nicht sicher zu scheiden, da für beide *b d g* geschrieben wird. Wahrscheinlich wurde zu Wulfilas Zeit nach Vokal noch spirantisch, anlautend aber und nach Konsonant Media gesprochen.

1. **b**: *giban* geben mit *ƀ*, — aber *baíran* tragen, *wamba* Bauch, *-swaírban* abwischen mit Verschluß-*b*.

2. **d**: *biudan* bieten mit *đ* — aber *dags* Tag, *bindan* binden, *huzd* Hort mit Media *d*.

Doppeltes *d* in der Gruppe *ddj* ist durch „Schärfung" entstanden aus germ. *i̯i̯* nach kurzem Vokal: *twaddjē* zweier ahd. (Isidor) *zweiio*, *iddja* ging < idg. **ei̯ām* (vgl. § 96). Die Schärfung unterblieb nach Vokal *ī*: *þrijē* dreier (ahd. *drīo*).

Gleiche Schärfung auch im Nord., das *ggi̯* zeigt: *tveggia* zweier[1]); hier auch nach *ī*: *þriggia* dreier.

3. **g**: *ligan* liegen mit *ǥ*[2]) — aber *guma* Mann, *balgs* Schlauch mit Media *g*[3]); *g* dient auch zur Bezeichnung des

[1]) Diese übereinstimmende Entwicklung der germ. *ii*, *uu* bildet ein Hauptzeugnis für nähere Zugehörigkeit des Gotischen zum Nordischen. Vgl. jetzt Fr. van Coetsem, Leuvense Bijdragen 39 (1949), 41ff.

[2]) Oft wird angenommen, *g* sei nach Vokal schon Verschlußlaut gewesen, weil es im Auslaut nicht durch entsprechenden harten Reibelaut ersetzt wird (wie *b* durch *f*, *d* durch *þ*). Wahrscheinlicher aber sah man keine befriedigende Bezeichnungsmöglichkeit für die hier entstehende, im übrigen dem Got. fehlende harte Spirans, weil auslaut. *h* schon nicht mehr deutlich spirantisch war: § 29, 3. (X blieb auf wenige Lehnwörter beschränkt.)

[3]) Ein älterer, vorwulfilanischer Sprachstand deutet sich darin an, daß lat. *Graecus* als *Krēks* ins got. entlehnt worden ist. Damals war got. *g* offenbar noch Spirant und kam zur Darstellung des lat. Verschlußlautes nicht in Frage.

velaren Nasals ŋ: *laggs* (mit ŋg) lang, *þagkjan* (mit ŋk) denken, *siggwan* singen — hier hat also *ggw* (anders als bei *triggws*, s. u.) den Wert *ŋgw*!

Echte verdoppelte Media in der Gruppe *ggw*, z. B. *triggws* treu, ist durch „Schärfung“ von germ. *u̯u̯* entstanden nach kurzem Vokal, ebenso nord.: *tryggr* treu̯[1]); wgerm. ist *uw* bewahrt: ahd. *triuwi* (spr. *triu̯u̯i*).

4. **z**: ist den weichen Spiranten anzuschließen, aus *s* nach dem Vernerschen Gesetz entstanden: *azēts* leicht, *mizdō* Lohn gr. *μισθός*.

c) Allgemeines über die Konsonanten

§ 32. Auslaut-Verhärtung: Die weichen Spiranten *b d z* (*g* ist ausgenommen) werden zu harten im Auslaut und vor Nominativ-*s* (bester Beweis für die spirantische Aussprache): *giban* geben / Prät. *gaf*, *biudan* bieten / *bauþ*, *hlaibis* G. / *hlaifs* N. *hlaif* A. Brot, *maiza* der größere / *mais* Adv. mehr.

g bleibt: *ligan* liegen / *lag* (man könnte **lah* erwarten; aber *h* war wohl nicht mehr harter Reibelaut, vgl. S. 32, Anm. 2). Nachkonsonantisch keine Verhärtung: *bi-swaírban* wischen / *swarb*. Bei An- oder Einfügung eines Enklitikons tritt wieder weicher Laut auf: *wituþ* / *witud-u* wißt ihr?

§ 33. Ganz anders begründet und schon urgerm. ist der grammatische Wechsel, der aus dem Vernerschen Gesetz fließt; harte und weiche Stufe eines Reibelautes wechseln in einer Wortsippe oder in einem Flexionstypus, nämlich im Prät. der starken Verba. Der letztere Fall ist im Got. fast ganz analogisch ausgeglichen, die einzigen Reste sind *þarf* (bedarf) / *þaúrbum* und *aih* (habe) / *aigum*. Dagegen viele Fälle in der Wortbildung: *taíhun* zehn / *tigus* Zehner, *sinþs* Weg / *sandjan* senden.

§ 34. Assimilation im Satz findet sich nur bei *h* und bei Präfix *us-*: *uþ-þan* < *uh-þan* und da, *jaþ-þē* < *jah-þē* und wenn, *ur-runs* < *us-runs* Aufgang.

§ 35. Dissimilation im Härtegrad „Thurneysensches Gesetz“): in manchen Suffixen hat der Kons. harte Laut-

[1]) Vgl. S. 32 Anm. 1.

stufe, wenn der Stamm weich auslautet und umgekehrt: *mildiþa* Milde / *auþida* Öde, *waldufni* Gewalt / *fraistubni* Versuchung, D. *hatiza* dem Haß / *agisa* dem Schrecken.

§ 36. Geminaten bleiben unverändert im Auslaut und vor Nom.-*s*, ferner vor *j* und *n*: *skatts* Schatz Λ *skatt*, *rann* zu *rinnan* rennen, *fulljan* füllen, *fullnan* voll werden. Sonst sind sie vereinfacht: *kant*, *kunþa* kannst, konnte zu „*kann*".

§ 37. Vor Dentalsuffix wurden die meisten Verschlußkonsonanten schon urgerm. durch harten Spiranten ersetzt; *k*, *g* + *t* gab *ht*, —*p*, *b* + *t* gab *ft*, —*t*,*d*, *þ* + *t* gab gesetzmäßig *ss*, wofür aber oft analogisch *st* entstand: *brūkjan* brauchen / *brūhta*, *magan* können / *mahta*. — *ƕōpan* sich rühmen / *ƕōftuli* Ruhm, *giban* / *gaft* gabst. — *wait* / *wissa* wußte, *standan* / *ustass* Auferstehung, aber mit *st* *gamōtan* Raum finden / *gamōsta*, *blōtan* opfern *blōstreis* Opferer, *gildan* vergelten *gilstr* Steuer[1]).

III. Auslautentwicklung

§ 38. Mit zunehmendem Starkton konzentrierte sich der Nachdruck auf der Tonsilbe, allermeist also der Erstsilbe, und besonders auf deren Vokal, während die Nachsilben der Abschwächung verfielen. Das Idg. hatte Vokale von dreierlei Quantität: 1. Kürzen, 2. Längen und Normaldiphthonge, 3. Langdiphthonge (*āi* usw.), die man etwas schematisierend als 1-, 2- und 3-morig ansetzt. Die Langdiphth. wurden im Übergang zum Germ. gekürzt entweder durch Kürzung des ersten oder durch Schwund des zweiten Elements, sind also im wesentlichen zu Ziffer 2 übergetreten; die Spuren ihres einstigen Vorhandenseins sind nur in Auslautstellung noch gut erkennbar[2]). Wichtig ist weiter, ob der Vokal oder Diphth. einer Endsilbe im „absoluten" Auslaut

[1]) Über die Gründe J. Fourquet, Les mutations consonantiques du Germanique (1948), bes. S. 28f.

[2]) Man hat lange gemeint, es habe im Idg. eine weitere Scheidung der Längen und Diphthonge in stoß- und schleiftonige bestanden, welche sich im Griech. und Lit. gehalten habe (im Griech. kenntlich durch die Akzentformen Akut und Zirkumflex), und diese Scheidung habe auch im germ. Auslaut Spuren hinterlassen, indem der Schleifton erhaltend wirkte. Aber diese Scheidung war wahrscheinlich nicht idg., sondern einzelsprachlich: J. Kurylowicz, Bulletin de la Société Linguistique 35 (1935), 24ff.

stand oder „gedeckt", d. h. noch von einem Kons. gefolgt war, der ihn gegen Abschwächung schützte.

Man hat die Auslautverluste auf ein Stufenschema „Morenkürzungsgesetz") zu bringen gesucht, wonach das Gotische jeweils eine More (Quantitätseinheit) eingebüßt habe, die übrigen germ. Sprachen noch eine weitere Einheit. Die Verhältnisse in den einzelnen Sprachen sind aber zu wechselnd, als daß eine solche Formulierung ausreichte.

§ 39. — 1. Kürzen. Erhalten sind sie in betonten Einsilbern; im absol. Auslaut: idg. **nu* gr. *νύ* got. as. ahd. *nu* jetzt. Gedeckt: idg. **k*ᵘ̯*os* g. *ƕas* ahd. *hwer* wer. — In mehrsilbigen Wörtern schwanden allgemein nur *ă* und *ĕ* im absol. Auslaut: got. *wait waist wait* gr. *οἶδα οἶσθα οἶδε*. In (ursprünglich) gedecktem Auslaut war *ă* run., finn., auch frühdt. zur Zeit der lex Salica noch vorhanden: run. *đagaR* Tag (als Eigenname), finn. *kuningas* König, *horna(n)* A. Sg. n. Horn, lex Sal. *focla* Vogel.

i und *u* schwanden in Drittsilbe: g. *baíris* idg. **bheresi* ai. *bhárasi* trägst, g. *hanan* A. Sg. Hahn urg. **hananu(n)* < idg. **hanon-m̥*. In Zweitsilbe schwanden sie nur, wenn die Wurzelsilbe lang war, welche Scheidung das Südg., am besten das Ae., am wenigsten das Ahd. bewahrt hat. Urg. **gastiz* (l. *hostis*) g. *gasts* ais. *gestr*, ae *ȝiest* as. ahd. *gast*, — aber urg. **staþiz* (m) Stätte g. *staþs* (d) ais. *staþr*, ae. *stede* as. *stedi* (f!), ahd. *stat* (f), (jedoch noch *wini* Freund). — Urg. **flōđuz* g. *flōdus* Flut, ae. *flod* (einmal noch *flodu* Runenkästchen) as. *flōd* ahd. *fluot*, — aber urg. **sunuz* Sohn g. *sunus* ae. as. ahd. *sunu*. Das Got. hat in beiden Klassen ausgeglichen, aber nach verschiedener Richtung: ausl. *ĭ* ist auch nach kurzer Wurzel beseitigt, *muns* Gedanke wie *gasts* (Reste der Scheidung in den Adj. *nawis* tot, *sutis* ruhig); umgekehrt ist ausl. *u* auch nach langer Wurzel wiederhergestellt: *flōdus* wie *sunus*; als Ausnahme blieb stehen *tagr* N. a Zähre ohne *u*, gr. *δάκρυ*.

§ 40. — 2. Längen (einschl. der ehemal. Diphthonge). — Erhalten blieben sie in betonten Einsilbern: *sō* die (N. Sg. f.) gr. *ἡ* aus **sā*, idg. **sā*. *þai* die (N. Pl. m.) as. *thē* ahd. *dē*, *die* gr.-dor. *τοί* idg. **toi*.

Längen in Mehrsilbern waren schon got. gekürzt im absol. Ausl.; dabei ergaben *ō ē* gleichermaßen *ă*: *giba* Gabe < urg. **geƀō*, vgl. ai. *ásvā* Stute. *baíra* ich trage urg. **ƀerō* gr. φέρω idg. **bherō*. *ainamma* einem, daneben im Kompositum *ainummē/hun*. *mawi* Mädchen, vgl. ai. *dēvī́* Göttin. Ehemal. Diphth.: g. *bairada*, *bairanda* er wird getragen usw., gr. φέρεται, φέρονται. Gedeckter Auslaut scheint nicht wirksam, wo es sich um Nas. oder Liqu. handelt (in Betracht kommen *n* und *r*), schon got. trat Kürzung ein; vor *n*: g. *giba* Acc. Sg., ahd. *geba* urg. **geƀōn* ai. *ásvām*. *guma* Mensch ahd. *gomo* urg. **gumēn*, vgl. gr. ποιμήν. *nasida* < **nasiđōn* ahd. *nerita*, altnordseegerm. noch *tawiđō*, mit Länge angesetzt, Gallehus. Vor *r*: g. *fadar* ahd. *fater* gr. πατήρ idg. **pətēr*.

Dagegen wirkten voll deckend die Schlußkons. *s d*, wohl auch *t*; vor allem *s*, vor dem auch das Ahd. meist die Länge bewahrte, während die übrigen nord. und südg. Sprachen kürzten: g. *gibōs* die Gaben (N. Pl.) ahd. *gebā* (Notker!), dagegen ais. *giafar* ae. *giefa* as. *geƀa*. g. *nasidēs* du rettetest ahd. *neritōs* (wo der *o*-Vokal aus der 1. Pers., urg. **neridō(n)*. — Mit ehemaligem Diphth.: g. *bairais* (= -*ę̄s*) du mögest tragen ahd. *berēs*, aber ais. *berer* ae. *bere* as. *beres*, gr. φέροις idg. **berois*. g. *sunaus* des Sohnes (= -*ǭs*) lit. *sūnaũs* idg. **sunous*, Länge noch in ahd. *fridō* des Friedens.

Vor *d* bleibt die Länge got., aber nirgends sonst, auch nicht ahd.; so in den adverbialen Abl. auf *-*ēd* und *-*ōd*: *hidrē* hierhin *simlē* einst, l. *certē* sicher, alat. *facilumēd* am leichtesten, aber ais. *lenge* lange ae. *ʒelíce* in gleicher Weise; g. *laggō* lange alat. *citōd* schnell, aber ahd. *langŏ* ais. *illa* übel. — Desgleichen vor *t*: g. *bairai* (= -*ę̄*) er trage gr. φέροι, idg. **bheroit*, aber ais. ae. as. ahd. *bere*.

§ 41. — 3. Langdiphthonge sind im Übergang zum Germ. gekürzt worden, haben aber got. im absol. Auslaut Längen hinterlassen, wie einige Dativformen belegen: *gibai* idg. **ghebhai*, entspr. gr. χώρᾳ (= χωραι) alat. *fortunai*. *qēnai* „der Frau" entspr. gr.-hom. πόληι, Lok. auf *ēi*; *sunau* „dem Sohn" ai. *sūnaú* idg. Lok. auf *ēu*, das got. *au*, frühahd. *iu* wurde: *suniu*, urnord. ebenso: *magiu*.

§ 42. Weitgehend verunklart sind die Auslautverhältnisse durch Analogie und Systemzwang, der im Got. besonders stark gewirkt hat. So blieb *ō*, das im absol. Auslaut zu *ă* werden sollte, erhalten in dem G. Pl. *gibō* analog zu den übrigen Pl.-Formen; so auch im N. Sg. *tuggō* unter dem Zwang der übrigen sieben Formen des Paradigmas, und ebenso *ei* in *hauhei*, das *ĭ* werden sollte, vgl. *mawi*. Das *ai* in *blindai* N. Pl. blieb wohl analog zu *þai*. Die 3. Sg. *nasida* statt zu erwartendem Ausgang auf *ē* oder *aī* aus **nasiđēt* ist vermutlich der 1. gefolgt, wie in allen indikativen, st. wie sw. Prät.-Formen Gleichheit der beiden Formen herrscht.

§ 43. Konsonanten: von denen, die im idg. Auslaut vorkamen (*d t m n r s*), waren nur *r* und *s* bis ins Urg. erhalten geblieben; *r* blieb zumeist bis heute: l. *pater* nhd. *Vater*.

s war urg. allgemein zu *z* erweicht, auch wo nicht Verners Gesetz wirken sollte; got. wurde *z* wieder verhärtet: *dags* Tag, nord. wurde es zu *r*: *dagr*, südg. schwand es, schon lex Sal. *focla* Vogel. Erhalten blieb es in kurzen Einsilbern: g. *ƕas mis* ahd. *ƕer mir*. — Das -*ns* des Akk. Pl. blieb bis ins Got., fiel in allen übrigen Dialekten: g. *dagans* ahd. *taga*.

d und *t* waren gefallen: idg. **bheroit* ai. *bharēt* g. *baírai* (ebenso gr. *φέροι*). — In kurzen Einsilbern blieb der Dental z. T.: l. *quod* as. *hwat* ahd. *hwaz*, dagegen got. *ƕa*, vgl. § 64.

m war zu *n* übergegangen und dieses fiel dann: alat. *lupom* (früh-)urg. **wulfa(n)*, schon run. *wulfa*, g. *wulf* ais. *ulf*. — In kurzen Einsilbern blieb *n*: g. *þan* dann ∼ l. *tum*.

§ 44. Zur Chronologie: Der Schwund der auslaut. Konsonanten ist auf den der Vokale erst gefolgt. Nur so erklärt es sich, daß Vokale, die sonst fielen, durch konsonantische Deckung vor dem Untergang bewahrt bleiben konnten. Man könnte auch sagen, daß je der letzte Laut schwindet, sei er Vok. oder Kons.

C. Formenlehre

I. Deklination

§ 45. Die germ. Deklination hat zwei Haupttypen, den nominalen und pronominalen. Rein nominal flektieren die Substantiva, pronominal die Pronomina, bei den Adjektiva mischen sich beide Weisen. Bei den Nomina (Subst., Adj., Zahlw.) gibt es vokalische und konsonantische Deklinationen, erstere heißen auch (seit J. Grimm) „stark" (st.), die Hauptform der letzteren, die n-Deklination, auch „schwach" (sw.).

Das Gotische hat drei Geschlechter: Maskulinum (m), Femininum (f), Neutrum (n); drei Numeri: Singular (Sg.), Plural (Pl.) und Dual (Du.), welch letzterer aber nur bei Pronomina und Verba, dazu in *ahtau* „acht" vorkommt. Von den acht idg. Kasus sind Nom., Gen., Dat., Akk. (N. G. D. A.) voll erhalten, der Vok. (V.) im Sg. in denjenigen Klassen, die den Nom. auf *s* bilden. Reste des Instrumentalis (I.) finden sich bei Pronomina.

Für alle Neutra ist bezeichnend der Zusammenfall von N. und A. im Sg. wie Pl.

a) Substantiva

§ 46. Eine Kasusform wie g. *sunus* (Sohn) N. Sg. m ist zu zerlegen in zwei Teile, Stamm *sunu-* und Endung *-s*. Der Stamm läßt sich weiter scheiden in Wurzel *sun-* und stammbildendes Suffix *-u-*. Da letzteres ein Vokal, ist die Klasse eine vokalische (*u*-Klasse). Es kommen als vokalische Stammsuffixe vor *-ă -ō -ĭ -ŭ* (entspr. idg. -ŏ -ā -ĭ -ŭ. der idg. ŏ-Klasse entspricht germ. *ă*-Klasse[1]), der idg. *ā*-Klasse germ. *ō*-Klasse nach § 11 bzw. § 18). Auf *-ă -ĭ -ŭ* gehen Mask., auf *-ō -ĭ* (*-ŭ*) Fem., auf *-ă* (*-ŭ*) Neutra aus. In der *ă*-Klasse kommen neben reinen *ă*-Stämmen auch *jă-* und *wă*-Stämme vor, neben den ō-Feminina gibt es solche auf *jō* und *wō*. Die Klassenvokale erscheinen am deutlichsten im D. (auch A.) Pl.: *dagam* Tagen, *harjam* Heeren, *gastim* Gästen, *sunum* Söhnen, *gibōm* Gaben, z. T. auch in der Kompositionsfuge: *figgragulþ* Ring zu *figgrs* Finger.

§ 47. Konsonantische Deklinationen: Hauptklasse die *n*-Stämme, die Mask. auf *-ăn* (*-jăn*), das ablautet zu *-ĭn*

[1]) Genauer gesprochen lag im Idg. Suffixablaut *e/o* vor (alat. N. *lupos*/Vok. *lupe*), dem germ. ein solcher von *e/i* zu *a* entsprechen mußte; ersteres got. nur als *i* erscheinend. Vgl. run. N *dagaR* < idg. **dhog*$^{\breve{u}}$*hos* mit got. G. *dagis* < idg. **dhog*$^{\breve{u}}$*heso*.

(*-jĭn*), Fem. auf *-ōn* (*-jōn*) und solche auf *-ein*; daneben Wurzelnomina, bei denen die Endung direkt, ohne stammbildendes Suffix, der Wurzel angefügt wurde. Die Stämme treten gut heraus im G. Pl.: *gum-an-e* Männer, *haírt-an-ē* Herzen, *fisk-jan-ē* Fischer, *tugg-ōn-ō* Zungen, *brun-jōn-ō* Brünnen, *aiþ-ein-ō* Mütter, Wurzelnomina: *baúrg-ē* Burgen, *brōþr-ē* Brüder.

Vokalische (starke) Deklinationen

§ 48. — 1. Reine ă-Stämme: Mask. und Neutra. *daga-* (m) Tag, *hlaiba-* (m) Brot, *waúrda-* (n) Wort, *haubida-* (n) Haupt.

	Mask.:		Neutra:	
Sg. N.	dags	hlaifs	waúrd	haubiþ
G.	dagis	hlaibis	waúrdis	haubidis
D.	daga	hlaiba	waúrda	haubida
A.	dag	hlaif	waúrd	haubiþ
V.	dag	hlaif		
Pl. N.	dagōs	hlaibōs	waúrda	haubida
G.	dagē	hlaibē	waúrdē	haubidē
D.	dagam	hlaibam	waúrdam	haubidam
A.	dagans	hlaibans	waúrda	haubida

Endungen:

	Sg. N.	G.	D.	A.	I.
Idg.	os	eso/oso	ōi	om	ē/ō
Urg.	az	is/as	ai	a(n)	ē/ō
	Pl. N.	G.	D. (I.)	A.	
Idg.	ōs <o + es	ōm <o + om	omis	ons	
Urg.	ōz	ē(n) neben ō(n)?	omiz	anz	

Mask.: Sg. N. run. noch *stainaR* Stein, vgl. alat. *lupos*. — G. g. *dagis* < *-eso*, aber früh-ae. *dæʒæs*, as. *dagas* < *-oso*; gr. *ἵππου* < *ἵππο(σ)ο* (neben hom. *ἵπποιο*, das Suffixform *-osi̯o* voraussetzt). — D.: g. *daga* weist auf Instr. mit *-ē*, das noch in den Pron. *ƕammē-h* (§ 11) und *þē* desto (§ 62) bewahrt ist. Die Wechselform mit *-ō* blieb als echter I. in as. ahd. *dagu tagu*. Der D. auf *-ai* > *ē* > *ĕ* liegt den nord.-

südg. Formen zugrunde: ais. *arme* ae. *earme* as. ahd. *arme*. — A. run. noch *staina* Stein. — V. endungslos, hier wie bei den *ja*-, *i*- und *u*-Stämmen.

Pl.: N. hat die idg. Endung *-ōs* rein bewahrt, vgl. ai. *áśvāḥ* Pferde, osk. *Núvlanús* (spr. *Noulanōs*) Leute von Nola. Ais. *armar* (*ar* < *ōz*); für ae. *earmas* as. *armos* postuliert man eine erweiterte Endung *-ōsiz*, wie ai. *aśvāsaḥ vṛkāsaḥ*. — G. gr. ἵππων, l. arch. *deum* neben *deorum*. Got. *-ē* steht isoliert, ohne sichere Deutung, die anderen Dialekte weisen auf *-ōm*: ais. *arma* ae. *earma* as. ahd. *armo*. — D. in allen Klassen, die ursprüngliche Bildung bewahren, mit urg. *-miz*, das urdeutsch auf Matronensteinen in den *i*-stämmigen Namen *Aflims Vatvims* noch kenntlich, run. in *gestum*R; vgl. lit. *rañkomis* (*ā*-Fem.) Händen. Der Themavokal g. als *a*, nord.-südg. aber vor dem Nasal als *u*/*o* erhalten, ais. *dǫgom* ahd. *tagum*. — A. ganz urtümlich, wie kret. νόμονς Gesetze.

Neutr.: Sg. N. A. alat. *dōnom* Geschenk, run. noch *horna* (Akk.) Horn. — Pl. N. A. idg. *-ā* urg. *-ō* g. *-ă*, l. *iuga* (*-ā* gekürzt); das ältere *-ō* g. noch in *þō* diese (§ 11), nord.-südg. ergab es *-u*, noch in ae. as. *fatu* Fässer.

Das Nom. *-s* entfällt bei Stämmen auf *sa*-, *za*- und *ra*- nach § 29, 5: *hals*/*halsis* Hals, *ans* / *anzis* Balken, *wair* / *waíris* Mann (dagegen *skeirs* klar, *akrs* Acker).

§ 49. — 2. **jă**- und **wă**-Stämme: *haírdja*- (m) Hirt, *harja*- (m) Heer, *kunja*- (n) Geschlecht; *þiwa*- (m) Diener, *triwa*- (n) Baum.

	ja-Stämme			*wa*-Stämme	
Mask.,	langstämm.	kurzst.	Neutra	Mask.	Neutra
Sg. N.	haírdeis	harjis	kuni	þius	triu
G.	haírdeis	harjis	kunjis	þiwis	triwis
D.	haírdja	harja	kunja	þiwa	triwa
A.	haírdi	hari	kuni	þiu	triu
V.	haírdi	hari		þiu	
Pl. N.	haírdjōs	harjōs	kunja	þiwōs	triwa
G.	haírdjē	harjē	kunjē	þiwē	triwē
D.	haírdjam	harjam	kunjam	þiwam	triwam
A.	haírdjans	harjans	kunja	þiwans	triwa

Von den *jă*-Stämmen sind die Mask. meist von ursprünglich adjektvischem Sinn: ξένιος gastlich, l. *rēgius*; *haírdeis* ist „zur Herde (ahd. *hērta*) gehörig".

Nach langem Vokal war schon idg. vor *j* ein Übergangslaut *i* entwickelt, idg. **kerdhii̯os* urg. **χirđii̯az* > **hirđīz* > g. *haírdeis*. — Ebenso im G. **χirđii̯isa* > g. *haírdeis*. Die kurzvokaligen hatten im N. keinen Übergangslaut, **kori̯os* sollte **haris* geben, *harjis* analogisch nach den übrigen Kasus. — Dagegen im Neutr. der N. lautgerecht *kuni* < **kunja(n)*, Vokalisierung des *j* im Auslaut nach § 24. — Im G. des Neutr. ist die Scheidung in *-eis* nach langer, *-jis* nach kurzer Silbe, die im Mask. N. und G. zeigen, nur spurenweise erhalten, *trausteis* des Vertrages, meist aber *reikjis* des Reiches usw.

Die langsilbigen *wa*-Stämme gehen wie *a*-Stämme: *snaiws* (m) Schnee, *hlaiw* (n) Grab. Die kurzstämmigen wandeln *w* zu *u* im Auslaut und vor Nom.-*s*: *þius*, *triu*; vgl. § 25.

§ 50. — 3. **ō-, jō-** (und **wō-**)Stämme: nur Fem. *gibō-* Gabe, *bandjō-* Band, *maujō-* Mädchen.

		Reine ō-Stämme	Langsilbige jō-Stämme	
Sg.	N.	giba	bandi	mawi
	G.	gibōs	bandjōs	maujōs
	D.	gibai	bandjai	maujai
	A.	giba	bandja	mauja
Pl.	N.	gibōs	bandjōs	maujōs
	G.	gibō	bandjō	maujō
	D.	gibōm	bandjōm	maujōm
	A.	gibōs	bandjōs	maujōs

Hauptklasse der Fem., idg. *ā-* (und *jā-*)Klasse: χώρā Land, l. *mēnsa* Tisch, *fīlia* Tochter.

Sg.: N. auf idg. *-ā*, urg. *-ō* (finn. *runo* Rune), das got. bei Pron. bewahrt ist in Deckung: (*ni*) *ainō-hun* (nicht) eine, und bei Einsilbigkeit: *sō* diese; nord.-südg. wurde es zu *-u*: run. *laþu* Ladung, Gabe, ae. *ȝiefu* Gabe. — G. idg. *-ās* (< *-ā* + *-es*/*-os*), urg. *-ōz*, χώρᾱς, l. *pater familiās*, ais. *giafar* Gabe (*-ar* < *-ōz*), ahd. in älterer Zeit noch *gebā* mit

Länge. — D. mit idg. Langdiphthong *āi*, χώρᾳ l. *mēnsae*, vgl. § 41. — A. *-ām* (ai. *áśvām* Stute l. *equam*) urg. *-ō(n)*, nord.-südg. *-u*: run. *alu* Mal, Zeichen.

Pl.: N. idg. *-ās* < *-ā* + *-es*, urg. *-ōz* wie im G. Sg., ai. *ásvāḥ*, ais. *giafar*, ahd. *taga*. — G. idg. *-ōm* < *-ā* + *-ōm*, urg. *-ō(n)*: ais. *giafa* ae. *ȝiefa*; dagegen ahd. *gebōno* nach der *n*-Klasse. — D. (eigentlich I.) auf *-ōmiz*, lit. *rañkomis* Händen. — A.: schon idg. wurde *-āns* zu *-ās*, gleich dem N.: ai. *ásvāḥ*.

Die *wō*-Stämme gehen ganz wie die reinen *ō*-Stämme: *triggwa* G. *triggwōs* Bündnis.

Ebenso die kurzsilbigen *jō*-Stämme: *wrakja* / *-jōs* Verfolgung, die reine *i̯ā*-Stämme des Idg. fortsetzen. Es gab aber auch ablautende *i̯ā* / *ī*-Stämme mit *ī*-Stufe im N. A. Sg.: ai. *dēvī́* A. *dēvī́m* Göttin gegen G. *dēvyā́ḥ*; aus diesem Typus haben die langsilbigen *jō*-Stämme im Got. ihren N. unter Kürzung zu *-ĭ* bewahrt, *bandi mawi*, bei letzterem hatte sich Auflösung des einstigen Diphthongs zu *aw* ergeben; so nur noch *þiwi* Magd.

§ 51. — 4. ĭ-Stämme. Mask. und Fem., die letzteren überwiegen. *gasti-* (m) Gast, *ansti-* (f) Gunst, *laiseini-* (f) Lehre.

		Mask.	Fem.	
Sg.	N.	gasts	ansts	laiseins
	G.	gastis	anstais	laiseinais
	D.	gasta	anstai	laiseinai
	A.	gast	anst	laisein
	V.	gast	anst	laisein
Pl.	N.	gasteis	ansteis	laiseinōs
	G.	gastē	anstē	laiseinō
	D.	gastim	anstim	laiseinim
	A.	gastins	anstins	laiseinins

Die ĭ-Stämme sind vom Ablaut aus gesehen diphthongische Stämme mit idg. Wechsel *ei̯* / *oi̯* / *ĭ* urg. *ī* / *ai̯* / *ĭ*, wobei die Nullstufe *ĭ* im N. A. Sg. und D. A. Pl. auftritt, danach die Benennung. Run. noch N. *gastiR*, A. *hali* Stein.

Da die Mask. got. im N. A. den *ă*-Stämmen gleich geworden, wurde nach gewöhnlicher Auffassung ihr Sg. ganz der *ă*-Klasse angeglichen.

Die Fem. bewahrten alte Endungen auch im G. Sg., *anstais* kann auf *-eis* oder *-ois* (Vollstufen + *-s*) zurückgehen, wie ai. *agnēh* Feuer (m!), ais. *nauþar* Not (*-ăr* aus *-aiz* über *-ēr*); die gleiche Endung bewahren ais. auch noch manche Mask.: *staþar* zu *staþs* Stätte. Südg. Kürzung über *ī* zu *ĭ*, as. *ansti* ahd. *ensti* ae. *éste*. — D. wahrscheinlich idg. *-ēi*, Lok. auf *-i* mit Dehnstufe des Stammes wie hom. *πόλῃι*, vgl. § 41.

Im Pl. stimmen M. und F. überein. N. idg. *eies* > urg. *iiiz* > *īz*, ai. *agnáyaḥ* Feuer gr. *πόλεις*. — G. auf *-ē* strittig, meist aus *ă*-Klasse übernommen gedacht; die übrigen Dialekte weisen auf *-iōm*: ais. *elgia* Elche, as. ahd. *gestio enstio* wie l. *hostium* Feinde. — D. idg. *-imis*, lit. *naktimis* Nächten, frühdeutsch *Aflims Vatvims*. — A. *-ins* ist idg., kret. *πόλινς* Städte.

Unter den Fem. sind zahlreich die Verbalabstrakta auf *-ti-* zu starken Verben: *gakusti-* Probe zu *kiusan*, und auf *-ni* zu schwachen: *laiseini-* Lehre zu *laisjan* I sw., *laþōni-* Ladung zu *laþōn* II sw., *libaini-* Leben zu *liban* III sw. Die auf *-eini-* bilden den N. und G. Pl. nach der *ō*-Klasse (wie Paradigma), die anderen regelrecht, also *laþōneis laþōnē*.

Ein ehemaliges *ĭ*-Neutrum *mari* Meer steckt in dem Kompositum *mari-saiws* See; sonst ist das Wort schwaches *ein*-Fem. geworden: N. *marei* nach § 53.

§ 52. — 5. **u**-Stämme. Mask. und ein paar Fem.: *sunu-* (m) Sohn, *handu-* (f) Hand; Neutr. nur *faihu* Vermögen, das nur im Sg. vorkommt. Mask. und Fem. flektieren gleich.

	Mask.		Neutr.
	Sg.	Pl.	Sg.
N.	sunus	sunjus	faíhu
G.	sunaus	suniwē	faíhaus
D.	sunau	sunum	faíhau
A.	sunu	sununs	faíhu
V.	sunu, sunau		

Nullstufe und Vollstufen verteilen sich wie bei den *ĭ*-Stämmen. Im V. beides nebeneinander!

Sg.: N. noch in run. *waruR* Steinhaufe, Wehr; ae. as. ahd. *sunu* Sohn. — A. run. *magu* Knabe. Vgl. l. *frūctus*/*-um*. — G. idg. *-eus*/*-ous* (lit. *sūnaũs* Sohnes), ais. *sonar* (urg. *auz* wurde über *-ōR* zu *-ar*), ahd. *sunō*, D. ein dehnstufiger Lok., idg. **sunēu*, was got. *-au*, urnord. *-iu* (< *ĕu*) ergab: *magiu* dem Knaben; auch frühahd. noch *suniu*, § 41.

Pl.: N. idg. **suneu̯es* (*eu*-Stufe) > urg. **suniu̯iz* g. *sunjus* mit Umschaltung des Diphthonggipfels wie in ais. *liúga* < **líugan* lügen. Ais. *synir*/*-er* as. *suni* ahd. *siti* Sitten zeigen Verlust des *u*. — G. got. *-iu̯ē* statt *-iu̯ō*, idg. **suneu̯ōm*, gr. πήχε(Ϝ)ων Arme. — D. (I.) auf *-umis* lit. *sūnumìs*. — A. ganz idg., kret. υἱύνς Söhne. Ais. *suno*, ae. vereinzelt noch *sunu* (neben *suna* = N.); as. ahd. *suni* vom N. oder Übergang zur *ĭ*-Klasse.

Konsonantische Deklinationen

§ 53. — 6. **n**-Stämme („schwache Dekl.") bilden weitaus die Hauptmasse der kons. Dekl. Zahlreiche Mask. und Fem., wenige Neutra gehören hierher. Die Stammformen zeigen wechselnde Ablautstufe im Suffix: *guman-*/*-in-* (m) Mann, *hairtan-*/*-in-* (n) Herz. Die Fem. sind ohne Ablaut: *tuggōn-* Zunge, *managein-* Menge.

Neben den *an-* und *ōn*-Stämmen stehen *jan-* und *jōn*-Stämme, die keinerlei Abweichungen zeigen: *fiskja* (m) Fischer, Stamm *fiskjan*/*-jin*, *brunjō* (f) Panzer, Stamm *brunjōn*.

		Mask.	Neutrum	Fem.	
Sg.	N.	guma	hairtō	tuggō	managei
	G.	gumins	hairtins	tuggōns	manageins
	D.	gumin	hairtin	tuggōn	managein
	A.	guman	hairtō	tuggōn	managein
Pl.	N.	gumans	hairtōna	tuggōns	manageins
	G.	gumanē	hairtanē	tuggōnō	manageinō
	D.	guman	hairtam	tuggōm	manageim
	A.	gumans	hairtōna	tuggōns	manageins

Die *n*-Stämme sind Ableitungen von je einem Grundwort, und daher ursprünglich adjektivischen Charakters. Idg. Suffixablaut *-en/-on* lat. G. *hom-in-is* neben N. *hom-ō* (zu *humus* Erde, = „der zur Erde Gehörige"), germ. entsprechend *-in/-an*, g. G. *gumins*/A. *guman*.

Sg.: N. mit Dehnung als Kasuszeichen, auf *-ēn/-ōn* oder mit Verlust des *n* auf *-ē/-ō*, so l. *homō*, desgl. as. ahd. *hano* ae. *hona*, auf *-ēn* ais. *hane* und wohl auch g. *hana*. — G. auf idg. *-en* + *-es/-os*: *ποιμένος* l. *hominis*. — D. (L.) auf *-eni*, *ποιμένι* l. *homini*. — A. idg. *-onm̥*, *ἡγεμόνα* (*α* aus *m̥*) urg. *-anu(n)*, der Schwund des *u* nach § 39.

Pl.: N. idg. *-ones* urg. *-anz*, gr. *ἡγεμόνες*. — G. idg. *-onōm* gr. *ἡγεμόνων* urg. *-anō*, got. durch *-anē* ersetzt. Ahd. *hanōno* mit mittlerem *ō* wohl aus dem Fem. Idg. gab es auch das nullstufige Suffix *-n-ōm*, *ἀρνῶν* Schafe, danach, aber mit *-ē* statt *-ō* g. *abnē aúhsnē* zu *aba* Mann, *aúhsa* Ochse; ebenso ais. *yxna*, as. *oxna*. — D. (I.) idg. *-n̥-mis*, urg. > *ummiz* > *-umz*: ais. *hǫnom* ae. *honum* as. *hanon*; ahd. *hanōm* wohl aus dem Fem.; got. *gumam* mit Angleichung des Endungsvokals an die übrigen Formen. Das Echte in *aúhsum* 1. Cor. 9, 9. Analogisch gebildet ist dagegen *abnam* zu G. *abnē*. — A. idg. *-an-n̥s* sollte germ. *-anuns* geben (gr. *ἡγεμόνας*), wohl haplologisch vereinfacht.

Die zwei Neutra *namō* Name und *watō* Wasser haben im ganzen Pl. Kurzformen, die teils echt nullstufig (so der G.) teils analogisch sind:

Pl. N. *namna* G. *namnē* D. *namnam* A. *namna*, — zu *watō* D. Pl. *watnam*.

Die Neutra hatten im Sg. N. A., wenn man dem Zeugnis der übrigen Dialekte, ais. *hjarta* ahd. *herza* folgt, ein idg. *-ōn*, was got. nach § 40 ein *ă* hätte ergeben sollen. Das g. *-ō* dürfte analogisch (von den gleichen Kasus des Pl. oder vom Fem. her?) eingeführt sein. — Im Pl. N. A. sollte idg. *-ōnə* got. *-ōn* geben, *-a* ist von den *a*-Neutra genommen.

Die fem. *n*-Stämme sind ohne Suffixablaut mit durchgeführter Dehnstufe gebildet, ebenso wie l. *legiō / -iōnis*.

Die *ein*-Reihe enthält besonders Adjektiv-Abstrakta wie *hauhei* Höhe zu *hauhs*, dazu die Fem. der Partizipia praesentis: *baírandei* ai. *bhárantī* Tragende (§ 75), — der Komparative: *frōdōzei* Klügere (§ 76), — der Steigerungsbildungen auf *-ma*: *frumei* erstere (§ 78). Zugrunde liegt idg. *ī-* / *i̯ā*-Reihe (ai. *dēví* / G. *dēvyā́ḥ* Göttin) vermischt mit *i̯ēn-* / *i̯ōn*-Reihe, die Tiefstufe der letzteren auf *-īn* (vgl. osk. D. *leginei* gegen l. *legiōni*) ist im Got. verallgemeinert bis auf den N. Sg., der der *ī-* / *i̯ā*-Reihe zugehört (ai. *dēví*). Das *ī* hätte gekürzt sein sollen, wie bei *bandi* § 50, die Länge aus den übrigen Kasus. Das Ahd. hat durchgeführtes *-ī* (*hōhī* Höhe usw.) oder in anderen Denkmälern durchgeführtes *-īn* (*hōhīn*), das As. hat *-ĭ* (*hōhi*).

§ 54. — 7. **r**-Stämme, Verwandtschaftsnamen. Mask. und Fem. flektieren gleich: *brōþar-* / *brōþr-* Bruder.

Sg. N.	brōþar	Pl. N.	brōþrjus
G.	brōþrs	G.	brōþrē
D.	brōþr	D.	brōþrum
A.	brōþar	A.	brōþruns

Das Suffix hat Nullstufe im G. D. Sg. und im ganzen Pl. (Vgl. gr. *πατρ-ός, πατρ-ί, πατρ-ῶν, πατρ-άσι*). Im Pl. fielen D. (I.) idg. **bhrātr̥-mis* > *brōþrum*(*iz*), und A. *bhrātr-n̥s* > *brōþruns* mit den Kasus der *u*-Klasse zusammen. So wurde auch der N. Pl. nach dieser umgebildet, und ist also zugleich nullstufig (*-þr-*) und *u*-klassig.

§ 55. — 8. **nd**-Stämme: *nasjand-* Retter.

Sg. N.	nasjands	Pl. N.	nasjands
G.	nasjandis	G.	nasjandē
D.	nasjand	D.	nasjandam
A. V.	nasjand	A.	nasjand

So gehen noch einige substantivierte Part. präs.: *frijōnds* Freund, *fijands* Feind, *daupjands* Täufer, *talzjands* Lehrer. Sie gehören meist zu thematischen Verben, zeigen aber keinen Suffixablaut, vgl. gr. *φέροντος* usw.

§ 56. — 9. Andere Reste konsonantischer Deklination, z. T. wurzelflektierend (die Endungen treten direkt an die Wurzel). Am besten erhalten sind einige Fem.: *baúrg-* Burg, Stadt.

Sg. N.	baúrgs	Pl. N.	baúrgs
G.	baúrgs	G.	baúrgē
D.	baúrg	D.	baúrgim
A.	baúrg	A.	baúrgs

Sg. N. idg. auf *-s*, νύξ l. *nox* < **noct/s*. — G. idg. auf *-es / -os* νυκτός l. *noctis*; germ. *-iz* < *-es* zeigt der Umlaut in ais. G. *merkr* Mark Geldes, ae. *byrȝ* Burg an. — D. ist ein Lok. auf *-i* (νυκτί), ae. *byrȝ*, auch *fét* zu *fōt* m Fuß. — A. idg. auf *-m̥* (νύκτα l. *noctem*, wo *-em* aus *-m̥*), urg. *-u(n)*; im Got. war das *-u* einst vielleicht erhalten — wie es ae. nach kurzer Wurzelsilbe blieb (*hnutu* Nuß) —, und Formen wie **fōtu* führten zum Übergang in die *ŭ*-Klasse. Der Akk. *baúrg* muß dann vom N. genommen sein.

Pl.: N. idg. auf *-es* νύκτες, urg. *-iz*, daher auch hier ais. *merkr* f wie *føtr* m Füße, ae. *byrȝ* f wie *fet* m. Der A. war urg. durch den N. ersetzt worden, also dieselben Formen. — Der D. und wohl auch G. sind nach der *ĭ*-Dekl. umgebildet.

So gehen von Fem. noch *alhs* Tempel, *brusts* (Pl.) Brust, *miluks* Milch, *mitaþs* Maß, *spaúrds* Rennbahn; zu *nahts* Nacht ist vom Pl. nur der D. in der Form *nahtam* belegt, jedoch in adverbialer Gruppe mit *dagam*. *waíhts* Sache, *dulþs* Fest gehen nach der *ĭ*-Dekl., zeigen aber vereinzelt kons. Kasus: *dulþ* D. Sg., *waíhts* A. Pl. (neben *waíhtins*).

Mask. mit kons. Kasus sind *manna* Mensch, *mēnōþs* Monat, *reiks* Herrscher, *weitwōþs* Zeuge (gr. εἰδώς / εἰδότος wissend).

a) *manna* hat neben Wurzelflektion z. T. *n*-Dekl. (diese Formen kursiv):

Sg. N.	*manna*	Pl. N.	mans, *mannans*
G.	mans	G.	manne
D.	mann	D.	*mannam*
A.	*mannan*	A.	mans, *mannans*

b) *reiks* und *weitwōþs* zeigen neben echten kons. Kasus solche der *ă*-Dekl.: G. Sg. *reikis*, D. Pl. *reikam*, nicht eindeutig sind die G. Pl. *reikē*, *weitwōdē*. Nur kons. Kasus sind überliefert von *mēnōþs* Monat und von *bajōþs* beide (hier nur noch D. Pl. *bajōþum*).

Neutrum ist nur *fōn* Feuer, mit *n*-Formen im G. D. Sg.: N. *fōn* G. *funins* D. *funin* A. *fōn* (auch *fūn*? Z. f. d. A. 66, 210). Ursprünglich wechselten hier *n*- und *r*-Stamm, vgl. ahd. *fuir* gr. *πῦρ*.

§ 57. Viele im Got. vokalisch flektierte Wörter waren ursprünglich nach Ausweis der anderen idg. Sprachen konsonantisch. So *fōtus* (m u) Fuß dor. *πώς* l. *pēs* / *ped-em*, *tunþus* (m u) Zahn *ὀδούς* / *ὀδόντ-α* l. *dens* / *dent-em*, *haubiþ* (n a) Haupt, *magaþ* (f i) Jungfrau. Die zahlreichen neutralen *s*-Stämme sind zu *ă*-Stämmen geworden: *agis* Schreck, *hatis* Haß, *riqis* Dunkel, *sigis* Sieg, manche (ursprünglich aber nur langstämmige) haben das *ĭ* ausgestoßen: *þeihs* / *þeihsis* Zeit, *weihs* Dorf (*ϝοῖκος* l. *vīcus* *ŏ*-Kl.), aber auch kurzstämmiges *ahs* Ähre (l. *acus* / *aceris*).

§ 58. Fremdwörter und Fremdnamen: ihre Deklination geschieht ziemlich willkürlich, z. B. *aggilus* (m u) Engel — Pl. *aggileis* (i). Bemerkenswert die Namen *Marja Marþa*, die wie *guma* flektieren: G. *Marjins* D. *Marjin*, ein Rest alter Gleichheit von Mask. und Fem. (vgl. l. *homō* / *hominis* und *virgō* / *virginis*).

b) Pronomina

§ 59. — 1. Personalpronomina und Reflexivum (ungeschlechtig).

		1. Person	2. Person	Reflexivum
Sg.	N.	ik „ich"	þu „du"	—
	G.	meina	þeina	seina
	D.	mis	þus	sis
	A.	mik	þuk	sik
Du.	N.	wit	[jut?]	—
	G.	ugkara	igqara	seina
	D.	ugkis	igqis	sis
	A.	ugkis	igqis	sik
Pl.	N.	weis	jūs	—
	G.	unsara	izwara	seina
	D.	unsis, uns	izwis	sis
	A.	uns, unsis	izwis	sik

Die sämtlichen Gen.-Formen sind eigentlich Neutr. Pl. des Possessivums. — Ursprünglich ist *unsis* D., *uns* A. Pl.; beide vermischen sich.

Sg. 1. Pers., N.: idg. **egom* ergab urg. betont *eka(n)*, unbetont *ika(n)*, beide im Got. *ik*. Im übrigen siegte ais. *ek*, aber *ae. ic* as.-afries. *ik* ahd. *ih*. Auf idg. **egō* weisen *ἐγώ* l. *egō*. — Die übrigen Formen des Sg. von einem zweiten Stamm idg. *me*. Der A. hat sein *k* wohl von *ik* übernommen (Andere knüpfen *mik* an gr. *ἐμέ-γε* an).

Du. N.: *wit* nach Analogie des lit. *vè-du* „wir zwei" vielleicht auf urg. **u̯e-tu̯o* zurückzuführen. — A. ae. *unc* as. *unk*, Tiefstufe *n̥* zu idg. **nō* gr. *νώ* gab germ. *un*, dazu das *k* nach *mik*? Im g. D. A. *ugk-is* ais. *okr* stammt die Endung *-i̯s* (*-iz*) aus dem D. und ist da nach dem Sg. *mis* geformt, sie hat dann auf den A. übergegriffen.

Pl. N.: idg. **u̯ei-* (ai. *vay-am* wir) + *es* des N. = urg. **wīz*, g. *weis* ais. *vér*. — A. idg. **n̥s* urg. **uns*, daneben dehnstufig l. *nōs*. — D. dem A. gleich oder mit Zusatz *-is* (nach *mis*), der auch im A. vorkommt.

2. Pers., Sg.: Übertragung des *u* auf D. A. nur got.

Du.: Stamm *igq-* des D. A. (ae. *inc* as. *ink*) unerklärt.

Pl. N.: idg. **jūs*, so lit.; urg. **i̯ūz* g. *jūs*, nord.-südg. zu **i̯īz* umgeformt nach 1. Pers. *wīz*: ae. *ʒĕ* as. *gĭ*, *ge*, unter Beseitigung des *j* ahd. *ir* nach *wir*; ais. *ér* wohl nach *vér*.

§ 60. — 2. Possessivpronomina (besser „Possessivadjektiva"). Sie flektieren wie starke Adjektiva (§ 68). Also *meins* (m) *mein*, *meinata* (n) *meina* (f) mein, — *þeins* dein, — *seins* sein, — Du. *igqar* euer beider, — Pl. *unsar* unser, — *izwar* euer (diese beide ohne Nom.-*s*, vgl. § 29, 5). Von *seins* „sein, ihr" kommen nur die obliqen Kasus vor, statt der Nom. treten die Gen. der geschlechtigen Pronomina ein: *aiþei is* (*izōs*) seine (ihre) Mutter. Die Kasus von *seins* beziehen sich stets auf das Subjekt des Satzes.

§ 61. — 3. Das geschlechtige (anaphorische) Pronomen der 3. Person.

	Mask.		Neutr.	Fem.
Sg. N.	is („er")		ita („es")	si („sie")
G.		is		izōs
D.		imma		izai
A.	ina		ita	ija
Pl. N.	eis		ija	ijōs
G.		izē		izō
D.		im		im
A.	ins		ija	ijōz

Mit angefügter Relativpartikel *-ei* ist die Bedeutung „der welcher": *iz-ei* m, *s-ei* (aus *si-ei*) f, vgl. § 63b.

Das Paradigma von *is* weist drei (oder vier) Stämme auf: 1. *ei*/*ĭ*, — 2. *ĕ*, — 3. *s-*, — 4. tritt anglo-fries. der defektive Pron.-Stamm *hi-* (§§ 17 u. 62c) hinzu in teilweiser Verschmelzung mit Formen von *is*; so im ae. Sg. m *hē̆ his him hine* usw.; dazu as. N. Sg. *hē̆*, *hī̆* und ahd. das nicht seltene *her* neben *er*, das gewöhnlich als Mischform angesehen wird, aber auch den anzusetzenden urg. Nom. **hiz* fortsetzen könnte.

Stamm 1 in Vollstufe *ei* im N. Pl. m, got. *eis* aus **i̯iz* < **ei̯es*, — ferner im N. A. Pl. n *ija* < **ei̯ā* l. *ea*, — im A. Sg. f *ija* < **ei̯ām* l. *eam*, — im N. A. Pl. f *ijōs* < **ei̯ās*. — Schwundstufe *ĭ* könnte in allen anderen got. Formen vermutet werden; sicher ist sie in N. Sg. m *is* (ahd. bei Isidor *is*) l. *is*, — im N. A. Sg. n *it-a* l. *id*, — im A. Sg. m *in-a* idg. **im* (alat. *im*) + Part. *-ōn*, — im D. Pl. aller Geschl. *im*, — im A. Pl. m *ins*. — Wahrscheinlich auch im G. Pl. m f *izē*, *izō* (*-ē* im Mask. wohl sekundäre Differenzierung, as. ahd. nur *iro*).

Dagegen liegt wohl Stamm 2 *ĕ* zugrunde im G. Sg. m n *is* < **eso*, wie ahd. *es* (nur Neutr.) bezeugt; im D. (I.) Sg. *imma* < **ezmē*, vgl. umbr. D. *esmei* und *ai*. D. *asmā̆i*, der ältere Auslaut tritt got. noch zutage in *ƕammē-h* (§ 65); — im G. Sg. f *izōs* < urg. **ezōz* und D. Sg. f *izai* < **ezai*.

Stamm 3 *s-* (vgl. *sa* und *sō*, § 62) nur im N. Sg. f, ahd. z. T. noch *sī*, gr. (bei Sophokles) *ἵ*.

§ 62. — 4. Demonstrativa und Artikel.

a) *sa* „der", „dieser", das gr. Demonstrativ wie den Artikel wiedergebend, doch letzteren nur, wenn er noch hinweisenden Charakter hat; sonst bleibt der Artikel unübersetzt.

b) *sa-h* „dieser", „eben der", die Anfügung des *-uh* bzw. nach betontem Vokal *-h* wirkt verstärkend. *-h* entspricht l. *-que*, in *-uh* geht noch die enklitische Fragepartikel *u-* voraus. Nie vertritt *sah* den Artikel.

	a) Mask.	Neutr.	Fem.	b) Mask.	Neutr.	Fem.
Sg. N.	sa	þata	sō	sah	þatuh	sōh
G.	þis		þizōs	þizuh		—
D.	þamma		þizai	þammuh		—
A.	þana	þata	þō	þanuh	þatuh	—
I.	—	þē	—	—	þēh	—
Pl. N.	þai	þō	þōs	þaih	þōh	—
G.	þizē		þizō	—	—	—
D.	þaim		þaim	þaimuh		—
A.	þans	þō	þōs	þanzuh	þōh	—

Das Demonstrativum hatte idg. die zwei Stämme *so* und *to*; der erste nur in N. Sg. m und f, *sa* = gr. *ὁ*, *sō* = dor. *ἁ*. — G. *þis* idg. **teso* (aber ae. *þæs* aus **toso*). — D. (I.) *þamma* < **tosmōi* ai. *tásmāi* (aber as. ahd. *themu* < **tesmōi*). — A *þan-a* idg. **tom* ai. *tam* gr. *τόν* + Part. *-ōn*, ae. *þone* as. *thana*.

Neutr. N. A. Sg. idg. **to-d* gr. *τό* ai. *tat*. Urg. **þat-ō*. — I. *þē* gr. *τῆ-δε* da.

Pl. N. m *þai* dor. *τοί*. — G. *þizē*, ais. aber *þeira*, ae. *þára þǽra*, was urg. **þaizō(n)* idg. **toisōm* voraussetzt. Daneben wohl schon urg. **þezō(n)*, das auch in as. ahd. *thero* wiederkehrt. — D. (I.) *þaim* idg. **toimis*. A. *þans* idg. **tons* kret. *τόνς*.

Fem.: Sg. G. idg. **tesi̯ās* ai. *tásyāḥ* urg. **þeziōz*; g. *þizōs* weist aber auf die Nebenform **þezōz*, wozu auch as. ahd. *thera*; auf urg. **þaizi̯ōz* (mit Diphthong nach G. Pl.) weist ais. *þeirar* ae. *þǽre*. — D. idg. **tesiāi* (ai. *tásyāi*) urg. **þezi̯ai* gab g. *þizai*; ais. *þeire* ae. *þǽre* setzen aber urg. **þaizi̯ai* (mit Diphthong nach G. Pl.) voraus. — A. *þō* aus idg. **tām*, so ai., dor. *τᾱν*.

Pl.: N. idg. **tōs* ai. *tāḥ*. — G. *þizō* dem Mask. nachgebildet, idg. **tāsōm* (hom. *τᾱων*) ging unter.

c) *hi-* „dieser“ ist ein defektiver Pronominalstamm, wozu lat. *ci-trā*, *ci-s*. N. Sg. wäre **his*. Erhalten D. A. Sg.: *himma daga* heute, *und hina dag* bis heute, *und hita* bisher. Zugehörig auch *hidrē* hierher § 84 und *hiri* komm her! § 114. Vgl. auch über das anaphorische Pronomen *hĕ* im Anglofriesischen § 61.

d) *jains jainata jaina* „jener“ wohl mit *aí*, vgl. § 9, wird substantivisch und adjektivisch gebraucht, es flektiert stets als starkes Adj. wie *meins*. — Ebenso *anþar* „der andere“ (ohne Nom.-*s*, § 29, 5).

e) *silba* „selbst“ und *sama* oder *sa sama* (gr. ὁμός) „derselbe“ („Identitätspronomina“) flektieren ohne pronominale Besonderheit als schwache Adj.

§ 63. — 5. Relativa. Ein einfaches Rel. hat das Got. nicht, es bildet sein Rel. durch Anfügung der Relativpartikel *-ei* (Lok. Neutr. von *is*?) an Pronomina.

a) Am häufigsten verbindet sich Demonstrativum (Artikel) mit *-ei*, wobei es etwaiges unbetontes *-ă* verliert.

Sg.	Mask.	Neutr.	Fem.	Pl. Mask.	Neutr.	Fem.
N.	saei	þatei	sōei	þaiei	þōei	þōzei
G.	þizei		þizōzei	þizēei		[þizōei]
D.	þammei		˙þizaiei	þaimei		þaimei
A.	þanei	þatei	þōei	þanzei	þōei	þōzei
I.	þēei					

Der Instr. *þēei* ist nur als Konjunktion im Gebrauch: *ni þēei* „nicht damit, nicht als ob“.

b) An das anaphorische Pronomen *is* tritt *-ei*: *izei* „der welcher“, f *sei* (< *si-ei*). Nur S. Sg. m und f werden gebildet, für den Pl. tritt der Sg. des Mask. ein mit vorhergehendem Dem.: *þai izei* „die welche“; *izei* ist hier erstarrt zur Partikel, es tritt sogar bei obliquen Kasus ein: *þaim izei*.

c) Auch das Personalpron. der 1. und 2. Person kann mit *-ei* relativiert werden: *ikei* ich der ..., *þuei* du der ..., *þuzei* du dem ..., *izwizei* ihr denen ...

§ 64. — 6. Interrogativa.

a) *ƕas* wer?

	Mask.		Neutr.	Fem.
N.	ƕas		ƕa	ƕō
G.		ƕis		ƕizōs
D.		ƕamma		ƕizai
A.	ƕana		ƕa	ƕō
I.			ƕē	

Substantivisch gebraucht, so daß ein zugehöriges Subst. im Gen. folgt. Nur singularisch.

Das idg. Fragepronomen hatte die beiden Stämme $k^{u}e/k^{u}o$ (Fem. $k^{u}\bar{a}$) und $k^{u}i$-, vgl. l. *quem / quod* und *quis* gr. τίς (wo k^{u} zu τ vor hellem Vokal). Germ. ist nur der 1. Stamm vorhanden; Mask.: idg. **k*ᵘ*os* g. *ƕas* (as. *hwē* ahd. *hwer* haben *e* aus dem Gen.). — Neutr.: idg. **k*ᵘ*od* (l. *quod*) g. *ƕa*; doch konnte der auslautende Dental satzphonetisch bewahrt bleiben: ais. *huat* ae. *hwæt* as. *hwat* ahd. *hwaz*. — Fem.: idg. **k*ᵘ*ā* g. *ƕō*. — Der G. zeigt *e*-Stufe in g. *ƕis* ais. *hues* as. ahd. *hwes*, vgl. abulg. *česo* hom. τέο, aber *o*-Stufe in ae. *hwæs*.

b) *ƕarjis* welcher? *ƕaþar* wer von beiden? (gr. πότερος) regieren wie *ƕas* den Gen., sie flektieren aber als starke Adj.

c) Qualitäts- und Quantitäts-Interrogativa: *ƕileiks* wie beschaffen? (entspr. *swaleiks* so beschaffen), *ƕēlauþs* wie groß? (*swalauþs* so groß) flektieren als starke Adj.

§ 65. — 7. Indefinita. Sind oft verschleierte Definita, Bedeutungen schwanken zwischen „irgendeiner" (*aliquis*) und „ein gewisser" (*quidam*).

a) *ains* in der Bedeutung „ein gewisser" gilt als Gräzismus.

b) *ƕas* (Interrogativum) bedeutet auch oft „irgendeiner", „ein gewisser", *ƕa* (n) „etwas Gewisses", in Frage- und Kondizionalsätzen geradezu „man" (*mag ƕas gasōþjan* ... kann man sättigen? Mc. 8, 4).

c) *sums sum* (u. *sumata*) *suma* „irgendeiner", ist starkes Adj. und Subst., letzteres besonders in korrelativem Gebrauch: *sums* ... *sums* der eine ... der andere, im Pl. gern mit *-h*: *sumaih* ... *sumaih* die einen ... die andern.

An der Grenze des Pronomens stehen auch *manags* mancher (Adj.), *filu* viel (Adj., nur Neutr.), *fawai* Pl. wenige (engl. *few*).

d) „Jeder“ wird ausgedrückt durch Zusammensetzung der Interrogativa *ƕas*, *ƕarjis* mit *-uh*; Subst. treten dazu im Gen.

	Mask.	Neutr.	Fem.	Mask.	Neutr.	Fem.
Sg. N.	ƕazuh	ƕah	ƕōh	ƕarjizuh	ƕarjatōh	
G.	ƕizuh			ƕarjizuh		
D.	ƕammēh			ƕarjammēh		
A.	ƕanōh	ƕah	ƕōh	ƕarjanōh	ƕarjatōh	ƕarjōh
Pl. A.	ƕanzuh					

In Deckung vor *h* sind alte Auslautvokale erhalten in *ƕammēh ƕanōh* usw., vgl. § 11.

ƕarjizuh kann durch vorgesetztes indeklinables *ain-* verstärkt sein: *ainƕarjizuh* etwa = l. *unusquisque*. — „Jeder von beiden“, „alle beide“ heißt *ƕaþaruh* oder *ainƕaþaruh.*

Ein Pron. ist eigentlich auch *alls* „all, jeder“, obwohl adjektivisch flektiert und meist adjektivisch gebraucht; es steht auch zuweilen mit G. Pl.: *all bagmē* „alle Bäume“.

„Jeder der ...“ (*quicunque*) heißt 1. *ƕazuh saei* oder *saƕazuh saei.* 2. *þisƕazuh saei*, wobei *þis*, eigentlich G. n zu *þata*, unverändert bei allen Kasus steht. 3. vereinzelt *þatei ƕa* l. „*quodcunque*“.

„Keiner“ wird ausgedrückt durch Anfügung der Partikel *-hun* an die mit *ni* negierten Ausdrücke: *ni mannahun*, *ni ƕashun*, *ni ainshun*; die Partikel entspricht l. *cun-*(*que*) und ai. *-cana* in *kaś cana* „irgendeiner“, idg. *k^{u}*e-ne*, wozu ahd. *-gin* in *hwergin* irgendwo (nhd. *irgend* aus ahd. *io hwergin*). Am häufigsten *ni ainshun*:

	Mask.	Neutr.	Fem.
N.	ainshun	ainhun	ainōhun
G.	ainishun		
D.	ainummēhun		ainaihun
A.	ain(n)ōhun	ainhun	ainōhun

Alte Auslautvokale, wie oben bei *ƕazuh*!

c) Adjektiva, Partizipia, Steigerung

§ 66. Das Adj. hat in allen germ. Sprachen eine starke und eine schwache Deklination; die letztere ist erst germ., und die starke hat erst in germ. Entwicklung z. T. pronominale Formen aufgenommen (hier durch Kursivdruck kenntlich gemacht; eindeutig nominale Formen in Fettdruck). Das schwache Adj. steht nur nach dem Artikel und in Anrede.

1. Starkes Adjektivum

§ 67. Die starke Flexion schließt an die der starken Subst. an, ursprünglich war sie mit ihr identisch, und es gab wie dort *ă*- (*jă*-), *ō*- (*jō*-), *ĭ*- und *ŭ*-Stämme; die in *ĭ* und *ŭ* sind dann z. T. nach den *ă*-Stämmen umgeformt. Der N. A. Sg. n zeigt zwei Formen, die im ganzen gleichwertig sind, nur wird die längere, pronominale auf *-ata* fast nie prädikativ gebraucht, sie ist überhaupt selten.

§ 68. 1. Reine **a**-Stämme: *blinda*-, blind.

	Mask.	Neutr.	Fem.
Sg. N.	blinds	**blind**, *blindata*	blinda
G.	blindis	blindis	*blindaizōs*
D.	*blindamma*	*blindamma*	**blindai**
A.	*blindana*	**blind**, *blindata*	blinda
Pl. N.	*blindai*	blinda	blindōs
G.	*blindaizē*		*blindaizō*
D.	*blindaim*	*blindaim*	*blindaim*
A.	blindans	blinda	blindōs

Die pronominalen (kursiven) Formen stimmen genau zu denen der Pronomina (vgl. *is* § 61, *sa* § 62), bis auf die Längen (ehem. Diphth.) der Mittelsilben *blindaizē* G. Pl. m n, *blindaizōs* G. Sg. f und *blindaizō* G. Pl. f, gegen *þizē þizōs þizō* bei den echten Pron. Der Diphthong kam aus dem G. Pl. idg. **toisōm*, und war hier auf den Sg. des Fem. ausgedehnt, während er beim echten Pron. auch im Pl. durch den Kurzvokal verdrängt war. Die nominalen Formen stimmen genau zu den Paradigmen *dags waúrd giba*.

Ebenso gehen diejenigen adjektivischen Pronomina, die nur stark vorkommen (*meins*, *jáins*), die Superlative, die Partizipia Präteriti (*numans* zum st. V., *nasiþs* zum sw. V.).

§ 69. — 2. **jă**-Stämme: die kurzsilbigen gehen ganz wie *blinds*, das *j* steht durch, nur auslautend wird es *ĭ* (§ 24): *midjis* m mittlere *midi*, *midjata* n *midja* f. Die langsilbigen weichen im N. G. Sg. m ab gemäß § 24; der N. Sg. f geht wie bei *bandi* (§ 50): *wilþja*- wild.

	Mask.	Neutr.	Fem.
Sg. N.	wilþeis	wilþi, wilþjata	wilþi
G.	wilþeis?	—	—
D.	wilþjamma		wilþjai
A.	wilþjana	wilþi, wilþata	wilþja
Pl. N.	wilþjai	wilþja	wilþjōs

Zum Stamm *freija*- frei lautet der N. Sg. m *freis* < **friįaz*, das nicht belegte Neutr. müßte *frei* lauten.

§ 70. — 3. **wă**-Stämme: gehen wie *a*-Stämme, doch wurde wohl im N. A. Sg. m und n der kurzstämmigen das *w* zu *u* nach § 25, zum belegten Pl. *qiwai* lebendig also Sg. m **qius*, n **qiu* / **qiwata* (Belege fehlen). Die langstämmigen und die mehrsilbigen dagegen haben *w*: *triggws* treu n *triggw(ata)*, *lasiws* schwach.

§ 71. *ĭ*- und *ŭ*-Stämme. Nur in Resten bewahrt das Got. Sonderflexionen der *ĭ*- und *ŭ*-Adjektiva; im Nord.-Südg. sind sie ganz geschwunden. Der N. Sg. aller drei Geschlechter und der A. Sg. des Neutr. zeigt got. in den nominal gebildeten Formen echte *ĭ*- bzw. *ŭ*-Flexion. Unsicher bleibt bei der Dürftigkeit der Belege, ob für G. Sg. dasselbe galt, zur *ĭ*-Flexion ist nur *skeiris* bezeugt (Skeireins 5, 6), das nicht eindeutig *ĭ*-Stamm ist, zur *ŭ*-Flexion nur der G. *filaus* zu dem halb substantivischen *filu* in adverbialer Verwendung („um vieles"), doch kann man zur *ŭ*-Flexion die Analogie des Lit. anführen (*aiškus* / *aiškaũs* deutlich). In allen übrigen Formen sind die *ĭ*- und *ŭ*-Stämme zu den *jă*-Stämmen übergetreten. Also:

§ 72. — 3. ĭ-Stämme: *hraini-* rein.

	Mask.	Neutr.	Fem.
Sg. N.	hrains	hrain, hrainjata	hrains
G.	*hrainis		—
D.	hrainjamma		hrainjai
A.	hrainjana	hrain, hrainjata	hrainja
Pl. N.	hrainjai	hrainja	hrainjōs

Der N. Sg. scheint bei kurzstämmigen einst zweisilbig gewesen zu sein; belegt sind *sutis* m ruhig und *nawis* f tot (vgl. § 39).

§ 73. — 4. ŭ-Stämme, mit *ŭ*-Formen im N. Sg. und im A. Sg. n; *hardu-* hart.

	Mask.	Neutr.	Fem.
Sg. N.	hardus	hardu, hardjata	hardus
G.	*hardaus		
D.	hardjamma		
A.	hardjana	hardu, hardjata	hardja
Pl. N.	hardjai	hardja	hardjōs

Der G. Sg. ist nur von dem adverbiellen Neutrum tantum *filu* viel als *filaus* überliefert, vgl. § 71. Der Pl. geht völlig wie bei *midjis*.

2. Schwache Adjektiva

§ 74. Sie sind völlig wie schwache Substantiva gebildet und flektieren wie diese: *ă*-Stamm *blinda* m blind, *blindō* n, *blindō* f (wie *guma*, *hairtō*, *tungō*). Die *jă*-Stämme bilden entsprechend *midja* der mittlere *midjō midjō*, ihnen folgen hier völlig die *ĭ*- und *ŭ*-Stämme: *hrainja* / *-jō* / *-jō*, *hardja* / *-jō* / *-jō*.

3. Partizipia

§ 75. Das Part. Präs. flektiert nur schwach, im Fem. aber nach dem *ein*-Typus (*managei*). Einzig der N. Sg. m weist auch, sogar häufiger, die starke Flexion auf[1]). Also *gibands* gebend, ebenso *salbōnds* salbend usw.:

	Mask.	Neutr.	Fem.
N.	gibands, gibanda	gibandō	gibandei
G.	gibandins		gibandeins usw.

[1]) Die schwache Form steht nur nach *sa* im individualisierenden Sinne: *sa qimanda* „der Kommende" usw.

Das Fem. erwuchs aus Verschmelzung des idg. *ī-* / *i̯ā*-Typus mit dem *i̯ēn-* / *i̯ōn*-Typus, vgl. § 53 zu *managei*.

Die alte wurzelhafte Flexion ist nur bei einigen substantivisch gewordenen Part. erhalten, vgl. § 55.

Das Part. Prät. ist aus idg. Verbaladjektiven auf *-no-* (bei starken) und *-to-* (bei schwachen Verben) gewonnen[1]). Es wird stark und schwach flektiert, also vom st. V. *giban* geben:

	m	n	f
st.	gibans	giban, gibanata	gibana
sw.	gibana	gibanō	gibanō

und vom sw. V. *nasjan* retten:

st.	nasiþs	nasiþ, nasidata	nasida
sw.	nasida	nasidō	nasidō

4. Steigerung

§ 76. Der **Komparativ** wird stets schwach mit den beiden Suffixen *-izan* und *-ōzan* gebildet, von denen das erste das üblichere ist; das zweite ist nur bei *ă*-Stämmen möglich. *-izan* ist idg., vgl. gr. *ἥδιον* n < *σϝᾱδ-ισ-ον* „lieblicher"; *-ōzan* vielleicht vom Adverb her gebildet, *frōdō* > *frōdōza*? Der Themavokal *a i u ō*, selbst *ja* fällt aus. Das Fem. wird nach dem *ein*-Typus gebildet, wie bei den Partizipien. Also:

ă-St.	manags	viel	managiza	managizō	managizei
	swinþs	stark	swinþōza	swinþōzō	swinþōzei

jă-St. *wilþeis* — *wilþiza*; *ŭ*-St. *hardus* — *hardiza*; *ĭ*-St. *hrains* — *hrainiza*; mit grammatischem Wechsel *juggs* jung — *jūhiza* (aus **juŋhiza*).

Der **Superlativ** wird entsprechend mit den Suffixen *-ista(n)* und *-ōsta(n)* gebildet und flektiert stark oder schwach, im letzteren Falle das Fem. auf *-ōn*, nicht *-ein*. *-ista* ist idg., vgl. gr. *ἥδιστος* süßeste.

manags	st. managists,	sw. managista
swinþs	swinþōsts	swinþōsta

[1]) Daß diese Verteilung erst allmählich fest wurde, zeigen gelegentliche *to*-Formen zu starken Verba: ahd. *alt* g. *alþeis* gehören zu g. *alan* wachsen, vgl. l. *alere* nähren, *un-at-gāhts* unzugänglich gehört zu *gaggan*.

§ 77. Suppletive Steigerung findet sich gerade bei den verbreitesten Adjektiva; wir fügen auch die Komparativ-Adverbia bei.

Positiv		Komp.	Superl.	Komp.-Adverb	
gōþs	gut	*batiza, iusiza*	*batists*	—	
ubils	böse	*waírsiza*	—	*waírs*	schlimmer
mikils	groß	*maiza*	*maists*	*mais*	mehr
leitils	klein	*minniza*	*minnists*	*mins*	weniger
sineigs	alt	—	*sinists*	—	
		airiza frühere, Pl. Vorfahren		*air* (u. *airis*) früher	

§ 78. Einige alte Komparative auf *-uma* bzw. *-tuma* (idg. Superl., vgl. l. *pri-mus inf-imus in-timus*), haben mit *-ista* erneut gebildete Superlative neben sich:

fruma der erstere (von zweien)	*frumists* der erste
aúhuma höhere	*aúhumists* höchste
aftuma folgende	*aftumists* letzte

Wie alle Komp. flektieren die auf *-ma* schwach, Fem. auf *-ei*. Die Superl. dazu gehen stark und schwach, im letzteren Falle Fem. auf *-ō*.

d) Zahlwörter

§ 79. — Kardinal- und Ordinalzahlen.

	Kardinalia	Ordinalia
1	*ains* m *ain(ata)* n *aina* f	*fruma* m „prior" *frumō* n *frumei* f *frumists* „primus"
2	*twai* m *twa* n *twōs* f	*anþar* (nur st.)
3	*þreis* m *þrija* n *þreis* f	*þridja* (dies und die folgenden nur sw.)
4	*fidwōr*, D. *fidwōrim*	
5	*fimf*	*fimfta*
6	*saíhs*	*saíhsta*
7	*sibun*	
8	*ahtau*	*ahtuda*
9	*nïun*, G. *nïunē*	*nïunda*
10	*taíhun*	*taíhunda*
11	*ainlif*, D. *ainlibim*	
12	*twalif*, G. *-libē*, D. *-libim*	
13	—	

14	*fidwōrtaíhun*	
15	*fimftaíhun*, D. *-im*	*fimftataíhunda* n
20	*twai tigjus*	
30	*þreis tigjus*	
40	*fidwōr tigjus*	
50	*fimf tigjus*	
60	*saíhs tigjus*	
70	*sibuntēhund*	
80	*ahtautēhund*	
90	*niuntēhund*	
99	*niuntēhund ja niun*	
100	*taíhuntēhund*, auch *taíhuntaíhund*	
200	*twa hunda*, D. *twaim hundam*	
300	*þrija hunda*	
900	*niun hunda*	
1000	*þūsundi* (*jō*-Fem.)	
2000	*twōs þūsundjōs*	
10000	*taíhun þūsundjōs*	
20000	(*miþ*) *twaim tigum þūsundjō* D.	

§ 80. Kardinalia: stets dekliniert sind 1—3:

1. *ains* m *ain*(*ata*) n *aina* f; flektiert nur stark. Zu l. *ūnus* < alat. *oinos*. In der Bedeutung „einzig, allein" auch als Pl.

2., 3.	m	n	f	m	n	f
N.	*twai*	*twa*	*twōs*	*þreis*	*þrija*	*þreis*
G.		*twaddjē*			*þrijē*	
D.		*twaim*			*þrim*	
A.	*twans*	*twa*	*twōs*	*þrins*	*þrija*	*þrins*

wie *twai* geht auch *bai* beide; dazu *bajōþs* beide, das konsonantisch geht, vgl. § 56b[1]).

twai ist pronominale Form, vgl. *þai*, idg. war der N. dualisch: **du̯ōu*, **du̯ō* ai. *dvā́u* hom. δύω l. *duō*. Schwer erklärbar N. A. n *twa*, nach *blinda*? N. A. f *twōs* nach Pron. *þōs*? — *twaddjē* urg. **tuaii̯ōn* ahd. *zwei*(*i*)*o* (neben *zweiero*), Schärfung nach § 31.

þreis idg. **trei̯es* ai. *tráyaḥ* gr. τρεῖς l. *trēs*.

[1]) *bajōþs* wohl aus **bajō þō*, was eher Du. m als Pl. n ist, vgl. Bartholomae, Studien z. idg. Sprachgeschichte I, S. 61.

Vereinzelt werden auch die weiteren Kardinalia dekliniert, gleichfalls nach der ĭ-Dekl.: *fidworim* usw. — Statt *fidwōr*, das auf dehnstufiges **kʷetwōres* wie ai. *catvā́raḥ* weist, steht in Zusammensetzungen ablautendes *fidur-* (vgl. l. *quadru-*): *fidurdōgs* viertägig.

Uralter Einfluß des babylonischen, duodezimalen Systems wird sichtbar an den Einschnitten der Zahlenordnung hinter 12 und 60[1]). Wie in allen germ. Sprachen bis heute, sind 11 und 12 von den folgenden abgesondert durch die Bildung mit *-lif*, g. *ainlif twalif* bedeuten, wie die lit. Entsprechungen *vienúolika dvýlika* lehren, „eins (zwei) übrig lassend", „überschießend", nämlich über 10, *-lif* idg. **likʷ-* wird zu λείπω l. *linquō* „lasse" g. *leihwa* leihe gestellt.

Die Zehner von 20 bis 60 sind nach einem jungen Typus gebildet mit dem Pl. des mask. *ŭ*-Stammes *tigus* Zehner (∼ gr. δεκάς). Diese Zahlen, wie auch alle folgenden, sind Subst. und haben den gezählten Gegenstand im Gen. bei sich: *fimf tigjus jērē* 50 Jahre.

Die Zehner von 70 bis 100 sind zufolge ihrem Grundwort ‚*hund*' neutrale *ă*-Stämme. Ausgangspunkt der Gruppe war mit hoher Wahrscheinlichkeit *taíhuntē-hund* = 100. Hier war das Neutr. *hund* (urg. **χunþán*, gr. ἑκατόν l. *centum*) verdeutlicht durch den adj. Zusatz *taíhuntēwi-* = 10-reihig, 10-zählig" (zu *tēwa* Reihe, Ordnung F ō), das in der Komposition Kürzung erlitt; in voller Adj.-Form (N. *taíhuntēweis*?) kommt es 1. Kor. 15, 6 als D. Pl. vor, s. u. Durch den Zusatz soll das 10-zählige Hundert abgehoben werden gegen das bei allen Germanen bevorzugt gebräuchliche Großhundert von 120 Einheiten. Auch die Goten waren mit dem Großhundert vertraut, so daß das Bedürfnis dieser Unterscheidung bei ihnen vorlag, das zeigt die erwähnte Stelle 1. Kor. 15, 6: *fimf hundam taíhuntēwjam brōþrē*, wörtlich: „(Christus erschien mehr als) fünf zehnreihigen Hunderten von Brüdern"[2]).

[1]) Den schlagendsten Beleg liefert das Anord., wo *hundraþ* das Großhundert = 120 bedeutet; „hundert" heißt *tío tiger* „zehn Zehner".

[2]) Wenn *taíhuntēwjam* hier eine Glosse ist, wie man glaubt, verliert es deshalb nicht seine Beweiskraft.

Dem Wort für 100 sind analogisch die Zahlwörter für 70 bis 90 nachgebildet und erhielten so den scheinbaren Bezug auf *hund* = 100; deshalb hat man oft gemeint, *hund* könne auch die Bedeutung ‚Zehner‘ gehabt haben.

Die Verbindung mit *-tēwi-* liegt verstümmelt wohl auch dem Auslaut der ahd. Formen *sibunzo* bis *zehanzo* zugrunde, wo das Grundwort weggelassen ist, und den entsprechenden as. *antsibunta* usw., wo *hund* vorausstand und zu *ant-*, *at-* abgeschwächt, z. T. auch ganz gefallen ist (*ahtoda*, *nigonda*).

Anm.: Eine genaue begriffliche Entsprechung zu g. *taihuntē-hund* bildet ais. *tírǿtt hundraþ*, das neben gewöhnlicherem *tío tiger* „10 Zehner“ vorkommt und „10-zähliges Hundert“ bedeutet im Unterschied zum *tolfrǿtt hundraþ*, dem 12-zähligen Großhundert; *-rǿtt* ist Neutr. zu *-rǿðr* „-zählig“, das zu g. *raþjan* „zählen“ gehört. — (Andere Erklärungen siehe bei Kieckers, Handbuch, S. 178f.)

Bei zusammengesetzten Zahlen folgen sich die Bestandteile nach der Größenordnung, die größeren voraus. Einer werden den Zehnern mit *jah* „und“ angefügt: 99 *niuntēhund jah niun*. Ob auch bei größeren Zahlen so verfahren wurde, ist nicht sicher, da hier die Buchstabenschreibung verwandt wird: 973 *niun hunda* · u · · g · (= *niun hunda* (*jah*?) *sibuntēhund* (*jah*?) *þreis* Neh. 7, 39.

hund 100 ist neutraler *ă*-Stamm, *þusundi* 1000 Fem. der *jō*-Klasse.

§ 81. Ordinalia: Die höheren Werte sind nach ihrem Wortlaut nicht bekannt, da hier stets Buchstabenschreibung angewandt wird (vgl. Neh. 5, 14).

§ 82. Andere Zahlarten.

Distributiva: *tweihnai* je zwei, nur D. A. f *tweihnaim*, *tweihnōs*; sonst Umschreibung mit *ƕazuh* oder Präposition *bi*: *twans ƕanzuh*, *bi twans* je zwei, zu zweien.

Das *-nŏ*-Suffix, das eigentlich kollektiv war (so noch Mc. 7, 31), auch in ae. as. *twēn-tig* ahd. *zwein-zug* und in as. afries. *twēne* ahd. *zwēne* zwei < **du̯oi-noi*; vgl. l. *bī-nī*, *ter-nī*.

Multiplikativa werden gebildet mit dem Adj. *-falþa-*: *ainfalþs* einfach, *fidurfalþs* vierfältig, *managfalþs* vielfältig.

Iterativadverbia werden mit dem Dat. von *sinþs* „Gang, Mal“ gebildet: *ainamma sinþa* einmal, *þrim sinþam* dreimal. Im Ordinalsinne steht *þata frumō* zum 1. Male, *anþaramma sinþa* zum 2. Male, *þridjō þata* (Neutr. der Ordinalzahl) zum 3. Male.

e) Adverbia

§ 83. Eigenschafts- und Gradadverbia. Einige stehen isoliert, wie *swa* so, *waíla* gut. Die meisten werden von Adjektiven gebildet

a) durch die Form des A. Neutr.: *filu* πολύ l. *multum*;

b) durch Anfügung des Suffixes *-ba* an den Stamm: *froþs* klug / *frodaba*, *sunjis* wahr / *sunjaba*, *anasiuns* sichtbar / *anasiuniba*, *manwus* bereit / *manwuba*. Man vergleicht das instrumentale *-bhi* in gr. ἶφι mit Kraft;

c) durch Suffix *-ō*, das an die Wurzel tritt (idg. Ablativ auf *-ōd*, alat. *meritōd* nach Verdienst): *galeiks* gleich / *galeikō*. Bedeutungsunterschied gegen den vorigen Typus besteht nicht, *glaggwuba* steht neben *glaggwō* zu *glaggwus* genau;

d) durch Suffix *-ē* (idg. Ablativ auf *-ēd*, l. *certē(d)*: *swarē* vergebens, *simlē* vordem.

Neben diesen veralteten Kasusbildungen sind junge, kenntliche Kasusadverbia sehr häufig: *allis* überhaupt, *raihtis* nämlich, *bi sunja* wahrhaftig usw.

§ 84. Ortsadverbia. Hier scheiden sich die von pronominalen Stämmen gebildeten (A) von den übrigen (B).

	1. Frage Wo?	2. Woher?	3. Wohin?
A	bilden auf *-r*	auf *-þrō*	auf *-drē*, *-þ* (*-d*),
B	bilden auf *-a*	auf *-þrō*, *-nă*[1]), *-rō*	endungslos
A	þar dort	þaþrō	*þad in þad-ei „wohin“ (Rel.)
	ƕar wo?	ƕaþrō?	ƕadrē, ƕaþ (ƕad)?
	hēr hier		hidrē
	jaínar dort	jaínþrō	jaíndrē, jaínd

[1]) Das *-nă*-Suffix, idg. *-nē*, auch im Lat.: *super-ne* „von oben“ zu *super*.

B	faúra vorne	—	faúr vor, entlang
	inna innen	innaþrō, innana	inn
	afta hinten	aftana, aftarō	—
	faírra fern	fairraþrō	—
	ūta außen	ūtana, ūtaþrō	ūt

-þrō zu idg. *-trō*, das aber nicht abl. Bedeutung hatte, vgl. l. *ultrō* hinüber, ai. *tátra* dort. — *-nă* auch in pronominalem *þana-*, das nur vorkommt in *þanaseiþs* und *þanamais* „von da ab noch mehr", vgl. § 86c.

§ 85. Zeitadverbia sind z. T. einfache Bildungen: *nu* jetzt, *naúh* noch, *ufta* oft. Andere von Pronominalstämmen, *þan* dann, darauf, *ƕan* wann? Überwiegend aber treten junge Kasusbildungen von Subst. ein: *gistradagis* morgen, *himma daga* heute, *framwigis* forwährend, *ni aiw* nie.

§ 86. Komparativ-Adverbia enthalten die Steigerungssuffixe des Adj., vermindert um den Stammauslaut.

a) Suffix **-is**: *hauhis* höher (zu *hauhiza*), *framis* weiter, *nēƕis* näher, *airis* eher. Idg. entspricht *-i̯ŏs*, l. *peius* (< **pei̯os*) gr. *ἄλλως*.

b) Suffix **-os** (seltener): *sniumundōs* eiliger, entspricht dem adjektivischen *-ōza*.

c) Suffix- **-s**: nur in den Komp.-Adv. *waírs*, *mais*, *mins* (§ 77) und in *þanaseiþs þanamais* weiter, noch (§ 84). Idg. entspricht hier *-is*, *mais* verhält sich zu *hauhis* wie l. *magis* zu *peius*.

d) Eine Bildung auf *-m*, entsprechend den Komp.-Adj. auf *-ma*, steckt wohl in *fram* weiter, vgl. gr. *πρόμος* der Vorderste, Vorkämpfer (*framis* „weiter" enthält also doppelte Steigerung).

§ 87. Superlativ-Adverbia sind *maist* am meisten, *frumist* zuerst, *aftumist* zuletzt. Formal sind sie A. Neutr. Vgl. die Superlativ-Adj. *maista* usw.

II. Konjugation

§ 88. Das got. Verbum bewahrt einige altertümliche Züge: vorhanden ist ein Dual, — ein echtes „synthetisches" Passivum (ursprünglich Medium) wenigstens im Präsens —, echte reduplizierende Präterita, die das idg. Perfekt besonders deutlich fortsetzen.

Das Verbum besitzt die zwei Genera Aktivum und Passivum; — nur zwei charakterisierte Tempora: Präsens und Präteritum; das Futurum wird meist durch das Präs. gegeben, gern mit Präfigierung: *timrjan* bauen, aber *gatimrja* ich werde bauen, gr. *οἰκοδομήσω* Mc. 14, 58. — drei Modi: Indikativ, Optativ (auch Konjunktiv genannt) und Imperativ; — drei Numeri: Sing. Plur. Dual; — drei Verbalnomina: Infinitiv, Partizipium des Präsens mit aktiver, Part. Präteriti mit meist passiver Bedeutung.

§ 89. Wie alle germ. Sprachen hat das Got. die zwei Hauptklassen der starken und schwachen Verba. Die starken bilden das Prät. suffixlos, und zwar 1. durch Ablaut des Wurzelvokals, — 2. durch Reduplikation mit *aí* als Vokal der Reduplikationssilbe, — 3. durch Reduplikation plus Ablaut. Das Part. Prät. bilden sie alle mit einem *n*-Suffix. Das germ.-got. starke Prät. ist die Fortsetzung des idg. Perf., doch sind wohl auch Aoristformen eingeflossen[1].

Die schwachen Verba kennen den Ablaut nicht, sie bilden ihr Prät. mit einem Dentalsuffix, in dem wahrscheinlich das Prät. des germ. Verbums *đōn* „tun" steckt. Auch ihr Part. Prät. zeigt Dentalsuffix, nämlich das im Idg. sehr verbreitete *-to-*.

Etwas anders und minder bestimmt verläuft eine andere mögliche Gruppierung der Verba, die nach thematischer und athematischer Bildung, mit der sich großenteils die von *ō*-Verben und *mi*-Verben berührt: 1. Thematische Verba haben als stammbildendes Suffix den Ablautvokal (Themavokal) in seinen Abstufungen idg. *ĕ* / *ŏ*, got. *ĭ* / *ă*: *baír-i-þ* er trägt / *baír-a-nd* sie tragen; so bilden die starken und die erste Klasse der schwachen. Die 1. Sg. Präs. Ind. ging bei ihnen urg. auf *-ō* aus, g. *baíra* urg. **ƀerō* gr. *φέρω* l. *ferō*. 2. Die übrigen schwachen Klassen erscheinen im Got. (und mehr noch im Ahd.) athematisch, sie haben andere Vokalsuffixe, an die die Endungen unmittelbar antreten: II hat

[1]) Vgl. J. Sverdrup, Festskrift til Hj. Falk 1927, S. 296ff.

-*ō*, III hat -*aī*, IV hat -*nō*, ist aber im Präs. völlig den starken angeglichen. IV ist nur eine Sonderform von II, die im Nord. und im Südg. nicht als selbständige Klasse auftritt.

Es ist unsicher, wieweit die athematische Bildung fürs Urg. galt, denn die südg. Dialekte außer dem Ahd. weichen von diesem und dem Got. ab, indem sie zu thematischer Bildung neigen. Reihe II zeigt ae. ein Suffix *ija* / *ia*, das aus urg. *ōi̯a* über *ēi̯a* entstanden ist: 1. Sg. *lócize*, 1.—3. Pl. *lóciad*, Inf. *lócian* schauen. Ähnlich afries.; as. im Inf. *lōkoian lōkian lōkon* nebeneinander. In Reihe III zeigen das Ae., Afries., As. und hier auch das Anord. Vermischung mit Reihe I, die ja thematisch ist, gegen ahd. *habēm* steht ae. *hæbbe* afries. *hebbe* as. *hebbiu* und ais. *hef*, was auf urg. **χaƀiō* zurückweist. Die Vermischung ist also urg.

Idg. bildeten athematische Verba die 1. Sg. auf -*mi* (*τίθημι*; danach „*mi*-Verba"). Diesen Zustand scheint das Ahd. zu spiegeln, indem in Kl. II und III die 1. Sg. auf -*m* ausgeht: *salbōm habēm*. Für Kl. II tritt das As. bestätigend hinzu; *salbon* ich salbe. Die Erscheinung wird für Kl. II urg. sein; in Kl. III ist sie eher ahd. Sonderbildung, oder es bestanden urg. **χaƀēm*, **χaƀiō* nebeneinander.

Alle schwachen Klassen sind idg. schon vorgebildet, vgl. g. *sōkjan* suchen l. *sāgiō sāgīre* spüren, — ahd. *borōn* bohren l. *forāre*, — g. *þahan* / *þahaīda* ahd. *dagēn* schweigen l. *tacēre*, — as. *hlinon* lehnen l. *clināre* neigen.

Von ganz suffixlosen, sog. Wurzelverben, die notwendig zugleich athematisch sind, hat das Got. nur das Verbum „sein": *im* „ich bin" und das (optativische) „wollen" *wiljau* „ich will" bewahrt. *im* ist im Got., wie *em* „ich bin" im Ais., zugleich der einzige Rest der idg. *mi*-Verba, die südg. weit besser erhalten sind: ahd. *tuom*, *gām*, *stām*, *salbōm* und sogar *habēm*.

a) Starke Verba

§ 90. Flexion. Sie zeigt bei allen starken Verben die gleichen Endungen, abgesehen von Auslautverhärtung (*giba* / *gaf*) und einigen durch Konsonantenzusammenstoß veranlaßten kleinen Abweichungen in der 2. Sg. Prät. Der

Themavokal zeigt Ablaut: Ind. Präs. 2. 3. Sg., 2. Pl. haben *-i-*, 1., 3. Pl. und 2. Du. *-a-*. Die idg. Unterscheidung von primären (Ind. Präs. und ev. Fut.) und sekundären Endungen (Ind. Impf., Aor., Plusq. sowie Opt.) tritt, durch Auslautgesetze modifiziert, zutage, vgl.

3. Sg. Präs. Ind.: *baíriþ* < **bhere-ti*, ai. *bhárati*

3. Sg. Präs. Opt.: *baírai* < **bheroi-t*, ai. *bhárēt* (*ē* < *oi*) mit Verlust je eines Lautes am Ende.

Beispielwort: *baíra* ich trage.

§ 91. Aktivum

Präsens

	Indikativ	Optativ	Imperativ
Sg. 1.	baíra	baírau	—
2.	baíris	baírais	baír
3.	baíriþ	baírai	baíradau
Du. 1.	baíros	baíraiwa	—
2.	baírats	baíraits	baírats
Pl. 1.	baíram	baíraima	baíram
2.	baíriþ	baíraiþ	baíriþ
3.	baírand	baíraina	baírandau

Zur Formenerklärung:

Indikativ. Sg. 1. *baíra* idg. **bherō* *φέρω* l. *ferō*. — 2. 3. **bheresi* **bhereti* ai. *bhárasi bhárati* l. *agis agit*. Idg. hier teilweise Suffixbetonung (ai. *tudási tudáti* du, er schlägt), das ergab nach Verners Gesetz verschiedene Härtestufen des Schlußkons.: urg. 2. **ƀeris* / **ƀeriz* und 3. **ƀeriþ* / **ƀeriđ*; ahd. *biris* weist auf **ƀeris*, ais. *berr* aber auf **ƀeriz*. Für g. *bairis* ist beides möglich, aber das zweite wahrscheinlicher wegen der Verwandtschaft zum Anord. In der 3. weist ahd. *birit* auf **beriđ(i)* (*đ* > südg. *d* > ahd. *t*), ebenso as. *birid*, as. daneben aber *biriđ* aus **beriþ(i)*; g. *bairiþ* ist wieder doppeldeutig, daneben vorkommende Formen mit *d* (*faúraqimid* Lc. 1, 17) deuten aber auf erweichte Stufe.

Du. 1. idg. **bheroues* ai. *bhárāvaḥ* gab urg. **ƀerauiz* g. *baírōs*. — 2. idg. **bheret(h)es* (ai. *bhárathaḥ*) ließe g. *baíraþs* erwarten, das *t* ist unerklärt.

Pl. 1 idg. **bhéromes / -mos* (dor. φέρομες gegen l. *ferimus*) gäbe urg. **ƀeromiz / -maz*, vor *m* wurde *o* nicht zu *a* und ais. *berom* ahd. *berumēs* bewahren, entgegen dem Got., die dunkle Lautart. — 2. idg. **bhéret(h)e* (φέρετε, ai. *bháratha*) gab urg. **ƀeriþ / -iđ*, g. *baíriþ* aus beiden erklärbar; aber vor *-uh* tritt *d* ein: *qidid-uh* „und ihr sagt". — 3. idg. **bhéronti* dor. φέροντι l. *ferunt*, urg. **ƀeranþ(i)* oder **ƀeranđ(i)*, das letztere in g. *baírand* ahd. *berant* durchgedrungen.

Im Ae. Afries. As. ist für den Pl. nur eine Einheitsform geblieben (ae. *berađ*. as. *berad*), hier wie im Opt. und in beiden Modi des Prät. Man nimmt für Präs. Ind. die 2. Pers. als Grundlage an; es könnte aber auch die 3. sein, die für den Opt. und das ganze Prät. Quelle ist.

Der Optativ hatte idg. ablautendes *i̯ē / ī* als Moduszeichen. Germ. ist nur die Stufe *ī* da, die im Präs. mit dem *ŏ* des Stammes zu *oī* verschmolz, also Opt.-Stamm **bheroī-* germ. **ƀerai-*.

Sg. 1. Pers., die mit ihrem *aū* so stark aus dem Paradigma herausfällt, kann doch als Opt. erklärt werden: idg. **bheroim̥* (ai. *bhárēy-am* gr. (arkad.) φέροια) urg. *berai-u(n)*, mit Ausfall des *i* zwischen Vokalen g. *baírau* ais. *bera* (*au* > *ǭ* > *ă*). Möglich aber, daß die Form von den Imperativformen auf *aū*: *bairadau*, *bairandau* herkam, den einzigen, die genaue idg. Entsprechungen haben, s. u. Opt. und Imp. stehen ja funktionell in enger Vermischung. — 2. idg. **bherois* urg. **ƀerais* as *beres* ahd. *berēs*; andrerseits urg. **ƀeraiz* ais. *berer* ae *bere*, älter *berœ*. — 3. idg. **bheroit* (gr. φέροι ai. *bharēt*) urg. **ƀerai*, g. *baírai*; ais. ae. as. ahd. *bere*.

Du. 1.idg. **bheroiu̯ē* ai. *bhárēva* g. *baíraiwa*. — 2. hat die Endung *ts* aus dem Ind., vgl. ai. *bhárētam* φέροιτον idg. **bheroitom*.

Pl. 1. idg. **bheroimē* g. *baíraima* ais. *berem* ahd. *berēm*. — 2. idg. **bheroite* φέροιτε g. *baíraiþ*. — 3. idg. **bheroint* urg. **ƀerain*, g. *baíraina* hat *-a* aus der 1. Pl.

Imperativ: Sg. 2. auf idg. *-ĕ* (φέρε l. *age*), das germ. fiel. — Für die 3. Pers. gab es im Idg. eine Form auf *-tōd*: **bheretōd*. Die Form galt für Sg. und Pl. 2. u. 3. Pers.; l. *agitō* noch „du, er soll treiben", ai. vedisch *vahátāt* noch umfassender „du, er, ihr, sie sollen fahren". Urg. wäre **bereþō / -đō*, die zweite Variante im Got. gewählt; als Mittelvokal statt *i* ein *a* nach 3. Pl. Die Bedeutung beschränkt auf die 3. Sg., wie in gr. *φερέτω*.

Pl. 3. vgl. *φερόντω*, l. *aguntō*, idg. **bherontōd*.

Anm.: Manche Forscher greifen hier zurück auf Formen des klassischen Sanskrit: Sg. 3. *bhúratu*, Pl. 3. *bhárantu* „er, sie sollen tragen".

§ 92. Präteritum

	Indikativ	Optativ
Sg. 1.	bar	bērjau
2.	bart	bēreis
3.	bar	bēri
Du. 1.	bēru	bēreiwa
2.	bēruts	bēreits
Pl. 1.	bērum	bēreima
2.	bēruþ	bēreiþ
3.	bērun	bēreina

Das Prät. der germ. starken Verba kommt aus dem idg. Perf., hat aber meist die Reduplikation aufgegeben. Der Ablaut ist, wie im Griech., das tragende Merkmal der Gruppe geworden, er scheidet konsequent auch Sg. und Pl., was Griech. nur teilweise wiederkehrt (*οἶδα/ἴσμεν*).

Das System der Endungen ist das perfektische, das direkt an den Perfektstamm tritt.

Idg. 1.—3. Sg. auf *-a*, *-tha*, *-e*: gr. *λέλοιπα οἶσθα λέλοιπε*, germ. fiel der Vokal in allen dreien. Der Dental im Auslaut von 2. auch ais: *bart*; südg. nur in den Perf.-Präs., ahd. *darft* usw.

Du.: In der 1. Pers. entstand aus *-u̯e* (ai. *cakr̥vá* „wir beide haben gemacht" *vidvá* „wir beide wissen") ein *u*, run. *w(a)ritu* wir beide ritzten. — Es wurde auch in die 2. Pers. übertragen, Endung hier wie im Präs.

Pl.: 1. idg. auf *-me / -mo* ai. *cakr̥má* wir haben gemacht, nach Verlust des Endvokals urg. > *-um*, oder *-əme / -əmo* ai. *tutud-imá* wir haben gestoßen, urg. gleichfalls *-um*. — 2. idg. *-te* gr. *λελοίπατε*, urg. wurde *u* aus 1 u. 3 übertragen:

**bǣruđ.* — 3. idg. auf sekundäres *-nt* nach Vokal: vgl. ἔφερον(τ) l. *ferebant*, auf *-n̥t* nach Kons., woraus germ. *-un* nach Schwund des *t*.

Im Ae. Afries. As. ist die 3. Pers. für die 1. u. 2. mit eingetreten.

Optativ: Ablautstufe *ī*, in Sg. 1. zu *j* geworden vor dem aus dem Präs. übernommenen *-aū*: *bērjau* ais. *bǣra*. Das *ī* as. überall, ahd. im absoluten Auslaut gekürzt, im Ae. zu *e* geworden. Ais. kommen *i* und *e* vor.

Ae. afries. as. 3. Pers. auch für 1. u. 2.

§ 93. Passivum

(nur) Präsens

Sg. 1.	baírada	baíraidau
2.	baíraza	baíraizau
3.	baírada	baíraidau
Pl. 1—3.	baíranda	baíraindau

Das Pass. (idg. Medium) ist nur im Got. bewahrt, und nur fürs Präs. Dualformen fehlen. Im Pl. vertritt die 3. Pers. zugleich die 1. u. 2., im Sg. die 3. zugleich die 1.

Indikativ: Sg. 1. idg. **bheromai* 2. **bheresai* 3. **bheretai* gr. 1. φέρομαι 2. hom. φέρεαι 3. φέρεται, ai. 2. *bhárasē* 3. *bháratē*. Der got. Mittelvokal in der 2. u. 3. *a* statt *i* nach 3. Pl.? — Pl. 3. idg. **bherontai* φέρονται ai. *bhárantē*, auch auf 1. u. 2. übertragen.

Ein Rest des Pass. findet sich im Ais. und Ae.: ae. *hátte* „ich heiße" und „er heißt", = g. *haitada* aus urg. **χaiteđai*, ais. *heite* ich heiße aus urg. **χaitai*, hier Endung wie im ai. Medium *bhárē*, < idg. **bherai*, also dem got. *haitada* gegenüber ursprünglicher (2. u. 3. Sg. *heiter* nach I. oder III. sw. Kl.).

Im Optativ ist auslautendes *-aū* verallgemeinert, das wohl aus der 1. Sg. des Aktivums (Präs. u. Prät.) genommen wurde.

§ 94. Verbalnomina

Infinitiv: *baíran*

Der Inf. ist das Neutr. eines erstarrten Verbalnomens auf idg. *-onom*, g. *waírþan* < **u̯ertonom*, ai. *vártanam* das Drehen. Der Inf. ist neutral, er kann akt. oder pass. Sinn haben, vgl.

zu Mt. 26, 2 *ushramjan*. Lc. 9, 22 *usqiman*, 9, 44 *atgiban*.

Part. Präs. (Akt.) *baírands* }
Part. Prät. (Pass.) *baúrans* } Flexion § 75.

Das got. Part. Prät. geht auf ein Verbaladj. auf idg. *-onó-* zurück, urg. **bur-anaz*. Daneben bestand der Typus *-éno-*, der in ais. *borenn*, urnord. *(s)laginaR* erschlagen usw., urg. **bur-inaz* vorliegt; diesem gehört das got. (adjektivische) *fulgins* verborgen zu, eigentlich Part. zu *filhan* verbergen, dessen funktionierendes Part. aber schon *fulhans* nach dem anderen Typus lautet. As. ahd. findet sich nur *-an*, die älteste Überlieferung des Ae. schwankt zwischen *-æn* (aus *-an*) und *-in*: *numæn* und *numin*, später einheitlich *numen*.

Anm.: Ein Rest eines idg. Part. Perf. Aktivi liegt vor in *bēr-us-jōs* (Plurale tantum, *jă*-St.) die Eltern, = „die getragen Habenden"; mit dem gleichen idg. Suffix *-u̯es* / *-u̯os* / *-us* gr. εἰδώς wissend (ai. *vid-vā̆s*), ἑσταώς stehend usw. Nebenform *-u̯et* / *-u̯ot* des Suffixes im gr. Gen. εἰδότος; dem entspricht im Dental got. *weitwōþs* (*d*) „Zeuge" (vgl. § 56), zeigt aber Dehnstufe des Vokals.

§ 95. Tempusbildung

1. Ablautende Verba. Als Wurzelvokal liegt ihnen in den Reihen I—V der Ablautvokal in seinen Stufen *ĕ* — *ŏ* — Null zugrunde. Er konnte idg.-urg. auch in diphthongischem Verband mit *i̯* oder *u̯* auftreten. Diphthongisch waren urg. die Reihen I und II mit Vokal + *i̯* + Kons. bzw. Vokal + *u̯* + Kons., sind es aber got. nicht mehr, worüber die Schreibung täuscht (vgl. oben § 4). Die Reihen III—V haben einfachen Ablautvokal und sind verschieden nach der Schlußkonsonanz: Reihe III hat Nas. oder Liqu. + Kons. oder Doppelnas. bzw. Doppelliqu., R. IV einfachen Nas. oder Liqu., R. V einfachen sonstigen Kons. — R. VI fällt aus diesem System heraus durch andersartigen, ursprünglich rein quantitativen Ablaut (Vollstufe — Dehnstufe), der got. die Vokale *ă*- *ō* zeigt. — Die Reihen I—V können sämtlich Brechung des *ĭ* und *ŭ* zu *aí* bzw. *aú* vor *h ƕ r* erfahren, so daß je zwei Unterreihen (a, b) entstehen. (In der folgenden Übersicht sind die Vokale der Brechungsstufen in Klammern gesetzt.) Grammatischer Wechsel ist völlig durch Ausgleichung beseitigt.

Zum Ablaut: 1. Idg. Diphthong ei war urg. zu ī kontrahiert (§ 14, 2), daher in Reihe I die 1. Form *steiga* (mit langem ī gespr.). — 2. Idg. Wechsel *ĕ/ŏ* erscheint g. als *ĭ/ă*, da idg. *ŏ* nach § 11, 2 *ă* ist, idg. *ĕ* got. *ĭ* ist nach § 7, 2: gr. *κλέπτω* (stehle) / *κέκλοφα* entspricht got. *hlifa/hlaf*; so Reihe III—V. — 3. Idg. Wechsel ŏ/Null erscheint als *ă/ŭ* (*aú*) in R. III, teilweise auch in IV, da sonantische *m̥ n̥ l̥ r̥* der idg. Nullstufe urg. unter neuem Hochton zu *um un ul ur* wurden nach § 8, 2: ai. *vavárta* „*h*abe mich gewendet“ / Plur. *vavr̥timáḥ* entspricht got. *warþ* / *waúrþum*. R. IV zeigt nur in der letzten Form noch Nullstufe: *numans baúrans*, sie wäre auch im Pl. Prät. noch möglich (**numum baúrum*, derartige Formen bewahren die Verba Pfpräs.: *munum skulum*). — R. V ermöglichte keine nullstufige Bildung, hier ist für die letzte Form die erste Hochstufe verwendet: *gibans*. —4. Dehnstufige ē-Bildung zeigen R. IV und V im Pl. Prät.; daß sie idg. ist, zeigt zu R. IV der Vergleich von g. *qēmum* mit l. *vēnimus*, g. *brēkum* / l. *frēgimus*; zu R. V g. *sētum* / l. *sēdimus*. Dabei ist das Got. mit seiner Vokalabstufung *qam* / *qēmum* ursprünglicher als das Lat., das die Dehnstufe auch in den Sg. übertragen hat: *vēnī frēgī sēdī*. Die dehnstufigen Formen sind z. T. aoristischer Herkunft, wie für l. (*faciō*) / *fēcī* der Vergleich mit dem gr. Aor. *ἔθηκα* zeigt. Andernteils stehen auch reduplizierte Perf. hinter den ē-Formen: g. *sētum* l. *sēdimus* wie ai. *sēdimá* weisen zurück auf idg. **se-zd-ima*. — 5. der Wechsel *ă/ō* in R. VI kann auf idg. *ă/ā* oder *ŏ/ō* zurückgehen nach § 11 und 18.

I. Reihe: idg. ei — oi — ĭ, germ. ī — ai — ĭ

got. **ei** (spr. ī) — **ai** — **ĭ** (**aí**) — **ĭ** (**aí**)

a) *steiga, staig, stigum, stigans* steige

b) *leiƕa, laiƕ, laíƕum, laíƕans* leihe

Vgl. zu a) gr. *στείχω* schreite, *στοιχεῖον* Element, *στίχος* Reihe; zu b) *λείπω* lasse, Pf. *λέλοιπα*, Aor. *ἔλιπον*, ~ l. *li-n-quō* (idg. **leikʷō*).

Der gramm. Wechsel (ahd. *sneid/snitum, lēh/liwum*) fehlt; ebenso in Reihe II, wo ahd. *zōh/zugum* zu vergleichen ist.

II. Reihe: idg. eu — ou — ŭ, germ. eu — au — — ŭ,
got. **iu — au — ŭ (aú) — ŭ (aú)**

a) *biuda*, *bauþ*, *budum*, *budans* biete.
b) *tiuha*, *tauh*, *taúhum*, *taúhans* ziehe.

Im Griech. spärliche Fälle: *φεύγω* fliehe, Aor. *ἔφυγον*, — *ἐλεύσομαι* werde gehen, Pf. *εἰλήλουθα* Aor. *ἤλυθον*. Abweichenden (tiefstufigen) Präsensvokal hat *lūka*, *lauk*, *lukum*, *lukans* schließe.

III. Reihe: idg. ĕ — ŏ — Null, germ. *ĕ/ĭ* — *ă* — *ŭ*,
got. **i (aí) — ă — ŭ (aú) — ŭ (aú)**

a) *binda*, *band*, *bundum*, *bundans* binde
b) *waírpa*, *warp*, *waúrpum*, *waúrpans* werfe.

Vgl. gr. *δέρκομαι* sehe Pf. *δέδορκα* Aor. *ἔδρακον*. Hierhin auch, mit Liquida vor dem Vokal, *þriska* dresche. Ferner *bliggwa* schlage, bläue, *blaggw*, *bluggwum*, *bluggwans*, ahd. *bliuwu*.

IV. Reihe:

a) idg. em — om — ēm — m̥, germ. em — am — ę̄m — um
b) idg. er — or — ēr — r̥, germ. er — ar — ę̄r — ur
got. **i (aí) — ă — ē — u (aú)**

a) *nima*, *nam*, *nēmum*, *numans* nehme
b) *baíra*, *bar*, *bērum*, *baúrans* trage.

Die Stämme schließen auf einfachen Nas. bzw. Liqu., oder Liqu. steht vor dem Vokal: *brikan* brechen und, mit nullstufigem Präs., *trudan* treten, ahd. *tretan* gehören hierher. Nullstufiges Präs. zeigt auch *wulan* wallen, sieden; aber vollstufig ais. *vella* ahd. *wëllan*, *wallan* und *wëlla* F., wo *ll* < *ln*.

V. Reihe: idg. ĕ — ŏ — ē — ĕ, germ. ĕ — ă — ę̄ — ĕ
got. **i (aí) — a — ē — i (aí)**

a) *giba*, *gaf*, *gēbum*, *gibans* gebe
b) *saiƕa*, *saƕ*, *sēƕum*, *saiƕans* sehe.

Diese Stämme schließen auf einfachen Konsonanten, der nicht Nas. oder Liqu. ist. Ein *u* konnte also nicht entstehen. *fraíhnan* fragen hat das *n*-Affix nur im Präs.: *fraíhna frah frēhum fraíhans* (vgl. zu Mc. 10, 2).

VI. Reihe: ă — ō — ō — ă

slaha, slōh, slōhum, slahans schlage.

Da idg. *ŏ* zu *ă*, *ā* zu *ō* übergetreten war, kann in dem germ. Wechsel *ă* / *ō* ein idg. Wechsel *ă* / *ā* oder *ŏ* / *ō* stecken. Zu *ă* / *ā* vgl. gr. ἄγνυμι breche / Pf. ἔᾱγα, l. *scăbō* / *scābi*. Zu *ŏ* / *ō* gr. ὄζω dufte Pf. ὄδωδα, l. *fŏdiō* grabe Pf. *fōdi*.

Hierzu auch *standa, stōþ, stōþum, *staþans* „stehe", mit Nasalinfix im Präs. Vgl. l. *stāre*.

Anm.: Einige Verba aus V und VI hatten schon germ. ein *j* im Präs., das also dem der schwachen Verba I glich. Im Got. haben sie das *j* nur z. T. bewahrt; das Prät. ist regelmäßig, ohne *j*. Reihe V: *bidjan* bitten Prät. *baþ* (dagegen schon *ligan sitan* gegen as. *liggian sittian*). Reihe VI: *hafja hōf hōfum hafans* hebe, *fraþja* verstehe, *hlahja* lache, *gaskapja* schaffe, *skaþja* schade, *wahsja* wachse (aber schon *swara* schwöre gegen as. *sweriu*).

§ 96. Reduplizierende Verba

Sind im Got. im Unterschied von allen übrigen germ. Dialekten in reicher Zahl bewahrt. Vokal der Vorschlagssilbe ist stets *ĕ* (geschr. *aí*). Von mehreren anlautenden Konsonanten wird nur der erste wiederholt; nur *st sk ƕ* bleiben ungetrennt. Anlautender Vokal redupliziert mit *aí* (*aíauk* vermehrte).

Man kann die redupl. Verba nach den Ablautreihen der starken Verba anordnen, denn es kehren bei ihnen als Charaktervokale (mit einer Ausnahme unter IV) die Vokal- bzw. Diphthongstufen wieder, die die st. Verba im Sg. Prät. aufweisen, stehen hier aber je im ganzen Paradigma unverändert durch. Nur für die kleine Gruppe der redupl.-ablaut. Verba (§ 97) gilt dies nicht. Es gehören also nach Vokal- und Konsonantenbestand zu den Reihen

I *haita haíhait haíhaitum haitans* heißen

II *auka aíauk aíaukum aukans* vermehren

III *halda haíhald haíhaldum haldans* halten, als Nebentypus *fāha faífāh faífāhum fāhans* fangen, dessen langer Vokal durch Ersatzdehnung für den Ausfall des *n* vor Spirans *h* entstanden ist (*fāhan* < **fanχan*).

IV (?) *slēpa saíslēp* (auch *saízlēp*) *saíslēpum slēpans* schlafen. Hier könnte man nur an den Vokal des Pl. Prät. anknüpfen, vgl. *nēmum*. Manche stellen hierher auch *blēsan* blasen, von dem keine Prät.-Formen überliefert sind; es kann aber auch zu den red.-abl. Verben gehören.

VI *ƕōpa ƕaíƕōp ƕaíƕōpum ƕōpans* sich rühmen. — Hier sellte eigentlich das V. purum *baūa* bauen anschließen (vgl. ais. *búa bió* < **beu* < **bebū*); es ist aber schwach geworden, Prät. *bauaida* nach sw. III. Auch ae. afries. as. ahd. ist das Prät. schwach, das Partizip aber z. T. noch stark; noch mhd. *gebūwen*.

Nach Gruppe 1 sollte *gaggan* „gehen" das Prät. **gaígagg* bilden, dafür steht aber fast durchaus das defektive *iddja* ging, Pl. scheinbar schwach *iddjēdum*; eigentlich Aorist: **ijja* = ai. *áyām* idg. **e̯jām*; einmal kommt die schwache Bildung *gaggida* (3. Sg.) vor. Ursprünglich war nicht die Reduplikationssilbe, sondern der Wurzelvokal betont. Das zeigt der gramm. Wechsel in *saízlep*, vgl. die Betonung von ai. *jagárbha* habe ergriffen.

In den nord. und südg. Sprachen tritt ein enger Zusammenhang der *ē*- und *ō*-Verben mit denen auf *ai* und *au* zutage, sie teilen deren Prät.-Stufen; vgl. im Ahd.:

slāfan	*sliaf* mit	*heizan*	*hiaz*
= *ē*[1]	*ē*[2]	*ai*	*ē*[2]
wuofan	*wiof* mit	*loufan*	*liof*
= *ō*	*eu*	*au*	*eu*

Reduplikation findet sich im Nord. und Südg. nur in Resten[1]), dafür aber ein jüngeres Ablautschema, das sozusagen zu dem Schema *ĕ/ĭ-ă* der Reihen III—V die Umkehrung darstellt, indem jetzt im Präs. eine *ă*-Stufe, im Prät. *ĕ*-Stufe gilt. So ahd. *heizan*

[1]) Besonders ais.: *sera* < **sezõ* zu *sá* säen, *rera* < **rerõ* zu *róu* rudern. Ae. *heht* < **hehēt* zu *hātan* heißen, *reord* < **rerōd* zu *rēdan (rædan)* raten. Ahd. *ki-screrōt* 3. Sg. Prät. zu *scrōtan* schneiden. — Ais. *sera*, wohl auch ae. *reord* zeigen, daß auch der red.-abl. Typus nord. und südg. vorhanden war.

(*ei* < *ai*) — *hiaz*, älter *hēz* mit $ē_2$, das aus idg. *ei̯* durch *ă*-Umlaut entstand nach § 17; also Ablaut *ai̯*: *ei̯*. *Stōzan* (*ō* < *au*) — *steoz*, *stioz* (*io* < *eu*); also Ablaut *au̯*: *eu̯*. Asächs. *halda* — *held*, ais. *halda* — *helt* mit Ablaut *ă*: *ĕ*.

§ 97. Redupl.-ablaut. Verba
Hierhin gehören nur sechs oder sieben Verba, die langstufigen Ablaut von $ē^1$ (bei vokalischem Ausgang der Wurzel *aī*) zu *ō* zeigen:
grēta gaígrōt gaígrōtum grētans weinen — *lēta laílōt laílōtum lētans* lassen — *rēda raírōþ* raten — *tēka taítōk* berühren — mit vokalischem Ausgang: *saīa saísō saísōum saīans* säen — *waīa waíwō* wehen. Ungewiß ist, ob *blēsa* . . . *blēsans* blasen hierher gehört, wie die übrigen germ. Sprachen es nahelegen. Dagegen steht *tēkan* im Nord. in der ablaut. Reihe VI (*taka* — *tók*), und in gleiche Richtung weisen mnl. *taken* und mnd. *tacken*. Am auffälligsten aber ist, daß sich im Got. *slēpan* von diesen Verben trennt, mit denen es in den südg. Sprachen eine geschlossene Gruppe bildet (im Nord. fehlt es). Es ordnet sich auch nur scheinbar den Verben mit durchstehendem Vokal ein, denn in *slēpa* und *saíslēp* stecken nach Ausweis des Südgerm. wohl zwei verschiedene Vokale, $ē_1$ und $ē_2$, die nur im Got. gleich wurden.
Gegen g. *saísō* steht ais. *sera*, dem ein g. **saízō* entspräche; vgl. § 96 zu *saízlēp*.
Als Klasse sind diese Verben wohl eine got. Neubildung, aber es fehlt hierfür nicht an idg. Anknüpfung, vgl. gr. ἵημι — ἕωκα senden, ῥήγνυμι — ἔρρωγα brechen.

b) Schwache Verba

§ 98. Bildungsweise: Sie kennen keinen Vokalwechsel, das Prät. und Part. Prät. bilden sie mit Dentalsuffix *-da* bzw. *-þs* / *-dis*: *nasja* rette Prät. *nasida* Part. *nasiþs* / *-dis*.
Nach der Stammbildung unterscheiden sich vier (oder fünf) Klassen.

I. Stammbildungssuffix ist *-j-* (vor kons. Endung *-i-*): *nasja nasida nasiþs* retten. Das Präs. flektiert thematisch: 2. *nasjis* usw., wie *baíra* § 91. Langstämmige haben *ei* statt *ji* gemäß § 24: *sōkja* suche 2. *sōkeis* usw.

II. Suffix ist *-ō-*, das durch alle Modi und Tempora geht: *salbō salbōda salbōþs* salben. Der Opt. ist hier konjunktivischen Ursprungs.

III. Suffix ist *-aī-*, das in der 1. Sg. und 1. 3. Pl. Präs. Ind. und im Inf. durch scheinbar thematische Formen vertreten ist: *haba* (Inf. *haban*) *habaida habaiþs* haben.

IV. Suffix ist *-nō-*, das aber im ganzen Präs. ersetzt ist durch thematische Formen: *fullna* (2. Pers. *fullnis*) *fullnōda* voll werden. Part. Prät. und Passivum fehlen, s. u.

V. Eine kleine Gruppe bildet Prät. und Part. Prät. ohne Bindevokal, schließt sich aber im Präs. völlig an Kl. I an und wird meist zu dieser gerechnet: *þankjan þāhta* denken.

§ 99. Herkunft der schwachen Verba. Während die st. Verba meist primär sind, sind die sw. meist abgeleitet von st. Verba oder von Nomina.

Kl. I enthält besonders Kausativa, die von starken Verben auf der 2. Vollstufe (ŏ-Stufe) des Wurzelvokals und mit idg. Suffix *e̯ie/e̯io* = germ. *i̯i*: *i̯a* gebildet sind: *frawardjan* zugrunde richten zu *frawaírþan* zugrunde gehen, *nasjan* retten zu *ganisan* genesen; vgl. l. *moneō* < **monei̯ō* mahne zu *memini* gedenke, gr. *φοβέω* schrecke zu *φέβομαι* flüchte. Einige habe deutlich Intensiv- oder Iterativ-Bedeutung (beides fließt ineinander): *draibjan* plagen zu *dreiban* treiben, auch ahd. *treiben* neben *trīban*; vgl. gr. *στροφέω* „drehe und wende" zu *στρέφω* „drehe". — Andere sind denominativ auf idg. *i̯é / i̯ó*: *hrainjan* reinigen zu *hrains* ĭ-St., *haúrnjan* blasen zu *haúrn* ă-St. — Nicht zahlreich sind primäre Verba auf idg. *i̯e / i̯o*, das urg. *i̯i / i̯a* nach kurzer, *ii̯i / ii̯a* nach langer Silbe gab: *sōkja* suche l. *sāgiō* spüre, *tauja* mache urg. **tau̯iō* ahd. *zouwu*.

Kl. II entspricht der lat. 1. Konj. auf *-ā-* und enthält zumeist Denominativa: *fiskōn* fischen zu *fisks* (l. *piscāri*), *fraujinōn* herrschen zu *frauja* Herr (aus solchen Typen wurde ein *-inōn* als Suffix für Permansiva abgezogen: *skalk-inōn* Knecht sein zu *skalks* usw.). — Auch Deverbativa kommen vor, meist mit Intensivfärbung: *ƕarbōn* zu *ƕaírban* wandeln.

Das Suffix lautete voller auf idg. *āi̯e / āi̯o* und die Bildung war sonach thematisch, wie gr. *τιμά(i̯)ω* ehre zu (dor.) *τιμά* Ehre, l. *plantō* aus **plantāi̯ō* zu *planta*. Im Ae., Afries. und As. ist die vollere Suffixform und also die them. Bildung noch teilweise bewahrt: ae. *macian*, afries. *makia*, as. nebeneinander *makoian makian makon*.

Kl. III: Der Typus hatte ursprünglich Suffix *ēi̯e / ēi̯o* (l. *taceō* < **takēi̯ō*); er entspricht gutenteils der lat. 2. Konj. und enthält wie diese teils Primärverba: *þahan / þahaīda* schweigen ahd. *dagēn* l. *tacēre*, — teils Denominativa: *saúrgan* sorgen zu *saúrga*, vgl. l. *(im)pleō* < **-plēi̯ō* fülle zu *plēnus*. Manche sind Permansiva: l. *albeō* bin weiß zu *albus*, ahd. *wahhēm* bin wach, *armēm* bin arm; doch herrscht im Ahd. ingressive Bedeutung vor: *altēm* altere, *nazzēm* werde naß, und in dieser Richtung ist der Typus ahd. sehr produktiv geworden. Er kommt hier bedeutungsmäßig der folgenden Kl. nahe. Der Formbildung zufolge neigt er eher zur Vermischung mit Kl. I.

Kl. IV setzt einen idg. Typus mit Suffix *-nā-* fort: dor. *δάμνᾱμι* bezwinge. Das entsprechende germ. Suff. *-nō-* hat sich got. nur im Prät. gehalten. Im Ais. dagegen weist auch das Präs. mit seinem *-na-* auf *nō*, und die IV. Kl. ist mit der II. verschmolzen: *vakna* erwache < **u̯aknōm(i)* wie *kalla* rufe aus **kallōm(i)*. Die Bedeutung ist intransitiv-ingressiv und damit fast passivisch, die Verba dienen got. oft zur Wiedergabe griech. Passiva. Sie bilden daher kein besonderes Pass. Viele sind nullstufige Bildungen zu st. Verben: *fralusnan* verlorengehen zu *fraliusan* verlieren. Andere gehören zu Adjektiven und haben die zugehörigen Kausativa neben sich: *fullnan* voll werden zu *fulls*, neben kaus. *fulljan* füllen.

§ 100. Flexion: Präsens

Aktivum

Indikativ

	Kl. I		Kl. II	Kl. III	Kl. IV
Sg. 1.	nasja	sōkja	salbō	haba	fullna
2.	nasjis	sōkeis	salbōs	habais	fullnis
3.	nasjiþ	sōkeiþ	salbōþ	habaiþ	fullniþ

Du. 1.	nasjōs	sōkjōs	salbōs	habōs	fullnōs
2.	nasjats	sōkjats	salbōts	—	fullnats
Pl. 1.	nasjam	sōkjam	salbōm	habam	fullnam
2.	nasjiþ	sōkeiþ	salbōþ	habaiþ	fullniþ
3.	nasjand	sōkjand	salbōnd	haband	fullnand

In Kl. I ist das *j* vor *i* der Endung bewahrt, wenn die Wurzelsilbe kurz war, aber mit dem *i* zu *ī* kontrahiert, wenn sie lang oder der Stamm mehrsilbig war: also *nasjis* gegen *sōkeis*, vgl. die Paare *harjis* / *haírdeis* § 49, *midjis* / *wilþeis* § 69.

In Kl. II tritt athem. Bildung auf *-mi* eindeutig heraus in der 1. Sg. des As. *salƀon* und Ahd. *salbōm*, auch des Ais. *kalla* (mit *a* < *ōm*). Das Got. hat die *mi*-Form beseitigt. Schon urg. kamen vielleicht auch them. Bildungen vor, und solche zeigt ae. *lōci*(ȝ)*e* afries. *lōkie* schaue. (Dagegen bilden beide Dialekte die Formen, deren Endung in Kl. I und beim st. Verbum die helle Stufe *ĭ* des Ablauts zeigt, also die 2. 3. Sg. athematisch: ae. *lokas*(*t*) *lokađ*). Im Got. sind sicher athem. die 1. u. 3. Pl., vermutlich auch die Formen mit sonstiger *ĭ*-Stufe des Endvokals, also 2. 3. Sg. und 2. Pl., dann also fünf von den sechs Formen des Sg. und Pl., unter alleinigem Ausschluß der 1. Sg. Die 3. Pl. zeigt hergestelltes *ō*, vor Doppelkonsonanz wäre Kürzung, also *salband* zu erwarten.

Kl. III zeigt ahd. konsequent athem. Bildung und läßt die 1. Sg. — dies wohl sekundär — auf *-m* ausgehen. Die got. Formen sind schwer zu deuten, für die mit *aī*-Endung (2. 3. Sg. und 2. Pl.) nimmt man them. Grundlage an: *habais* < **χaƀeįizi* < idg. **kapeįesi*. Für die übrigen: *haba habam haband* nahm Kieckers (S. 246) Umformung nach der I. sw. Kl. und nachfolgenden Verlust des *j* unter Einfluß der *j*-losen Formen an: **χaƀjō* > **habja* > *haba*. Tendenz zur Vermischung mit der I. sw. Kl. zeigen die Verba der III. in allen Dialekten außer dem Got. und Ahd., dem ahd. *habēm* stehen gegenüber ae. *hæbbe* usw., vgl. § 89.

§ 101. Optativ

	Kl. I	Kl. II	Kl. III	Kl. IV
Sg. 1.	nasjau	salbō	habau	fullnau
2.	nasjais	salbōs	habais	fullnais
3.	nasjai	salbō	habai	fullnai

Du. 1.	nasjaiwa	salbōwa	habaiwa	fullnaiwa
2.	nasjaits	salbōts	habaits	fullnaits
Pl. 1.	nasjaima	salbōma	habaima	fullnaima
2.	nasjaiþ	salbōþ	habaiþ	fullnaiþ
3.	nasjaina	salbōna	habaina	fullnaina

Der Opt. weicht nur bei der II. Kl. von dem bei den st. Verben geltenden Typus ab, ein *i*-haltiges Opt.-Suffix läßt er hier nicht erkennen. Man hat in ihm einen Injunktiv mit Wunschbedeutung gesehen, was litauische Parallelen nahelegen.

§ 102. Imperativ

Sg. 2.	nasei	sōkei	salbō	habai	fulln
3.	nasjadau	sōkjadau	salbōdau	—	fullnadau
Du. 2.	nasjats	sōkjats	salbōts	—	fullnats
Pl. 1.	nasjam	sōkjam	salbōm	habam	fullnam
2.	nasjiþ	sōkeiþ	salbōþ	habaiþ	fullniþ
3.	nasjandau	sōkjandau	salbōndau	habandau	fullnandau

Die Formen der 2. Sg. sind analogisch, zu erwarten wären Kurzformen: *nas*, *sōki*, *salba*; vgl. ais. *tel* zähle und sogar *heyr* höre, *kalla* rufe, *vake* wache. Zu *taūjan* lautet die Form *tawei* nach § 20, 1.

§ 103. Verbalnomina

Infinitiv

nasjan	sōkjan	salbōn	haban	fullnan

Part. Präs.

nasjands	sōkjands	salbōnds	habands	fullnands

§ 104. Passivum

Indikativ

	Kl. I	Kl. II	Kl. III
Sg. 1.	nasjada	salbōda	habada
3.	nasjaza	salbōza	habaza
3.	nasjada	salbōda	habada
Pl. 1—3.	nasjanda	salbōnda	habanda

Optativ

Sg. 1.	nasjaidau	salbōdau	habaidau
2.	nasjaizau	salbōzau	habaizau
3.	nasjaidau	salbōdau	habaidau
Pl. 1—3.	nasjaindau	salbōndau	habaindau

Zu Kl. IV, deren Bedeutung fast passivisch ist, gibt es kein Passivum.

§ 105. **Präteritum**

Die Endungen sind für alle vier Klassen die gleichen: *nasi-da* rettete, *sōki-da* suchte, *salbō-da* salbte, *habai-da* hatte, *fullnō-da* wurde voll; ein Paradigma genügt also. Ein besonderes Pass. ist hier nicht vorhanden.

	Ind.	Opt.	Part.
Sg. 1.	nasi-da	nasi-dēdjau	nasiþs
2.	nasi-dēs	nasidēdeis	(Flexion vgl. § 75)
3.	nasi-da	nasi-dēdi	
Du. 1.	*nasi-dēdu	*nasi-dēdeiwa	
2.	nasi-dēduts	nasi-dēdeits	
Pl. 2.	nasi-dēdum	nasi-dēdeima	
2.	nasi-dēduþ	nasi-dēdeiþ	
3.	nasi-dēdun	nasi-dēdeina	

Dem Got. ist eigentümlich, daß auch die langwurzligen *j*-Verba das Prät., entgegen dem Südg., mit Mittelvokal *i* als Rest des *j* bilden: *sōkida* wie *nasida* gegen ae. *sóhte* as. *sōhta* ahd. *suohta*. Umgekehrt fehlt dem Ais. der Mittelvokal in beiden Fällen: *talþa* wie *sótta*.

Das sw. Prät. ist im wesentlichen germ. Neuerung, doch nicht völlig, vgl. die gr. Aoriste auf *-θην*: *ἀλήθην* schweifte umher. Am wahrscheinlichsten bleibt die alte Boppsche Theorie, daß das sw. Prät. entstand durch Anfügung von Perfekt- oder (im Sg. Ind.) Aoristformen des Verbums „tun" (idg. Wurzel *dhē* / *dhō*, gr. *τίθημι* setze); *nasi-da* heißt dann „ich tat retten". Die jüngere Auffassung (Collitz, Brugmann) läßt die Dentalendungen vom Part. Prät. auf *-to-* her geschaffen sein; die zweisilbigen Formen des Pl. und Opt. wären dann ausgebildet in nachträglicher Anlehnung an das Prät. von „tun" (ahd. *tātum* usw.), die aber dem überlieferten Got. schon vorauslag; denn dieses hat das selbständige Verbum *đōn* nicht mehr bewahrt. Der Sg. hatte urg. die Formen **đō(n)* **đēs* **đē*. Idg. waren **dhēm* **dhēs* **dhēt* und **dhōm* **dhōs* **dhōt* möglich, beides als Basis für ai. *(á)dhām* *(á)dhās* *(á)dhāt* denkbar. Aber auf **đō* für die 1. Pers. weist run. *tawiđo* fertigte, auf **đēs* für die 2. ais.

talþer zähltest as. *nerides* nährtest (ahd. *neritōs* ist durch Angleichung an die 1., urg. *naziđō(n)* entstanden, und bewahrte vor *s* die Länge).

Pl. und Opt. haben den Langvokal in der Reduplikationssilbe, wie er im Vollverb in ahd. *tātum*, z. T. auch in as. *dādun* (neben *dĕdun*) steht. Sie erweisen ihn als urg. trotz dem Kurzvokal in ae. *dydon*, afries. as. *dĕdon* neben *dēdon*.

Das Part. Prät. der sw. Verba stammt aus einem idg. Verbaladjektiv auf *-to-*, vgl. *λυτ-ός* „gelöst", das wie im Germ., auch im Lat. zu echter Partizipialfunktion aufgestiegen ist: *plantātus* zu *plantāre*, nicht zu *planta*, *pictus* zu *pingere*.

§ 106. Schwache Verba mit synkopiertem Prät. Diese entbehrten schon in germ. Zeit den Mittelvokal des Prät. und Part. Prät., ihr Präs. ist meist nach der sw. Klasse I gebildet. Nur *briggan* ist halb stark halb schwach, sein Präs. stimmt zur st. Reihe III, und es hat auch echten Ablaut.

briggan	bringen	*brāhta*	
brūkjan	brauchen	*brūhta*	
bugjan	kaufen	*baúhta*	*baúhts*
kaupatjan	ohrfeigen	*kaupasta*	*kaupatiþs*
þagkjan	denken	*þāhta*	*-þāhts*
þugkjan	dünken	*þūhta*	*-þūhts*
waúrkjan	wirken	*waurhta*	*waúrhts*

Das Suffix des Prät. erscheint hier, weil nach Spirans stehend, als *t*. Statt *kaupasta* sollte lautgerecht *kaupassa* stehen, vgl. *wissa* zu *wait* weiß; und das Part. dieses Verbums ist nach Kl. I mit Mittelvokal gebildet, weil das lautlich zu erwartende *kaupass* zu sehr aus dem Rahmen fiele.

c) Perfekto-Präsentia

§ 107. Sie haben bei präteritaler (idg. gesprochen: perfektischer) Form präsentische Bedeutung. Daher bilden sie ein neues Bedeutungspräteritum nach Art der sw. Verba mit deren Dentalsuffix. Anstatt Imperativs gebrauchen sie den Optativ. Ihre Reihenbildung entspricht im ganzen der der st. Verba, doch mit einigen Abweichungen.

Nicht gut ist die Bezeichnung „Präterito-Präsentia“, denn es sind idg. Perfekta Präsentis, die zu reinen Präs. wurden, ohne die sonstige germ. Entwicklung des Perf. zum Prät. mitzuerleben; *wait* weiß Pl. *witum* entspricht genau ai. *vḗda vidmá*, gr. (ϝ)οἶδα (ϝ)ἴσμεν, aber nur lautlich l. *vīdī*.

§ 108. Ablautreihe I. 1. *wait* ich weiß, 2. waist, 3. *wait*, Pl. *witum* usw., Opt. *witjau*, Inf. *witan*, Part. *witands*, — Prät. Ind. *wissa*, Opt. *wissedjau*. — In der 2. Sg. *waist* ist *t* analogisch hergestellt, idg. **u̯oid-tha* hätte urg. *waiss* ergeben sollen, vgl. das lautrichtige Prät. *wissa* < **u̯id-tōm*.

2. *lais* ich verstehe (dazu das Kaus. *laisjan* lehren). Nur got.

Reihe II. 3. *daug* es taugt (ahd.-mhd. *touc*).

Reihe III. 4. *kann* ich kenne, weiß, 2. *kant*, 3. *kann*, Pl. *kunnum*, Opt. *kunnjau*, Inf. *kunnan*, Part. *kunnands*, — Prät. Ind. *kunþa*, Opt. *kunþēdjau*, Part. *kunþs* (als Adj.: „bekannt“). Die 2. Sg. *kant* hat analogisches *t* statt *þ*.

5. *þarf* ich bedarf, 2. *þarft*, 3. *þarf*, Pl. *þaúrbum*, Opt. *þaúrbjau*, Inf. *[þaúrban]*, Part. *þaúrbands*,—Prät. *þaúrfta*, Part. (nur als Adj.) *þaúrfts* nützlich. *þarf* / *þaúrbum* ist echter gramm. Wechsel, im Unterschied von den übrigen Dialekten.

6. *ga-dars* ich wage, Pl. *gadaúrsum*, Opt. *gadaúrsjau*, Inf. *gadaúrsan*, — Prät. *gadaúrsta*. — Zu gr. τεθάρσηκα bin voll Mut.

Zu Reihe III stellen sich in der Gestaltung des Ablauts auch die folgenden drei Verba, die nach ihrem Konsonantenbestand zu IV bzw. V gehören sollten. Zu den Beispielen mit Lautstand der Reihe IV (Ziff. 7 u. 8) kann man vermuten, sie seien schon ausgebildet zu einer Zeit, als noch keine Reihe IV durch Dehnstufe in der 3. Form (g. *bērum*) von Reihe III abdifferenziert war. Für *ga-nah* (Reihe V) gilt keine ähnliche Erklärung.

(Reihe IV.) 7. *man* ich meine, 2. *[mant]*, (ais. neben *mant* auch *mann*, was auf lautrichtiges *manþ* zurückweist, nur *nþ* assimilierte ais. zu *nn*), 2. Pl. *munuþ*, Opt. *munjau*, Inf. *munan*, Part. *munands*, — Prät. *munda*, Part. *munds*. Gr. μέμονα trachte, l. *meminī* gedenke.

8. *skal* ich soll, 2. *skalt* (aber ais. *skall* weist auf *skalþ*, vgl. *mann* in Ziff. 7), Pl. *skulum*, Opt. *skuljau*, Inf. *skulan*, — Prät. *skulda*, Opt. *skuldedjau*, — Part. *skulds* schuldig. Vgl. lit. *skeliù* schulde.

[Reihe V.] 9. *ga-nah* es genügt, *bi-nah* es ist nötig, erlaubt. (Dazu ae. Pl. *be-nuȝon* nach Reihe III, und Prät. *be-nohte*.) Got. noch Part. Prät. n *binaúht* [es ist] möglich.

Reihe VI. 10. *ga-mōt* ich finde Raum, kann, Opt. *gamōtjau*, — Prät. *gamōsta*.

11. *ōg* ich fürchte, Opt. *ōgjau*, Part. *ōgands*, — Prät. *ōhta*. Zu gr. ἄχομαι, ἄχνυμαι bin bekümmert. Es findet sich auch ein adjektivisches *un-agands* (diese Form und nicht *unagans* ist wohl das Echte, wie Phil. 1, 14 zeigt), das wie ein normalstufiges Part. Präs. zu **ōgan* aussieht. Das Verbum bildet einen scheinbaren Imperativ: *ōgs* fürchte! *ni ōgs þus* fürchte dich nicht! Die Form ist aber konjunktivisch, urg. **ōgiz* < idg. **ōghés*.

Ganz ohne Ablaut und daher in keine Reihe einzuordnen sind im Got. die zwei letzten Verba:

12. *mag* ich kann, 2. *magt*, Du. *magu*, Pl. *magum*, Opt. *magjau*, Part. *magands*, — Prät. *mahta*, Opt. *mahtēdjau*, Part. *mahts*. Das *g* der 2. Sg. ist analogisch, regelrecht as. ahd. *maht*, ae. *meaht*. Südg. lautet das Verbum nach Kl. III ab: as. *mag* / *mugun*, ahd. *mag* / *mugum* und *magum*. Ähnlich afries., aber nicht ae., wo kein Ablaut auftritt.

13. *aih* ich habe, Pl. *aigum* (und *aihum*), Opt. 3. *aigi*, Inf. *aihan*, Part. *aigands*, — Prät. *aihta*, Opt. *aihtēdjau*. *Aih* / *aigum* ist echter gramm. Wechsel! Ais. *á* / *eigom* ebenso.

d) Verbum „sein"

§ 109. Es ist im Got. Wie im Nord. der einzige Rest der *mi*-Verben. Von der Wurzel *es-* bildet es das Präs. Ind. und Opt., alle übrigen Formen machen ein reguläres st. Verb der V. Reihe *wisan* „sein, existieren" aus.

Eine dritte Wurzel idg. *bhū-* (φύ-ω l. *fu-ī*) und *bheua-* (ai. *bhávāmi* werde) fehlt dem Got., tritt aber im Südg. hervor; rein im ae. Sg. 1. *béo* bin, sonst vermischt mit dem *mi*-Typus, so schon in ae. *béom*, in as. *bium* und ahd. *bim* bin, — Sg. 2. ae. *bis*(*t*) as. ahd. *bist*. — Sg. 3. ae. *bið*. — Pl. ae. 1.—3. *béoð*, ahd. 1. *birum* 2. *birut*.

Präs.	Ind.	Opt.	Inf.	Part.
Sg. 1.	im	sijau (siau)	wisan	wisands
2.	is	sijais		
3.	ist	sijai		
Du. 1.	siju			
Pl. 1.	sijum (sium)	sijaima		
2.	sijuþ (siuþ)	sijaiþ		
3.	sind	sijaina		

Prät.	Ind.	Opt.
	was, wast, was	wēsjau

Sg. 1. *im* < urg. **immi* < **izmi* < idg. **ésmi*, lesb. ἔμμι neben att. εἰμί. Ae. *éom* hat den Diphthong aus der Seitenform *béo*. — 2. *is* < idg. **es*(*s*)*i* hom. ἔσσι alat. *ess*. — 3. *ist* < idg. **esti*. — Pl.: 1. und 2. *sijum sijuþ* nach dem Opt. geformt, wohl nach dem Scheinvorbild der 3., die den *s*-Anlaut aber regelrecht als Nullstufe besitzt, *sind* < idg. **s-enti*, dor. ἐντί; *d* statt *þ* am Schluß nach Verners Gesetz. Echte Bildung der 1. 2. Pl. im Ais.: *erom eroþ* und, in Vermischung mit der *bh*-Wurzel, im Ahd.: *b-irum b-irut*; *erom* < urg. **ezum* < idg. **es-més* (vgl. ai. *s-máh*), danach die 2. *eroþ*. Ais. auch die 3. nach diesem Muster *ero*.

Der Opt. hatte idg. als Modussuffix *i̯ē* / *ii̯ē* im Sg., *ī* im Pl. (vgl. alat. *siem siēs siet* aber *sīmus*). Das Got. hat die Sg.-Form auch im Pl. durchgeführt, statt *ii̯ē* aber *ijaī* in Anlehnung an das *aī* der normalen Verba.

Umgekehrt hat das Südg. das *ī* der Pl.-Stufe durchgeführt, ahd. *sī sīs sī* — *sīm sīt sīn*, as. ae. im Sg. ebenso, im Pl. einheitlich *sīn*.

Der Imperativ wird durch den Opt. vertreten. — Die Formen ohne *j* sind jünger und auf die Briefe und das Lukas-Ev. beschränkt.

e) Verbum „wollen“

§ 110. Sein Präs. ist ein Opt., zeigt aber statt der zu erwartenden Schwundstufe der Wurzel (germ. *u̯ul-*) die Vollstufe *u̯el-*, die wohl aus dem einst vorhandenen Ind. übertragen wurde, wie es ebenso im Lat. geschah: *velim* usw. Die Endungen zeigen präteritalen Typus. Das Prät. wird schwach gebildet. Der Opt. wird mit indikativischer Bedeutung gebraucht.

Präs.	Sg.	1. wiljau	2. wileis	3. wili
	Du.		wileits	
	Pl.	wileima	wileiþ	wileina
	Inf.	wiljan		
	Part.	wiljands		
Prät.		Ind.	Opt.	
		wilda	wildēdjau	

Die übrigen Dialekte haben im Pl. durchaus indikativische Formen angenommen; das Ahd. legt den ablautenden Stamm *u̯al-* zugrunde, *wellemēs* usw. haben Umlaut *-e*; ebenso der Inf. *wellen* as. *wellian* < **waljan*. Im Sg. hat das Ahd. reine Opt.-Formen für die 2. Pers.: *wili* und die 3.: *wili*. Für die 1. bei Tat. *willa* < **wiljau*, sonst *willu*. Im Ae. As. ist die 2. Pers. schon indikativisch: *wilt* (as. daneben noch *wili*).

D. Präpositionen, Präfixe, Konjunktionen, Partikeln, Interjektionen

Präpositionen, Präfixe

§ 111. Die Präpositionen haben z. T. nebeneinander räumliche und zeitliche, oft auch noch logisch-abstrakte Bedeutung. Die Mehrzahl von ihnen können auch als Verbal- oder Nominalpräfixe fungieren.

a) mit Dat.: *af* von (< *aƀ*, vgl. *ab-u* mit Partikel *-u*), — *du* zu, — *miþ* mit (∼ *midjis* l. *medius*), *us* aus (< **uz*, ais. *ór ýr*, ahd. *ur ar*) — *faúra* vor, — *fram* von, — *nēƕa* nahe bei, — *faírra* fern von.

b) mit Akk.: *and* entlang, — *þaírh* durch, — *inu(h)* ohne (gr. ἄνευ; die anderen germ. Dialekte zeigen dehnstufige Wurzel: ais. *án*, *ón* ahd. *āno*), — *undar* unter, — *wiþra* gegenüber, — *faúr* vor, entlang.

c) mit Gen. und Dat.: *ufarō* über (mit D. die Ruhe, mit G. die Richtung bezeichnend).

d) mit Dat. und Akk.: *ana* an, auf, — *at* bei, ahd. *az* (l. *ad*), — *afar* nach (dazu das Adv. ahd. *avar abur* abermals und as. *aƀaro* ae. *eafora* Nachkomme), — *bi* um, bei (∼ *umbi* gr. ἀμφί l. *amb-*(*ire*), — *hindar* hinter, jenseits, — *uf* unter (gr. ὑπό), — *und* bis zu (dazu ahd. *unz*(*i*) = *unt* + *zi*, *untaz* = *unt* + *az* bis zu).

e) mit Gen. Dat. Akk.: *in* mit G. wegen, mit D. A. in, auf.

Nur in Zusammensetzungen, meist verbaler Art, kommen vor: *dis-* = zer-, *faír-* = ver-, *fra-* = ver-, *ga* = ge-, *twis-* = auseinander.

Konjunktionen

§ 112. — 1. Parataktische: a) Kopulative: *jah* und, — *-h*, *-uh* und, — *nih* und nicht, — *jah* ... *jah* sowohl ... als auch. — b) Konklusive (mit temporaler Färbung): *þanuh*, *-uhþan*, *nu*(*h*) nun, da. — c) Disjunktive: *aíþþau* oder, — *þaū*(*h*) oder (im zweiten Glied der Doppelfrage; im ersten oft *-u*, *-uh*), — *ni þaūh* dann nicht, — *jaþþē* ... *jaþþē* entweder ... oder. — d) Adversative: *iþ*, *þan*, *aþþan*, *akei* aber, — *ak* sondern. — e) Kausale: *auk*, *allis*, *raíhtis*, *untē* denn (*untē* auch hypotaktisch = weil). — f) Konsekutive: *in þis*, *duþē* deshalb, — *nu*, *eiþan* also.

2. Hypotaktische: a) bei Inhaltssätzen (Objektsätzen): *ei*, *þatei* daß, — *ibai* (nach Verben des Fürchtens usw.) „daß etwa". b) Relativische: *ei* wo, wann, wie. — c) Lokale: *þarei* wo. — d) Temporale: *þanei* wann, — *biþe*, *miþannei* während, — *þandē* solange, — *sunsei* sobald, — *untē*, *und þatei* bis, — *faúrþizei* bevor. — e) Komparative: *swē* wie. — f) Konsekutive: (*swa*)*swē* so daß. — g) Kausale: *þandē*, *untē* weil. — h) Kondizionale: *jabai* wenn, *nibai* wenn nicht. — i) Konzessive: *þaūhjabai* wenn auch. — k) Finale: *ei*, *þatei*, *þei* daß, damit.

Partikeln

§ 113. Affirmativpartikeln sind *ja*, *jai* „ja, wahrlich", *nē* „nein". Satznegation ist *ni* „nicht".

Frage: An der Spitze der Wortfrage steht gern *an*, etwa = „denn": *an ƕas mag ganisan*? „wer kann [denn] gerettet werden?" Lc. 18, 26. — Bei der Satzfrage wird, wenn sie neutral ist, *-u* enklitisch an das erste Wort des Satzes angefügt, wie im Lat. *-ne*, bzw. in ein Präfixverbum wird es eingeschaltet: *ga-u-laubeis* „glaubst du?" J. 9, 35. Wird „ja" erwartet, so steht *niu*, *an nuh* am Satzanfang (~ l. *nonne*), wird „nein" erwartet, so steht *ibai*, *jau* (zweisilbig, *ja-u*!) am Anfang (~ l. *num*). — Die Disjunktivfrage zeigt im ersten Glied *-u* oder *-uh*, im zweiten Glied *þaū* und nochmals *-u* (*-uh*): *skuld-u ist unsis kaisara gild giban þau ni-u?* „Ist es recht, daß wir dem Kaiser den Schoß geben oder nicht? Lc. 20, 22.

Allgemeine Relativpartikel (oder -konjunktion) ist *ei* (vgl. § 112, 2b); zu Pronomina oder Adverbia tretend bildet es Relativpronomina oder Konjunktionen: *sa-ei* [der] welcher, *þar-ei* [da] wo, *faurþiz-ei* bevor, *þat-ei* daß.

Interjektionen

§ 114, *ō* oh, ei! — *sai* da, sieh! — *wai* wehe! — Wie ein Imperativ flektiert *hiri* „komm!", Du. *hirjats*, Pl. *hirjiþ*[1]).

[1]) Bedenken macht hier freilich die genaue Übereinstimmung mit gr. δεῦρο und Pl. δεῦτε.

Texte

Matthäus VII—VIII und XXVI

VII

12. . . . *tau*jaina izwis mans, swa jah jus taujaiþ im: þata auk ist witoþ jah praufeteis. **13.** inngaggaiþ þairh aggwu daur, unte braid daur jah rums wigs sa brigganda in fralustai,

12. [πάντα οὖν, ὅσα ἂν θέλητε, ἵνα] ποιῶσιν ὑμῖν οἱ ἄνθρωποι, οὕτως καὶ ὑμεῖς ποιεῖτε αὐτοῖς. οὗτος γάρ ἐστιν ὁ νόμος καὶ οἱ προφῆται. **13.** εἰσέλθετε διὰ τῆς στενῆς πύλης ὅτι πλα-

Erläuterungen: **12.** taujan sw. V. 1 „machen, tun“, ae. *tawian* bearbeiten, ahd.-mhd. *zouwen* bereiten (also nicht zu germ. *đōn* „tun“!); an der 2. Stelle Opt. für Imp. — izwis D. „euch“, entspr. ais. *yđr* < **iđwiR* < **iRwiR*, ahd. *iu* abweichend (idg. Grundformen **e-su̯e* bzw. **e-u̯e*). — manna m „Mensch“, teils n-Stamm, teils wurzelflekt., so hier der N. Pl., § 56; daneben Stamm *mana-* in *mana-seþs* Menschheit (Lc. 9, 13), ahd. *manaheit.* Vgl. germ. *Mannus*, Stammheros u. ai. *manu-* Mensch. — swa ae. *swá*, ahd. *sō*, alat. *suad.* — jah „und auch“, ahd. *joh* (*a* > *o* in tonloser Stellung) = *ja* „wahrlich“ + (*u*)*h* (*τε* l. *-que*). — jus: wohl *jūs* „ihr“, vgl. lit. *jũs*; nord.-südg. im Vok. an „wir“ angeglichen: ais. *ér* (< **jēr*) ae. *ȝe*, *ȝé* ahd. *ir* (< **jir*). — *im* D. Pl. anaphor. Pron., „ihnen“, ahd. *im* > *in*, spätmhd. (13. Jh.) auch *inen.* — auk „denn“ ahd. *ouh*, gr. *αὖ-γε.* — [l. im 2. is] 3. ist, idg. Wz. **es* (vgl. *ἐστί*, lat. est), ais. 1. *em* 2. *est* 3. *es*, ae. 1. *eom* 2.. *eart* 3. *is* (Vokal in *eom* aus dem Nebenverb *beo*(*m*) „bin“ in fut. Sinne, Wz. **bheu*, ∼ gr. *φύομαι*, l. *fuī*, dz. das *b* in ahd. 1. u. 2.:) ahd. 1. *bim*, 2. *bist*, 3. *ist.* Pl. 1. 2. g. vom Opt.-Stamm *sij-*: 1. *sijum* 2. *sijuþ*, mit perf. Endungen, wie ahd. 1. *birum* 2. *birut.* 3. Pl. g. *sind* ∼ gr. dor. *ἐντί*, l. *sunt.* Prät. u. Inf. von Wz. **wes*: g. *was*, *wisan.* — witoþ (d) n a „Gesetz“, ais. *vitađ-* ahd. *wizzōd*, z. *witan.* -praúfetes, -us überwiegend als u-St., N. Pl. aber stets nach i-Dekl. — **13.** inngaggan „ein-

jah managai sind þai inngaleiþandans þairh þata. 14. ƕan aggwu þata daur jah þraihans wigs sa brigganda in libainai, jah fawai sind þai bigitandans þana. 15. atsaiƕiþ sweþauh faura liugnapraufetum þaim izei qimand at izwis in wastjom

τεῖα ἡ πύλη καὶ εὐρύχωρος ἡ ὁδὸς ἡ ἀπάγουσα εἰς τὴν ἀπώλειαν, καὶ πολλοί εἰσιν οἱ εἰσερχόμενοι δι' αὐτῆς. 14. τί στενὴ ἡ πύλη καὶ τεθλιμμένη ἡ ὁδὸς ἡ ἀπάγουσα εἰς τὴν ζωήν, καὶ ὀλίγοι εἰσὶν οἱ εὑρίσκοντες αὐτήν. 15. προσέχετε δὲ ἀπὸ τῶν ψευδοπροφητῶν, οἵτινες ἔρχονται πρὸς ὑμᾶς ἐν ἐνδύμασι προβάτων,

gehen" urspr. red. V. (§ 96), Prät. durch *iddja* ersetzt; hier Opt. statt Imp. — þaírh „durch" (räuml., instr. u. kausal), ahd. *dur(u)h*, daneben *dërh* durchbohrt, ae. *þurh*, nordh. *þerh*. — aggwus Adj. u, ais. *ǫngr*, ae. *enge*, ahd. *engi* (j-St.) ἄγχω schnüre l. *angō* beenge. — daúr n a „(einflügl.) Tor, Tür", ae. *dor*, ahd. *tor*: vgl. *daúrons* Neh. 7, 3. — unte „(bis,) da, weil" ahd. *unz(i)*, aus *und* + *tē* = as. *tō te ti*, idg. *dē* in l. *dēnique*. — braiþs (d) Adj. „breit", Auslautverhärtung fehlt, was bei Mt. selten ist; ~ ahd. *brët*? — rūms Adj. „weit", ahd. *rūmi*. -wigs m a „Weg" ahd. *wëg*, zu *ga-wigan* bewegen; *w. sa brigganda* nach der gr. Konstruktion. — sa m þata n so f Artikel u. Dem., ais. *sá þat sú*, ae. *se þæt séo*. — briggan abl. V. mit Präs. nach st. III, Prät. schwach, § 106 „bringen"; Part.-Konstruktion nach dem Griech. — fralusts f i „Verderben" ahd. *forlust*, Verbalabstr. zu *fraliusan*. in fralustai ... in libainai D. statt A.: bei Verben der Bewegung usw., entgegen dem Nhd., Konstr. der Ruhe (bzw. des erreichten Zieles) statt der Richtung, Streitberg, EB. § 269; vgl. 8, 14 in garda. — manags Adj. a „mancher", ahd. *manag*. — inn-ga-leiþan st. V. I „eingehen" ae. *līđan* ahd. *līdan*. — 14. ƕan Adv. zu St. *ƕas* („wann?"), vor Adj. „wie", vgl. ahd. *hwanne* wann, *hwanta* warum, l. *quan-dō* wann. — þraíhans Pt. Prät. zu *þreihan* st. V. I „drängen", dazu mit gramm. Wechsel ais. *þryngva*, ae. *þringan*, ahd. *dringan* st. V. III, so urspr. — libains f i, „Leben", Verbalabstr. zu sw. V. III *liban* / *-aida*, § 51. — fawai Adj. a Pl. „wenige", N. Sg. wäre **faus*; ais. *fár* ae. *féa* ne. *few* ahd. *fao, fō*, l. *pau-cus, pau-lus*. — bi-gitan st. V. V „finden" ae. *ʒietan* ne. *get* ahd. *bi-gëzzan* erlangen. — 15. at-saíƕan st. V. V „acht geben, sich hüten" ais. *siá* ae. *séon* ahd. *sëhan*, Pt. Prät. bisweilen *gi-sëwan*. Lautlich stimmt gr. *ἕπομαι* l. *sequor*, die Bedeutung macht Schwierigkeit. — sweþaūh „doch zwar, wenigstens" = *swe* wie + *þau(h)* oder, doch. —

lambe, iþ innaþro sind wulfos wilwandans. **16.** bi akranam ize ufkunnaiþ ins. ibai lisanda af þaurnum weinabasja aiþþau af wigadeinom smakkans? **17.** swa all bagme godaize akrana goda gataujiþ, iþ sa ubila bagms akrana ubila gataujiþ.

ἔσωθεν δέ εἰσι λύκοι ἅρπαγες. **16.** ἀπὸ τῶν καρπῶν αὐτῶν ἐπιγνώσεσθε αὐτούς. μήτι συλλέγουσιν ἀπὸ ἀκανθῶν σταφυλὰς ἢ ἀπὸ τριβόλων σῦκα; **17.** οὕτως πᾶν δένδρον ἀγαθὸν καρποὺς καλοὺς ποιεῖ, τὸ δὲ σαπρὸν δένδρον καρποὺς πονηροὺς ποιεῖ.

faúra Präp. m D., Adv. „vor, vorn“, ahd. *for(a)* l. *por-[rigo]*. — liugna- Stammform (in Kompos.) des n a *liugn* „Lüge“. — [þai] iz- ei „die welche“ = *is* + indecl. *-ei*, also eigentlich N. Sg., erstarrt auch für Pl. (§ 63b). — qiman st. V. IV ais. *koma*, ae. *cuman*, ahd. *quëman*, l. *vĕniō* < **gu̯emi̯ō* gr. *βαίνω* < **bami̯ō* (*gu̯* zu Lab. *β* vor dunklem Vok.) — wasti f jō „Kleid“, l. *vestis* zu *wasjan* kleiden. — lamb n. a, urspr. aber s-St. (urgerm. **lambaz*, finn. *lammas*) „Lamm“, vgl. ae. *lombor* neben *lomb*, *lex* Sal. *lammi*, ahd. Pl. *lembir*, *-ir* war eigentlich nicht Pl.-Suffix, sondern stammbildend. — iþ Konj., meist fortführend, hier adversativ, gr. *ἔτι* l. *et*. — innaþro „von innen“, Suff. wie in l. *in-trā*. — wulfs m a „Wolf“, l. *vulpēs* Fuchs (idg. **u̯l̥po-*), daneben l. *lupus*, gr. *λύκος*, ai. *vṛ́kaḥ* Wolf (idg. **u̯l̥ku̯o-*). — wilwan st. V. III „rauben, reißen“ l. *vello* raufe, *vellus* Vlies. — **16.** akran n a Frucht (des Feldes), ais. *akarn*, ae. *æcern*, ne. *acorn* Eichel mhd. *ackeran ecker(n)* Eichel, Buchecker. — ize anaphor. Pron. G. Pl. (ahd. *iro*); das Poss. *seins* darf nur zum Subj. des Satzes stehen. — uf-kunnan sw. V. III „erkennen“, *kunnaiþ* könnte Ind. sein, hier aber wohl Opt., in „prospektiver“ Bedeutung, den idg. prosp. Konj. fortsetzend, vgl. Brugmann, Kurze vergl. Gramm. § 756. Steht für gr. Fut. Prät. meist *ufkunþa*, also zu V. pfpräs. *kann* ausbiegend. Dehnstuf. Wurzel zeigen l. *(g)nōsco* gr. *γιγνώσκω* (Wz. **gnō*) und ae. *cnáwan*, ahd. *knāen* (**gnē*). — iba(i) Fragepart. verneinenden Sinnes, ~ l. *num*; ais, as. *ef*, ahd. *ibu* wenn, ob. — lisan st. V. V „lesen“, lit. *lesù* „picke auf“. — þaúrnus m u ahd. *dorn*. — weinabasi n ja „Weinbeere“, ais. *ber*, ahd. *beri*, ae. *berie* f n. aíþþau „oder“, wahrsch. < *aih-þau*, *aih-* ~ l. *ec-ce*; ais. *eđa*, ae. *eđđa*, ahd. *eddo*, daneb. as. *ef-đo*, *-a*. — wiga-deina, -o? f ō, n? „Dorn“. — smakka m n „Feige“. — **17.** alls Adj. a „all“ (hier wie ein Zahlwort als subst. Neutr. mit Gen.), daneb. *ala-* (ahd. *ala-*) in **alamans* Menschheit. — bagms m a „Baum“, aschwed. *bagn*, aber

18. ni mag bagms þiuþeigs akrana ubila gataujan, nih bagms ubils akrana þiuþeiga gataujan. 19. all bagme ni taujandane akran god usmaitada jah in fon atlagjada. 20. þannu bi akranam ize ufkunnaiþ ins. 21. ni ƕazuh saei qiþiþ mis: frauja, frauja! inngaleiþiþ in þiudangardja himine, ak sa taujands wiljan attins meinis þis in himinam. 22. managai qiþand mis in jainamma daga: frauja, frauja! niu þeinamma

18. οὐ δύναται δένδρον ἀγαθὸν καρποὺς πονηροὺς ποιεῖν οὐδὲ δένδρον σαπρὸν καρποὺς καλοὺς ποιεῖν. 19. πᾶν δένδρον μὴ ποιοῦν καρπὸν καλὸν ἐκκόπτεται καὶ εἰς πῦρ βάλλεται. 20. ἄραγε ἀπὸ τῶν καρπῶν αὐτῶν ἐπιγνώσεσθε αὐτούς. 21. οὐ πᾶς ὁ λέγων μοι· κύριε κύριε, εἰσελεύσεται εἰς τὴν βασιλείαν τῶν οὐρανῶν, ἀλλ' ὁ ποιῶν τὸ θέλημα τοῦ πατρός μου τοῦ ἐν οὐρανοῖς. 22. πολλοὶ ἐροῦσί μοι ἐν ἐκείνῃ τῇ ἡμέρᾳ· κύριε κύριε, οὐ

ais. *baðmr*; Verh. zu ahd. *boum* schwierig. — goþs (d) Adj. a „gut", dazu abl. *gadi-liggs* Verwandter, ahd. *gatuling*, u. mhd. *gate* Gatte. — iþ „aber", hier fortführend. — ubils Adj. a ~ ahd. *uppi* bösartig. — 18. ni Negation, nih = *ni* + *h* „und nicht". — magan V. pfpräs. „können", dazu gr. *μῆχος* Hilfsmittel, *μηχανή* Werkzeug. — þiuþeigs Adj. a „gut", zu *þiuþ* n a Gut, ais. *þýðr* freundlich, ae. *geðiede* ahd. *githiuto* gut, l. *tueor, tūtus*. — 19. all Subst. mit Gen.! — us-maitan red. V. „abschneiden" ahd. *meizan, meizil* Meißel; *us-* (*z*) = ais. *ór*, ae. *or-*, ahd. *ur-*. — fon G. *funins* n, unregelm., „Feuer", ais. *funi*; ~ ahd. *funcho*, auch *fiur*. — at-lagjan sw. V. I, „hinlegen", Kaus. zu *ligan* (unten V. 8, 6), ais. *leggia*, ae. *lecgen*, ahd. *leggen*. — 20. þan-nu Adv. „darum" = *þan* also (unten V. 23) + *nu* (V. 24). — 21. ƕazuh saei § 65. — qiþan st. V. V „sprechen", ais. *kveða*, ae. *cweðan*, ahd. *quedan*; ~ l. (*g*)*vetō*? — frauja m n, ais. *Freyr* (Gott), ae. *friega*, as. *frōio* Herr, daneben ohne *j* ae. *fréa* ahd. *frō* f *frouwa*, vgl. nhd. Fron-dienst. — þiudangardi f jō „Königshof", = þ*iudans* (m a) Herrscher + *-gardi* Umzäunung zu *garda* m n Hürde, *gards* m i Haus, ais. *garðr*, ae. *ȝeard* ne. *yard*, ahd. *gart, garto* Hof, Garten, *χόρτος*, l. *hortus*. — himins m a ais. *himinn*, ae. *heofon*, as. *heban*, dneb. nschwed. -dän. *himmel*, as. ahd. *himil* zu ahd. *himiliz*(*z*)*i* Zimmerdecke; ~ gr. *κμέλεϑρον* dass.? — ak Konj. „sondern", fast nur nach neg. Satz, ae. *ac*, ahd. *oh*. — wilja m n „Wille", ahd. *willo*. — atta m n „Vater" (*fadar* m r nur einmal). — 22. jains Pron.-Adj. „jener", ais. *enn* (*inn*) „der" (Artikel), ae. *ȝeon*, ahd. (*j*)*enēr*. — dags

namin praufetidedum, jah þeinamma namin unhulþons uswaurpum, jah þeinamma namin mahtins mikilos gatawidedum? **23.** jah þan andhaita im þatei ni ƕanhun kunþa izwis: afleiþiþ fairra mis, jus waurkjandans unsibjona. **24.** ƕazuh nu saei hauseiþ waurda meina jah taujiþ þo, galeiko ina waira frodamma, saei gatimrida razn sein ana

τῷ σῷ ὀνόματι προεφητεύσαμεν, καὶ τῷ σῷ ὀνόματι δαιμόνια ἐξεβάλομεν, καὶ τῷ σῷ ὀνόματι δυνάμεις πολλὰς ἐποιήσαμεν; **23.** καὶ τότε ὁμολογήσω αὐτοῖς ὅτι οὐδέποτε ἔγνων ὑμᾶς. ἀποχωρεῖτε ἀπ' ἐμοῦ οἱ ἐργαζόμενοι τὴν ἀνομίαν. **24.** πᾶς οὖν ὅστις ἀκούει μου τοὺς λόγους καὶ ποιεῖ αὐτούς, ὁμοιώσω αὐτὸν ἀνδρὶ

m a „Tag", abl. *fidur-dogs*, ais. *dǿgr* ae. *dógor* m n. — niu Fragepart. bejah. Sinnes (l. *nonne*) = *ni* + *u* (Mc. 10, 2). — namo n n „Name", ais. *nafn*, *ὄνομα*, abl. l. *nōmen* mhd. *nuomen*. — praúfetjan sw. V. I „weissagen". — unhulþo f n „Unholdin, Teufel(in)", seltener *unhulþa* m n, ahd. *unholda* f Hexe, *unholdo* m; *-hulþs* zu *huljan* verhüllen? — us-waírpan st. V. III „austreiben". — mahts f i (zu *magan*) „Vermögen, Macht, > Wunderwirkung", ais. *máttr* ae. *meaht*, ahd. *maht*. — mikils Adj. a „groß" ~ ais. *miǫk* sehr, ae. *micel*, ahd. *mihhil*, gr. *μεγάλη* f. zu *μέγας*, l. *mag-nus*. — **23.** þan Konj. „dann", auch rel. „wann", ahd. *dan(a)*. — and-haitan red. V. „erklären", ahd. *heiz(z)an*. — þatei „daß" = Pron. *þat(a)* + rel. *-ei*, als Einführung dir. Rede (= gr. *ὅτι*) nicht zu übersetzen. — ƕanhun „jemals", meist negiert, = *ƕan* (oben V. 14) + *-hun* indef. Part., l. *cun-* in *quicunque*; mit gramm. Wechsel ae. *-ȝen*, as.-ahd. *-gin* in *hwergen* (*-gin*) irgendwo. — kann Pt. *kunþa* V. pfpräs. „kenne" (*kannjan* = *dt.* „kennen" bedeutet got. nur „kund tun"). — faírra Adv. od. Präp. m. D. „fern", ais. *fiarre*, ae. *feorr*, as.-ahd. *fer(ro)*, gr. *πέρᾱ* weiter, l. *porro*. — waúrkjan sw. V. (V) „wirken", mit synkop. Prät., § 106, ais. *yrkia*, ae. *wyrcan*, ahd. *wurchen* u. *wirchen*, ~ *ἔργον*. — unsibjis Adj. ja („sippenwidrig",) „ruchlos", zu *sibja* f ō. — nu zu *νύ*, *νῦν*, l. *nunc*. — **24.** hausjan sw. V. I „hören"; ais. *heyra*, ae. *hieran*, ahd. *hōr(r)en* weisen auf **hauzjan*. — waúrd n a „Wort", l. verbum < **verdhom*. — ga-leikon sw. V. II „vergleichen", zu *galeiks* Adj. a ähnlich, ais. *líka*, ae. *lícian*, ahd. *līhhōn* meist *līhhēn* „gefallen". — waír m a „Mann", ais. *verr*, ae.-ahd. *wer*, noch in *Wergeld*, *-wolf*, l. *vir*; Nom.-*s* fehlt nach § 29, 5. — froþs (d) Adj. a „klug", ais. *fróðr*, ae. *fród*, ahd. *fruot*; abl. g. *fraþi* n ja Verstand u. ahd. *frad* tüchtig. — tim(b)rjan sw. V. I „bauen" (gnom. Prät.

staina. **25.** ja atiddja dalaþ rign jah qemun aƕos jah wai-
woun windos jah bistugqun bi þamma razna jainamma, jah
ni gadraus, unte gasuliþ was ana staina. **26.** jah ƕazuh saei
hauseiþ waurda meina jah ni taujiþ þo, galeikoda mann
dwalamma, saei gatimrida razn sein ana malmin. **27.** jah
atiddja dalaþ rign jah qemun aƕos jah waiwoun windos jah
bistugqun bi jainamma razna, jah gadraus, jah was drus
is mikils. **28.** jah warþ, þan ustauh Jesus þo waurda, bia-

φρονίμῳ, ὅστις ᾠκοδόμησεν τὴν οἰκίαν αὐτοῦ ἐπὶ τὴν πέτραν.
25. καὶ κατέβη ἡ βροχὴ καὶ ἦλθον οἱ ποταμοὶ καὶ ἔπνευσαν
οἱ ἄνεμοι καὶ προσέπεσον τῇ οἰκίᾳ ἐκείνῃ, καὶ οὐκ ἔπεσεν· τεθε-
μελίωτο γὰρ ἐπὶ τὴν πέτραν. **26.** καὶ πᾶς ὁ ἀκούων μου τοὺς
λόγους καὶ μὴ ποιῶν αὐτοὺς ὁμοιωθήσεται ἀνδρὶ μωρῷ, ὅστις
ᾠκοδόμησεν τὴν οἰκίαν αὐτοῦ ἐπὶ τὴν ἄμμον. **27.** καὶ κατέβη ἡ
βροχὴ καὶ ἦλθον οἱ ποταμοὶ καὶ ἔπνευσαν οἱ ἄνεμοι καὶ προσέ-
κοψαν τῇ οἰκίᾳ ἐκείνῃ, καὶ ἔπεσεν, καὶ ἦν ἡ πτῶσις αὐτῆς
μεγάλη. **28.** καὶ ἐγένετο ὅτε συνετέλεσεν ὁ Ἰησοῦς τοὺς λόγους

nach d. Griech.), ais. *timra*, ae. *timbran*, ahd. *zimbren*, ~ *δέμω δόμος*, l. *domus*. — razn n a „Haus“, ais. *rann* ae. *ærn*; vgl. *garazna* Nachbar. — ana Präp. m. D. (u. A.) „auf“ ae. *on*; ahd. *ana*, gr. *ἀνά*. — stains m a „Stein“ (D. statt A. vgl. V. 13). — **25.** atiddja „kam“, defekt. Prät. mit scheinbar sw. Flexion zu *gaggan* (oben V. 13), wahrsch. augment. Aorist zu Wurzel *i̯ā* gehen, **ii̯i̯ōn* < idg. **ei̯ām*, ai. *áyām* ging; ~ *īre* u. *Jānus*. — dalaþ Adv. „abwärts“, vw. *dals* m Tal, *Daliterni* germ. Stamm. — rign n a „Regen“, ahd. *rëgan*, ~ l. *rigō* bewässere? — aƕa f ō „Gewässer, Fluß“, ais. *á*, ae. *éa*, ahd. *aha*, l. *aqua*; dneb. ais. *ey*, ae. *íeg*, ahd. *ouwa* Aue < idg. **ak^{u}i̯ā́*. — waīan red.-abl. V. „wehen“, ae. *wáwan*, ahd. *wāen*, gr. *ἄϝησι*, ai. *vā́ti*. — winds m a l. *ventus*, eig. Partiz. zum Vorigen. — bistigqan st. V. III „anstoßen“, ais. *støkkva* spritzen, springen, ae. *stincan* aufwirbeln. — ga-driusan st. V. II „hinfallen“, ae. *dréosan*, as. *driosan*, dz. ais. *dreyra* bluten, ahd. *trōran* tropfen. — suljan (u, ū?) sw. V. I „begründen“, ~ *sulja* (f ō? m?) Sohle < l. *sŏlea*, oder zu ais. *súl(a)* ae. *sýl* ahd. *sūl* Säule? — **26.** dwals Adj. a „töricht“, mnd. *dwal*, ae. *dwala* Irrtum *dwelan* irren, ahd. *twëlan* betäubt sein, dneb. ae. *dol*, ahd. *tol*; gr. *θολερός* trübe, verwirrt. — malma m n „Sand“ ais. *malmr* Erz, ae. *mealm-stán* Sandstein, nhd. *zermalmen*, dneb. abl. ahd. *mëlm* Staub u. nhd. *Mulm*. — **27.** drus m „Fall“, zu *driusan*, s. o. V. 25. — **28.** waírþan st. V. III

bridedun manageins ana laiseinai is. **29.** was auk laisjands ins swe waldufni habands, jah ni swaswe bokarjos.

τούτους, ἐξεπλήσσοντο οἱ ὄχλοι ἐπὶ τῇ διδαχῇ αὐτοῦ. **29.** ἦν γὰρ διδάσκων αὐτοὺς ὡς ἐξουσίαν ἔχων καὶ οὐχ ὡς οἱ γραμματεῖς.

„werden", l. *verti* sich wenden, dz. mhd. *wirtel* („Spinn-"). — ustiuhan st. V. II „ausführen, vollenden", ais. *tióa* u. Part. *togenn*, ae. *téon*, ahd. *ziohan*, l. *dūco* (< **deucō*). — bi-abrjan sw. V. I „außer sich geraten", zu *abrs* Adj. a stark, heftig. — managei f n „Menge" (hier N. Pl.), ais. *mengi*, ae. *menigu*, as. ahd. *menigī*. — laiseins f i „Lehre", Verbalabstr. zu *laisjan*, § 51. — **29.** laisjan sw. V. I „lehren"; ae. *lǽran*, ahd. *lēren* weisen auf **laizjan*. — swe „wie", ae. *swǽ*, abl. zu *swa* „so", ais. *svá*, und zu as. ahd. *sō* (< **swō?*). — waldufni n ja „Gewalt", zu *waldan*. — haban sw. V. III „haben" ais. *hafa*, ae. *habban*, as. *hebbean* (sw. I), ahd. *habēn*, im gramm. Wechsel zu *hafjan* st. V. VI (§ 95 Anm.) „heben", das l. *capere* „ergreifen" entspricht. Nicht vw. l. *habēre*. — bokareis m ja „Schriftgelehrter", ae. *bócere*, ahd. *buohhāri*, zu *boka* f „Buch, Schrift".

VIII.

1. Dalaþ þan atgaggandin imma af fairgunja, laistidedun afar imma iumjons managos. **2.** jah sai, manna þrutsfill habands durinnands inwait ina qiþands: frauja, jabai wileis,

1. Καταβάντι δὲ αὐτῷ ἀπὸ τοῦ ὄρους, ἠκολούθησαν αὐτῷ ὄχλοι πολλοί. **2.** καὶ ἰδοὺ λεπρὸς προσελθὼν προσεκύνει αὐτῷ

1. atgaggandin imma ... laistidedun imma genaue Nachbildung des gr. Wortlauts. Vgl. dagegen V. 16! — faírguni n ja „Gebirge", ais. *fiǫrgyn* Erde, ae. *firgen-* Berg(wald), ahd. *Fergunna* Erzgebirge, mhd. *Virgunt* Ellwanger Höhe, kelt.-lat. *(H)ercynia silva* < **Perkunia?*, zu ahd. *foraha* Föhre, langob. *fereha*, l. *quercus*. — laistjan sw. V. I „folgen", ae. *lǽstan* ahd. *leisten* zu g. *laists* Spur, eigentl. „der Spur folgen". — afar Präp. m. A. „nach", auch Adv. „nachher", so ahd. *avar*, *abur* abermals. — iumjo f n „Haufe". — **2.** sai Interj. „sieh!" ahd. *sē(nu)*, = *sa* + Part. *i?* oder aus *saiƕ?* — þrūtsfill n a „Aussatz", ae. *þrústfell*, ~ ae. *þrútian* schwellen, ais. *þrútenn* geschwollen + *fill* n Fell. — du-rinnan st. V. III „hinzulaufen". — inweitan st. V. I, „verehrend begrüßen", ae. *wítan* ahd. *wīzan*

magt mik gahrainjan. 3. jah ufrakjands handu attaitok imma qiþands: wiljau, wairþ hrains! jah suns hrain warþ þata þrutsfill is. 4. jah qaþ imma Jesus: saihv ei mann ni qiþais, ak gagg, þuk silban ataugei gudjin jah atbair giba þoei anabauþ Moses du weitwodiþai im. 5. afaruh þan þata innatgaggandin imma in Kafarnaum, duatiddja imma

λέγων· κύριε, ἐὰν θέλῃς, δύνασαί με καθαρίσαι. 3. καὶ ἐκτείνας τὴν χεῖρα ἥψατο αὐτοῦ ὁ Ἰησοῦς λέγων· θέλω, καθαρίσθητι. καὶ εὐθέως ἐκαθαρίσθη αὐτοῦ ἡ λέπρα. 4. καὶ λέγει αὐτῷ ὁ Ἰησοῦς· ὅρα μηδενὶ εἴπῃς, ἀλλὰ ὕπαγε σεαυτὸν δεῖξον τῷ ἱερεῖ, καὶ προσένεγκε τὸ δῶρον ὃ προσέταξεν Μωσῆς εἰς μαρτύριον αὐτοῖς. 5. εἰσελθόντι δὲ αὐτῷ εἰς Καπερναούμ, προσῆλθεν αὐτῷ

(anblicken,) verweisen, strafen. — wiljan § 110, Präs. hat opt. Formen von präteritalem Typus, dz. sw. Sekundärprät., ahd. *wellan*, l. *velle*, 1. Sg. *volo*. — jabai Kj. „wenn" ae. *ȝief*, *ȝif*, ne. *if*, = *ja* + Part. *bai*, lit. *bà* jawohl. — ga-hrainjan sw. V. I zu Adj. *hrains* (s. u.) ahd. *(h)reinen*. — 3. uf-rakjan sw. V. I „aufrecken" ais. *rekia*, ae. *reccan*, ahd. *recken*; *uf-* vgl. unten V. 8. — handus f u „Hand", vw. *hinþan* erlangen. — tekan red.-abl. V. „anrühren" (m D. des Obj., der got. wie auch nord. eine große Rolle spielt); abl. ais. *taka* (> ne. *take*), mnl. *taken*. — hrains Adj. i „rein", ae. *hreini*, zu gr. *κρίνειν* l. *cernere* sichten, scheiden. — suns Adv. „alsbald", ae. *sóna* ne. *soon*, ahd. *sān(o)*. — 4. ei hier finale Kj. „daß", eig. Lok. vom Pron. *is*, *ita*. — manna ni „niemand" D. vgl. ahd. *nio-man* (*nio* ist aber got. *ni aiw*). — silba „selbst" sw. Pron.-Adj. ais. *sialfr* ae. *sylf*, ahd. *sëlb*, *sëlbo*. — at-augjan sw. V. I „zeigen", ais. *t-eygia*, ae. *iewan*, as. *tōgean*, ahd. *oucken*, zu *augo* n n. — gudja m n ais. *gođe* weltl. Tempelvorsteher, zu *guþ* „Gott". — at.-baíran st. V. IV „bringen", gr. *φέρω*, l. *ferō*, dz. *barn* Kind, *berusjos* Eltern, *baúr* Geborenes, *gabaúrþs* Geburt. — giba f ō „Gabe", ais. *gjǫf*, ae. *ȝiefu*, ahd. *gëba*, zu *giban*. — ana-biudan st. V. II „befehlen" ais. *bióđa*, ae. *béodan*, ahd. *biotan*, gr. *πεύθομαι* erfahre. — du Präp. m. D. „zu", mit ae. *tó*, ahd. *zuo* usw. nicht recht zu vereinigen. — weitwodiþa f ō „Zeugnis", zu *weitwoþs* (*d*) m kons. „Zeuge", dies Pzp. Perf. zu *weitan* (oben V. 2), vgl. gr. *εἰδώς* kundig. — 5. hundafaþs (d) m i „Hundertschaftsführer, *centurio*" = *hund* n a 100, St. *hunda-* (ais. ae. as. *hund*, ahd. *hunt*, gr. *ε-κατόν*, l. *centum*, < idg. *(d)*kṃtóm*, Fortbildung zu *dekm̥ 10 mit Suffix *to-*), + *faþs* zu l. *potis* vermögend gr. *πόσις* Eheherr. — bidjan st. V. V mit j-Präs. „bitten', vw. gr. *πείθω*

hundafaþs bidjands ina **6.** jah qiþands: frauja, þiumagus meins ligiþ in garda usliþa, harduba balwiþs. **7.** jah qaþ du imma Jesus: ik qimands gahailja ina. **8.** jah andhafjands sa hundafaþs qaþ: frauja, ni im wairþs ei uf hrot mein inngaggais, ak þatainei qiþ waurda jah gahailniþ sa þiumagus meins. **9.** jah auk ik manna im habands uf waldufnja meinamma gadrauhtins jah qiþa du þamma: gagg, jah gaggiþ; jah anþaramma: qim, jah qimiþ; jah du skalka meinamma: tawei þata, jah taujiþ. **10.** gahausjands þan Jesus sildalei-

ἑκατόνταρχος παραλαλῶν αὐτὸν **6.** καὶ λέγων· κύριε, ὁ παῖς μου βέβληται ἐν τῇ οἰκίᾳ παραλυτικός, δεινῶς βασανιζόμενος. **7.** καὶ λέγει αὐτῷ ὁ Ἰησοῦς· ἐγὼ ἐλθὼν θεραπεύσω αὐτόν. **8.** καὶ ἀποκριθεὶς ὁ ἑκατόνταρχος ἔφη· κύριε, οὐκ εἰμὶ ἱκανὸς ἵνα μου ὑπὸ τὴν στέγην εἰσέλθῃς· ἀλλὰ μόνον εἰπὲ λόγῳ, καὶ ἰαθήσεται ὁ παῖς μου. **9.** καὶ γὰρ ἐγὼ ἄνθρωπός εἰμι ὑπὸ ἐξουσίαν ἔχων ὑπ' ἐμαυτοῦ στρατιώτας, καὶ λέγω τούτῳ· πορεύθητι, καὶ πορεύεται, καὶ ἄλλῳ· ἔρχου, καὶ ἔρχεται, καὶ τῷ δούλῳ μου· ποίησον τοῦτο, καὶ ποιεῖ. **10.** ἀκούσας δὲ ὁ Ἰησοῦς

„überrede". — **6.** þiumagus m u „Knecht" = *þius* m wa Knecht, ais. *-þér*, ae. *þéo(w)*, ahd. *deo* (dz. *deomuoti* Demut), vgl. g. *þiwi* Magd (unten 26, 69) + *magus* Sohn, Knabe, ais. *mǫgr*, ae. *magu*, ahd. *maga-[zogo]*. — ligan st. V. V, die übr. germ. Sprachen zeigen j-Präs.: ais. *liggia*, ae. *licgan*, ahd. *licken*, *liggen*, zu *λέχος*, l. *lectus* Lager. — usliþa Adj. a „gichtbrüchig", zu *liþus* m a Glied, ahd. *lid*, = „aus den Gliedern". — hardus Adj. u ahd. *hart* u. *herti*, *κρατύς* stark. — balwjan sw. V. I „quälen" ais. *bǫlva* fluchen, zu **balwa-*, ais. *bǫl*, ae. *bealu*, ahd. *balo* Übel. — **7.** gahailjan sw. V. I zu *hails* Adj. i, ais. *heila*, ae. *hǽlan*, ahd. *heilen*; hier Futur, das got. durch das Präs., gern mit präfigiertem *ga-* gegeben wird. — **8.** and-hafjan („anheben") st. V. VI mit j-Präs., ais. *hefia*, ae. *hebban*, ahd. *heffen heven*. — waírþs Adj. a „wert", ais. *verđr*, ae. *weorđ*, ahd. *werd*. — uf (b) Präp. m. A. (u. D.) = „unter" (nicht dt. „*auf*"!) gr. *ὑπό*, l. *s-ub*. — hrot n a „Dach", ais. *hrót*. — þat-ainei Adv. „das allein". — ga-hailnan sw. V. IV „heil werden" intr.-ingressiv, hier für gr. Pass.; zu *hails*, wie *hailjan* (V. 7). — **9.** gadraúhts m a „Soldat" zu *draúhts* f i Gefolge (ais. *drótt*, ae. *dryht*, mhd. *truht*, ~ nhd. *Truchsess*, nd. *Drost*), vw. *driugan* Kriegsdienst tun. — anþar Pn.-Adj. § 62d „der andere", ais. *annarr*, ae. *óđer*, as. *āđar ōđar*, ahd. *andar*, ai. *ántara*. — skalks m a „Knecht", ae. *scéalc*, ahd. *skalk*. — **10.** sildaleikjan sw. V. I „staunen", zu *silda-leik* n Staunen,

kida jah qaþ du þaim afarlaistjandam: amen, qiþa izwis, ni in Israela swalauda galaubein bigat. 11. aþþan qiþa izwis þatei managai fram urrunsa jah saggqa qimand, jah anakumbjand miþ Abrahama jah Isaka jah Jakoba in þiudangardjai himine: 12. iþ þai sunjus þiudangardjos uswairpanda in riqis þata hindumisto; jainar wairþiþ grets jah krusts tunþiwe. 13. jah qaþ Jesus þamma hundafada: gagg, jah swaswe galaubides wairþai þus. jah gahailnoda sa

ἐθαύμασεν καὶ εἶπεν τοῖς ἀκολουθοῦσιν· ἀμὴν λέγω ὑμῖν, οὐδὲ ἐν τῷ Ἰσραὴλ τοσαύτην πίστιν εὗρον. 11. λέγω δὲ ὑμῖν ὅτι πολλοὶ ἀπὸ ἀνατολῶν καὶ δυσμῶν ἥξουσι καὶ ἀνακλιθήσονται μετὰ Ἀβραὰμ καὶ Ἰσαὰκ καὶ Ἰακὼβ ἐν τῇ βασιλείᾳ τῶν οὐρανῶν· 12. οἱ δὲ υἱοὶ τῆς βασιλείας ἐκβληθήσονται εἰς τὸ σκότος τὸ ἐξώτερον. ἐκεῖ ἔσται ὁ κλαυθμὸς καὶ ὁ βρυγμὸς τῶν ὀδόντων. 13. καὶ εἶπεν ὁ Ἰησοῦς τῷ ἑκατοντάρχῃ· ὕπαγε, καὶ ὡς ἐπίστευ-

~ ais. *siald-sénn*, *sialdan*, ae. *seldan*, ahd. *sëlt-sāni*, *sëltan*. — swa-lauþs (d) „so groß" § 64c, *laudi-* f jō Gestalt, vgl. *jugga-lauþs* Jüngling, mhd. *lōt* „beschaffen". — ga-laubeins f i „Glaube", zu *ga-laubjan* (unten V. 13). — 11. aþ-þan Konj. „aber", = *aþ-* (l. at, gr. *ἀτάρ*) + *þan*. — fram Präp. m. D. „von . . . her" (örtl., ursächl.), u. Adv. „weiter", ais. *fram*, *frá*, ae. *from*, ahd. *fram*, zu gr. *πρόμος* der Vorderste. — urruns m a „Aufgang (der Sonne)", zu *rinnan*. — saggq (s?) m, n a? (nur vorstehende Form belegt) „Untergang", zu *sigqan* sinken. — ana-kumbjan sw. V. I „sich legen" < l. [*ac-*]*cumbere* + got. *ana-*. — 12. sunus m u „Sohn" ais. *sunr sonr*, ae. ahd. *sunu*, ai. *sūnús* zu *sūtē* zeugt, gebiert. — riqis, G. -izis n a, urspr. s-St. „Finsternis", ais. *røkkr*, gr. *ἔρεβος*. — hindumists „der hinterste", Adj. Superl. zu ae. *hindema*, *-ma* bildet eigentlich schon Komp., § 78. — jainar Orts-Adv. „dort" (§ 84). — grets m, f? „Weinen", ais. *grátr* m a, mhd. *graz*, *grāz* Wut, zu gretan (unten 26, 75). — krusts m, f? „Knirschen" zu *kriustan* knirschen. — tunþus m u „Zahn", l. *dens* / *-tis* [Part. zu *edere*, *(*e*)*dn̥t-* > *dent-*?]; lat. *-en-* vertritt wie got. *-un-* das nullstufige *-n̥-*; abl. (vollstufig) ais. *tǫnn* f, ae. *tōð*, as. *tand*, ahd. zan(t), gr. *ὀδούς* / *ὀδόντος*. — 13. swa-swe Konj. „so wie". — ga-laubjan sw. V. I „glauben", ais. *leyfa* erlauben, ae. *liefan* dass., ne. *believe*, ahd. *gi-*, *ir-louben*. — ƕeila f ō „Weile", ais. *hvíla* Ruhebett (wohl ä. Bedeutung, vgl. l. *quiēs* Ruhe), ae. *hwīl*, ahd. *hwīl*(*a*) Zeitraum, Stunde. —

þiumagus is in jainai hveilai. **14.** jah qimands Jesus in garda Paitraus, (jah) gasahv swaihron is ligandein in heitom. **15.** jah attaitok handau izos jah aflailot ija so heito; jah urrais jah andbahtida imma. **16.** at andanahtja þan waurþanamma, atberun du imma daimonarjans managans, jah uswarp þans ahmans waurda jah allans þans ubil habandans gahailida, **17.** ei usfullnodedi þata gamelido þairh Esaïan praufetu qiþandan: sa unmahtins unsaros usnam jah sauh-

σας γενηθήτω σοι. καὶ ἰάθη ὁ παῖς αὐτοῦ ἐν τῇ ὥρᾳ ἐκείνῃ. **14.** καὶ ἐλθὼν ὁ Ἰησοῦς εἰς τὴν οἰκίαν Πέτρου εἶδεν τὴν πενθερὰν αὐτοῦ βεβλημένην καὶ πυρέσσουσαν. **15.** καὶ ἥψατο τῆς χειρὸς αὐτῆς, καὶ ἀφῆκεν αὐτὴν ὁ πυρετός· καὶ ἠγέρθη καὶ διηκόνει αὐτῷ. **16.** ὀψίας δὲ γενομένης προσήνεγκαν αὐτῷ δαιμονιζομένους πολλούς· καὶ ἐξέβαλεν τὰ πνεύματα λόγῳ καὶ πάντας τοὺς κακῶς ἔχοντας ἐθεράπευσεν. **17.** ὅπως πληρωθῇ τὸ ῥηθὲν διὰ Ἠσαΐου τοῦ προφήτου λέγοντος· αὐτὸς τὰς ἀσθενείας ἡμῶν

14. in garda: D., der die Ruhe bezeichnet; wir erwarten A. der der Richtung, vgl. zu 7, 13 in fralustai. — swaíhro f n „Schwieger", ais. *svǽra*, m. gramm. Wechsel (dies ä. Stufe) ae. *sweȝer*, ahd. *swigar*; gr. ἑκυρά, l. *socrus* < **svekrus*. — heito f n „Fieber", ahd. *heiz*, *hizza*. — **15.** af-letan red.-abl. V., „entlassen", ais. *láta*, ae. *lǽtan*, ahd. *lāzan*. — urreisan st. V. I, ais. *rísa*, ae. *rīsan*, ahd. *rīsan* „aufstehen" u. „fallen", vgl. mhd. *rīsel* Regen *rīselen* rieseln; dz. ahd. *reisa* Aufbruch, Reise u. *-raisjan* (u. V. 25). andbahtjan sw. V. I „dienen", ahd. *ambahten*, zu *andbahts* m a Diener < kelt. *ambactos* Sendbote, *andbahti* n ja Amt; *and-* ist hier Umdeutung des kelt. Präfixes *amb-*. — **16.** anda-nahti n ja „Abend" („was der Nacht entgegenführt"); *nahts* f wurzelflekt., ais. *nótt*, ae. *neaht niht*, ahd. *naht*, gr. νυκτ(-ός), l. *noct(-is)*, zur Bildung der ja-Ableitung vgl. gr. μεσο-νύκτιον, l. *aequi-noctium*. — *at* ... *waurþanamma* germanische Konstr. insofern als an Stelle des gr. absol. Gen. c. Partic. der Dat. c. Partic. steht; hier wie oft mit *at*; diese Konstr. auch im Nord. häufig, wo das *at* in volkstümlichem Gebrauch obligatorisch ist (Heusler, Aisl. Elementarb. § 436). Dagegen oben V. 8, 1 ohne *at* und genau nach dem griech. Wortlaut. — daimonareis m ja „Besessener", zu gr. δαίμων. — ahma m n „Geist", zu *aha* m n Verstand u. ae. *eaht*, ahd. *ahta* Überlegung. — **17.** us-fullnan sw. V. IV „erfüllt werden", ais. *fullna*, zu *fulls* u. *fulljan*, Lc 9, 31. — meljan sw. V. I „schreiben", ais. *mǽla* malen, ae. *mǽlan* beflecken, ahd. *mālōn*, *-ēn*, zu *mel* n Mal, Zeichen (ais. ahd. *māl*, ae. *mǽl*). —

tins usbar. **18.** gasaiƕands þan Jesus managans hiuhmans bi sik, haihait galeiþan siponjans hindar marein. **19.** jah duatgaggands ains bokareis qaþ du imma: laisari, laistja þuk þisƕaduh þadei gaggis. **20.** jah qaþ du imma Jesus: fauhons grobos aigun, jah fuglos himinis sitlans, iþ sunus mans ni habaiþ ƕar haubiþ sein anahnaiwjai. **21.** anþaruh þan siponje is qaþ du imma: frauja, uslaubei mis frumist

ἀνέλαβεν καὶ τὰς νόσους ἐβάστασεν. **18.** ἰδὼν δὲ ὁ Ἰησοῦς πολλοὺς ὄχλους περὶ αὐτὸν ἐκέλευσεν ἀπελθεῖν εἰς τὸ πέραν. **19.** καὶ προσελθὼν εἷς γραμματεὺς εἶπεν αὐτῷ· διδάσκαλε, ἀκολουθήσω σοι ὅπου ἐὰν ἀπέρχῃ. **20.** καὶ λέγει αὐτῷ ὁ Ἰησοῦς· αἱ ἀλώπεκες φωλεοὺς ἔχουσι καὶ τὰ πετεινὰ τοῦ οὐρανοῦ κατασκηνώσεις, ὁ δὲ υἱὸς τοῦ ἀνθρώπου οὐκ ἔχει ποῦ τὴν κεφαλὴν κλίνῃ. **21.** ἕτερος δὲ τῶν μαθητῶν αὐτοῦ εἶπεν αὐτῷ· κύριε, ἐπίτρεψόν

unmahts f i „Krankheit“, ahd. *unmaht* (vgl. *mahts*, oben 7, 22). — us-niman st. V. IV „wegnehmen“, gr. *νέμειν* zuteilen. — saúhts f i „Sucht“, ais. *sótt*, ahd. *suht*, Verbalabstr. zu *siukan* ahd. *siohhan*. — **18.** hiuhma m n „Haufe“, vw. *hūhjan* sammeln u. *hauhs* hoch. — siponeis m ja „Jünger“, zur kelt. Wz. *sep-* folgen? — hindar Präp. m A., D. „hinter, über“ (nur g. und dt. Präp., as. *bihindan* ae. *behindan* nur Adv.). — marei f n „Meer“, ais. *marr* m, ae. *mere* m, ahd. *meri* n; l. *mare* wegen *ă* für idg. *ŏ* (air. *muir*) germ. Entlehnung; abl. ae. *mór*, ahd. *muor* Moor. — **19.** ains Pn.-Adj. (Zahlwort) „einer“, nur st. (§ 79), gr. *οἰνή* Eins (auf dem Würfel), l. *ūnus* < **oinos*. — laisareis m ja zu *laisjan*, ahd. *lērāri*. — þis-ƕad-uh þad-ei „wohin auch immer“ *þis* G. zu *þata* + *ƕaþ* (*d*) wohin (§ 84) + generalis. *-uh* u. **þaþ* (*d*) dorthin + rel. *-ei*. — **20.** fauho f n „Fuchs“, ais. *fóa* Fuchs, ahd. *fōha* Füchsin. — groba f ō „Grube“, ais. *gróf*, ahd. *gruoba*, zu *graban*. — aigan V. pf.-präs. „haben“, ais. *eiga*, ae. *ágan*, ahd. *eigan*, § 108, 13. — fugls m a „Vogel“ ais. *fugl*, ae. *fugol*, ahd. *fogal*. — sitls m a „Sitz“, ae. *seotul*, ahd. *sezzal* idg. **sed-tlo-*, vgl. gr. *ἑλλά*, l. *sella* < **sedlā*. — ƕar ahd. *hwara*, neben ae. *hwǽr*, ahd. *hwār* „wo“, l. *cūr* < **quōr* „warum“. — haubiþ (d) n a „Haupt“, ais. *haufoð*, ae. *héafod*, ahd. *houbit*, dneb. ais. *hǫfoð* zu l. *caput* u. kret. *κυφή* stimmend, vgl. ae. *heafola*. — anahnaiwjan sw. V. I „niederlegen“ („erniedern“) ais. *hneigia* ae. *hnǽgan*, ahd. *hneigen*, zu *hneiwan* st. V. I (Lc. 9, 12). — **21.** frumist Adv. zu *frumists* „erster“, doppelt gesteigert, *fru-ma* war schon Komp., idg. eigentlich Superl., vgl. l. *pri-mus*. — ga-filhan st. V. III

galeiþan jah gafilhan attan meinana. **22.** iþ Jesus qaþ du imma: laistei afar mis jah let þans dauþans filhan seinans dauþans. **23.** jah innatgaggandin imma in skip, afariddjedun imma siponjos is. **24.** jah sai, wegs mikils warþ in marein, swaswe þata skip gahuliþ wairþan fram wegim; iþ is saislep. **25.** jah duatgaggandans siponjos is urraisidedun ina qiþandans: frauja, nasei unsis, fraqistnam. **26.** jah qaþ du im Jesus: ƕa faurhteiþ, leitil galaubjandans! þanuh urreisands

μοι πρῶτον ἀπελθεῖν καὶ θάψαι τὸν πατέρα μου. **22.** ὁ δὲ Ἰησοῦς εἶπεν αὐτῷ· ἀκολούθει μοι, καὶ ἄφες τοὺς νεκροὺς θάψαι τοὺς ἑαυτῶν νεκρούς. **23.** καὶ ἐμβάντι αὐτῷ εἰς τὸ πλοῖον, ἠκολούθησαν αὐτῷ οἱ μαθηταὶ αὐτοῦ. **24.** καὶ ἰδοὺ σεισμὸς μέγας ἐγένετο ἐν τῇ θαλάσσῃ, ὥστε τὸ πλοῖον καλύπτεσθαι ὑπὸ τῶν κυμάθων· αὐτὸς δὲ ἐκάθευδεν. **25.** καὶ προσελθόντες οἱ μαθηταὶ ἤγειραν αὐτὸν λέγοντες· κύριε, σῶσον ἡμᾶς, ἀπολλύμεθα. **26.** καὶ λέγει αὐτοῖς· τί δειλοί ἐστε, ὀλιγόπιστοι; τότε ἐγερθεὶς

„begraben", ais. *fela* verbergen, ae. *be-féolan*, ahd. *bi-fël(a)han* anvertrauen („befehlen"). — **22.** dauþs Adj. a „tot" ais. *dauðr*, ae. *déad*, ahd. *tōt*, zu ais. *deyia*, as. *dōian*, ahd. *touwen* sterben. — **23.** skip n a, wohl = „Ausgehöhltes" zu l. *scăbō* schabe, gr. *σκάφος* Höhlung, Schiff. — **24.** wegs m i „Wellenschlag" ais. *vágr* Meer, ae. *wǽg*, ahd. *wāg* Woge, zu *gawigan* bewegen, ahd. *wëgan*, l. *vehō* fahre; vgl. *wigs*, M. 7, 13. — huljan sw. V. I „hüllen" abl. *halja* f ō Hölle, *hilms* m a Helm, ae. ahd. *hëlan* hehlen, dehnstufig l. *cēlare.* — der A. c. I. nach *swaswe* ist ungotisch, vgl. Streitb. § 317, 2b. — *fram* Präp. m. D. „von her"... (Ursprung, Ursache). — slepan red. V., „schlafen", ahd. *slāf(f)an*, krimgot. *schlīpen*, vgl. *slep(s)* Lc. 9, 32. — **25.** urraisjan sw. V. I „erwecken", Kausativ zu *reisan* (oben V. 15), dagegen ae. *rǽran*, ahd. *rēren* „fallen machen" (die Ambivalenz der Richtung auch bei *reisan*, u. sonst noch). — nasjan sw. V. I „retten", Kaus. zu *ga-nisan*, ae. as. *nerian*, ahd. *nerien.* — fra-qistnan sw. V. IV „zugrunde gehen", neben Kaus. *fra-qistjan* zugrunde richten = ahd. *firquisten*, ahd. *quist* f Verderben. — **26.** faúrhtjan sw. V. I „fürchten" zu *faúrhts* Adj. a furchtsam, ae. *fyrhtan fryhtan*, ahd. *fur(i)hten.* — leitils Adj. a „klein", hier adv. Neutr. „wenig", ais. *lítell*, mnl. *lītel*, wohl zu got. *lita* f Verstellung, ahd. *liz* Vorwand, urspr. also „falsch, unaufrichtig". Schon idg. gab es anscheinend eine Dublette mit *ū*, *eu* als Wurzelvokal, davon ae. *lýtel* ahd. *luzzil* u. *liuzil*, aber auch g. *liuts* „heuchlerisch", ais. *ljótr* schlimm.

gasok windam jah marein, jah warþ wis mikil. **27.** iþ þai mans sildaleikidedun qiþandans: ƕileiks ist sa, ei jah windos jah marei ufhausjand imma? **28.** jah qimandin imma hindar marein in gauja Gairgaisaine, gamotidedun imma twai daimonarjos us hlaiwasnom rinnandans, sleidjai filu, swaswe ni mahta manna usleiþan þairh þana wig jainana. **29.** jah sai, hropidedun qiþandans; ƕa uns jah þus, Jesu, sunau

ἐπετίμησεν τοῖς ἀνέμοις καὶ τῇ θαλάσσῃ, καὶ ἐγένετο γαλήνη μεγάλη. **27.** οἱ δὲ ἄνθρωποι ἐθαύμασαν λέγοντες· ποταπός ἐστιν οὗτος, ὅτι καὶ οἱ ἄνεμοι καὶ ἡ θάλασσα ὑπακούουσιν αὐτῷ; **28.** καὶ ἐλθόντι αὐτῷ εἰς τὸ πέραν εἰς τὴν χώραν τῶν Γεργεσηνῶν, ὑπήντησαν αὐτῷ δύο δαιμονιζόμενοι ἐκ τῶν μνημείων ἐξερχόμενοι, χαλεποὶ λίαν, ὥστε μὴ ἰσχύειν τινὰ παρελθεῖν διὰ τῆς ὁδοῦ ἐκείνης. **29.** καὶ ἰδοὺ ἔκραξαν λέγοντες· τί ἡμῖν

— þan-uh Adv., Konj. „da, dann". — gasakan st. V. VI „schelten", ahd. *sahhan*, zu ais. *sǫk*, ae. *sacu* ahd. *sahha* Rechtssache, wofür g. nur *sakjō* f n (= ae. *sæcc*, ahd. *secchia* f ō); unsicher, ob *sokjan* zugehörig. — wis n a „Stille". — **27.** ƕi-leiks adj. Interrog. a, = *ƕi-* (gr. *τίς*, l. *qui-s*) + *-leiks* zu *leik* n a Leib, Gestalt, also: „welcher Gestalt?" — **28.** gawi G. *gaujos* n ja „Gau", as. *-ʒé*, ae. *-gā*, *-gō*, ahd. *gewi gouwi*; dz got. *Gōar* (N. pr. eines Alanenfürsten), *gauja* „Gaubewohner" u. *Widigōia* = mhd. *Witegouwe*, *Witege*. Neben *gauja* muß auch *marein* D. sein: Ruhestatt Richtungskonstr.! — ga-motjan sw. V. I „begegnen", ais. *møta*, ae. *métan*, ahd. *muoten*. — twai m [twa n twos f] „zwei", abweichend von den Dualformen des Idg. (gr. *δύω* u. *δώ-[δεκα]*, l. *duō*) pluralisiert, *twai*, *twos* deutlich pron., vgl. *þai* m *þos* f „die, diese", *twa* wohl adj. nach *blinda* n. Völlig pron. ais. *tveir* m. *tvau*, n, *tvær* f, vgl. *þeir þau þær* „die"; schwierig ae. *twǽʒen* m, *tú* n, *twá* f, ahd. *zwēne* m, *zwei* n, *zwā* (*zwō*) f. — us (= uz) Präp. „aus", Präf. „ur-, er-", ais. *ór*, *ýr*, und *ør*, ae. *or*, ahd. *ur*, *ar*, *ir*. — hlaiwasnos f ō Pl., „Gräber", zu *hlaiw* n a Grab, ae. *hlǽw*, ahd. *hlēo*, l. *clīvus* Hügel, mit Suff. *snō* gebildet, vgl. *filusna* Neh. 5, 18. — sleideis? sleiþs (d)? Adj. ja, i? „schlimm" ais. *slīðr*, ae. *slīðe*, ahd. *slīdīg* böse, vw. abl. ohne *s*-Anlaut ais. *leiðr*, ae. *láð*, ahd. *leid*? u. l. *līs* / *lītis* Streit? — filu Adj. u adv. Neutr. „viel", ais. *fiǫl*, ae. *feolu*, ahd. *filu*. ~ gr. *πολύ*, l. *plūs*. — **29.** hropjan sw. V, 1 „rufen", ais. *hrøpa*, ae. *hrépan*, ahd. (*h*)*ruofen*, dneb. ae. *hrópan*, ahd. (*h*)*ruofan* red. V.; zu *hrops* m Ruf. — guþ (d) der Form nach Neutr. a, Pl. *guda*,

gudis? qamt her faur mel balwjan unsis? 30. wasuh þan fairra im hairda sweine managaize haldana. 31. iþ þo skohsla bedun ina qiþandans: jabai uswairpis uns, uslaubei uns galeiþan in þo hairda sweine. 32. jah qaþ du im: gaggiþ! iþ eis usgaggandans galiþun in hairda sweine; jah sai, run gawaurhtedun sis[1]) alla so hairda and driuson in marein jah gadauþnodedun in watnam. 33. iþ þai haldandans gaþlauhun jah galeiþandans gataihun in baurg all bi þans

καὶ σοί, Ἰησοῦ, υἱὲ τοῦ θεοῦ; ἦλθες ὧδε πρὸ καιροῦ βασανίσαι ἡμᾶς; 30. ἦν δὲ μακρὰν ἀπ' αὐτῶν ἀγέλη χοίρων πολλῶν βοσκομένη. 31. οἱ δὲ δαίμονες παρεκάλουν αὐτὸν λέγοντες· εἰ ἐκβάλλεις ἡμᾶς, ἐπίτρεψον ἡμῖν ἀπελθεῖν εἰς τὴν ἀγέλην τῶν χοίρων. 32. καὶ εἶπεν αὐτοῖς· ὑπάγετε, οἱ δὲ ἐξελθόντες ἀπῆλθον εἰς τὴν ἀγέλην τῶν χοίρων· καὶ ἰδοὺ ὥρμησεν πᾶσα ἡ ἀγέλη τῶν χοίρων κατὰ τοῦ κρημνοῦ εἰς τὴν θάλασσαν, καὶ ἀπέθανον ἐν τοῖς ὕδασιν. 33. οἱ δὲ βόσκοντες ἔφυγον, καὶ ἀπελθόντες εἰς τὴν

ais. *goð*, *guð* n, ae. *god*, ahd. *got*. — her Adv. „hier" (eigentl. Ruhe, nicht Richtung!), dz. *hidre* „hierher". — faúr (Adv.) Präp. m. A. „vor" (räuml., zeitl.), vgl. *faúra* (oben 7, 15). — mel n a „Zeit, Stunde", ais. as. ahd. *māl*, ae. *mǣl*, nhd. *Mahl* u. *-mal*; dneb. *mel* (Schrift-)Zeichen, oben V. 17 zu *meljan*. — 30. haírda f ō „Herde", ais. *hiǫrð*, ae. *heord*, ahd. *herta*, das auch „Wechsel" bedeutet, Grundbedeutung „Reihe(nfolge)"?, gr. *κόρϑυς* Haufen. — swein n a „Schwein" l. *suīnus*, v. idg. **sū-* Sau mit Suffix *-īno-* abgeleitet. — haldan red. V., usp, „hüten"; die Part. Prät. von durat. Verba haben präsentischen Sinn, Streitb. § 324, Anm. 1. — 31. skohsl n a zu ais. *skaka*, ae. *sceacan* schütteln, = Fieberdämon? — 32. runs m i „Lauf", ae. *ryne* (i) ahd. *run*, zu *rinnan*. — and Präp. m. Akk. „auf ... hin". — driuso f n „Abhang" zu *driusan* fallen, ae. *dréos* Fall. — gadauþnan sw. V. IV „umkommen", zu *dauþs* (oben V. 22). — wato n n, Pl. vgl. § 53, ais. *vatn* n a, ae. *wæter*, ahd. *wazzar*, gr. *ὕδ-ωρ*. — 33. þliuhan st. V. II „fliehen", dem g. *þl* entspricht in den übr. germ. Sprachen *fl*: ais. *flýia*, ae. *fléon*, ahd. *fliohan*. — ga-teihan st. V. I „verkündigen" ais. *tiá* zeigen, ae. *téon*, ahd. *zīhan* „zeihen", der Bedeutung nach stimmt das abl. u. mit gramm. Wechsel gebildete Parallelverb ahd. *zeigōn* (sw. II) zu g. *teihan*. — baurgs f wurzelflekt. (§ 56) „Flecken, Stadt"

[1]) *impetum fecit* Vetus Latina fk.

daimonarjans. **34.** jah sai, alla so baurgs usiddja wiþra Jesu, jah gasaiƕandans ina bedun ei usliþi hindar markos ize.

πόλιν ἀπήγγειλαν πάντα καὶ τὰ τῶν δαιμονιζομένων. **34.** καὶ ἰδού, πᾶσα ἡ πόλις ἐξῆλθεν εἰς συνάντησιν τῷ Ἰησοῦ, καὶ ἰδόντες αὐτὸν παρεκάλεσαν ὅπως μεταβῇ ἀπὸ τῶν ὁρίων αὐτῶν.

zu *bairgan* st. V. III bergen? oder zu gr. *φύρκος* Mauer? — *bi* m. Akk. „um, über". — **34.** wiþra Präp. „gegen", ais. *við(r)*, ae. *wið(er)* ne. *with*, ahd. *widar*, eigentl. Komp. m. Suff. *-tero*: ai. *vitarám* weiter. — marka f ō „Mark, Grenze", ais. *mork* (Grenz-)Wald, ae. *mearc*, ahd. *marha*, l. *margo*.

XXVI

(Die Reste von Cap. XXVI in Ambr. C und ab V. 70 „*ƕa qiþis*" auch in Arg.; die wenigen Abweichungen des letzteren sind angemerkt.)

1. Jah warþ, biþe ustauh Jesus alla þo waurda, qaþ siponjam seinaim: **2.** wituþ þatei afar twans dagans paska wairþiþ, jas-sa sunus mans atgibada du ushramjan. **3.** þanuh ... **65.** ... þaurbum weitwode? sai, nu gahausideduþ þo wajamerein is. **66.** ƕa izwis þugkeiþ? iþ eis andhafjan-

1. Καὶ ἐγένετο ὅτε ἐτέλεσεν ὁ Ἰησοῦς πάντας τοὺς λόγους τούτους, εἶπεν τοῖς μαθηταῖς αὐτοῦ· **2.** οἴδατε ὅτι μετὰ δύο ἡμέρας τὸ πάσχα γίνεται, καὶ ὁ υἱὸς τοῦ ἀνθρώπου παραδίδοται εἰς τὸ σταυρωθῆναι. **3.** τότε ... **65.** ... χρείαν ἔχομεν μαρτύρων; ἴδε νῦν ἠκούσατε τὴν βλασφημίαν αὐτοῦ. **66.** τί ὑμῖν δοκεῖ; οἱ

1. biþe Konj., = *bi* bei + *þe*, Instr. zu Pron. *þata*, „bei dem [daß]", „als". — **2.** witan V. pfpräs. „wissen", ahd. *wizzan*, gr. *(Ϝ)οῖδα*; vw. *witan* sw. V. III „sehen auf", ahd. *giwizzēn*, l. *vidēre*. — us-hramjan sw. V. I „kreuzigen"; der Inf. hier passivisch! vgl. Streitb. § 312. — **65.** þaurban 1. Sg. *þarf* V. pfpräs. mit gramm. Wechsel (dies nur got.!) „bedürfen", ais. *þurfa*, ae. *þurfan*, ahd. *durfan*; dz. *þarba*, II. Kor. 8, 14. — weitwoþs (d) m, eig. Part. Perf. Akt. zu *weitan* st. I „beobachten" (oben 8, 2) „Zeuge", ∼ gr. *εἰδώς* erfahren. — wajamereins f i „Lästerung" = *wai* wehe (ahd. *wē*, l. *vae*) + Verbalabstr. zu *merjan* (unten Lc. 9, 2). — **66.** þugkjan sw. V. (V) m. synkop. Prät., Impersonale „dünken"; ais. *þykkia*, ae. *þyncan*, ahd. *dunken*; ∼ *þagkjan* (Mc. 11, 31). — skula m n „Schuldner" u. Adj.

dans qeþun: skula dauþaus ist. **67.** þanuh spiwun ana andawleizn is jah kaupastedun ina; sumaiþ-þan lofam slohun **68.** qiþandans: praufetei unsis, Xristu, ƕas ist sa slahands þuk? **69.** iþ Paitrus uta sat ana rohsnai, jah duatiddja imma aina þiwi qiþandei: jah þu wast miþ Jesua þamma Galeilaiau. **70.** iþ is laugnida faura þaim allaim qiþands: ni wait ƕa qiþis. **71.** usgaggandan þan ina in daur, gasaƕ ina anþara jah qaþ du þaim jainar: jas-sa[1]) was miþ Jesua þamma Nazoraiau. **72.** jah aftra laugnida[2]) miþ aiþa swa-

δὲ ἀποκριθέντες εἶπον· ἔνοχος θανάτου ἐστίν. **67.** τότε ἐνέπτυσαν εἰς τὸ πρόσωπον αὐτοῦ καὶ ἐκολάφισαν αὐτόν, οἱ δὲ ἐρράπισαν **68.** λέγοντες· προφήτευσον ἡμῖν, Χριστέ, τίς ἐστιν ὁ παίσας σε; **69.** ὁ δὲ Πέτρος ἔξω ἐκάθητο ἐν τῇ αὐλῇ· καὶ προσῆλθεν αὐτῷ μία παιδίσκη λέγουσα· καὶ σὺ ἦσθα μετὰ Ἰησοῦ τοῦ Γαλιλαίου. **70.** ὁ δὲ ἠρνήσατο ἔμπροσθεν αὐτῶν πάντων λέγων· οὐκ οἶδα τί λέγεις. **71.** ἐξελθόντα δὲ αὐτὸν εἰς τὸν πυλῶνα, εἶδεν αὐτὸν ἄλλη καὶ λέγει τοῖς ἐκεῖ· καὶ οὗτος ἦν μετὰ Ἰησοῦ τοῦ Ναζωραίου. **72.** καὶ πάλιν ἠρνήσατο μεθ' ὅρκου ὅτι

„schuldig", ae. *ge-scola*, as. ahd. *scolo*, zu *skulan* (Lc. 9, 22). — **67.** speiwan st. V. I „speien", ais. *spýja*, ae. ahd. *spīwan*. — anda-wleizn n a „Antlitz", wohl zu ae. *wlītan* sehen, dneb. g. *wlits* m. „Aussehen", wozu ais. *andlit* n, ae. *andwlita* m. ahd. *antlizzi*, *-luzzi*, *-lutti* n „Antlitz". — kaupatjan sw. V. (V) mit synkop. Prät. (§ 99) „ohrfeigen"; *-atjan* ist = ae. *-ettan* (*cohhettan* „husten", ne. *cough*), ahd. *-azzen*, mhd. *-(e)zen* (*heilazzen* „grüßen", *siuftezen* „seufzen" zu *siuften* dass.). — sumaiþ-þan < *sumaih-þan* „einige". — *lofa m, n? n, Genus unsicher, da nur D. Sg. u. Pl. belegt „Hand", ais *lófi*, ~ ahd. *laffa* Ruderblatt. — slahan st. V. VI „schlagen", ais. *slá*, ae. *sléan*, ahd. *slahan* mit gramm. Wechsel, der got. fehlt. — **69.** ūta Adv. „draußen", nach § 84, ais. ae. *úte*, as. *ūta*, ahd. *ūze*. — rohsns f i „Hof". — þiwi f jō „Magd", ais. *þý*, ae. *þéow(u)*, ahd. *diu(wa)*. — **70.** laugnjan sw. V. I „leugnen" ais. *leyna*, ae. *líeȝnan*, ahd. *lougenen*, zu *liugn* Lüge (Joh. 8, 44). — **71.** usgaggandan ... ina („hinausgehen"), Akk. abs. nach der Vorlage. — jainar Adv. (§ 84) „dort", zu *jains* (oben 7, 22). — **72.** afaikan (Variante) red. V. ahd. *in-eihhan*, *-ōn* „zusprechen". — aiþs m a ais. *eiðr*, ae. *áð*, ahd. *eid*. — swaran st. V. VI, in den übr. Sprachen j-Präs. „schwören", ais. *sveria*, ae. *swerian*, ahd. *swerien*; dneb. ais.

Varianten in Arg.: [1]) jah sa. [2]) afaiaik *(leugnete)*.

rands þatei ni kann þana mannan. 73. afar leitil þan atgaggandans þai standandans qeþun Paitrau: bi sunjai, jah þu þize is; jah auk razda þeina bandweiþ þuk. 74. þanuh dugann afdomjan jah swaran þatei ni kann þana mannan. jah suns hana hrukida. 75. jah gamunda Paitrus waurdis Jesuis qiþanis du sis; þatei faur hanins hruk þrim sinþam inwidis[1]) mik. jah usgaggands ut gaigrot baitraba.

οὐκ οἶδα τὸν ἄνθωπον. 73. μετὰ μικρὸν δὲ προσελθόντες οἱ ἑστῶτες εἶπον τῷ Πέτρῳ· ἀληθῶς καὶ σὺ ἐξ αὐτῶν εἶ, καὶ γὰρ ἡ λαλιά σου δῆλόν σε ποιεῖ. 74. τότε ἤρξατο καταθεματίζειν καὶ ὀμνύειν ὅτι οὐκ οἶδα τὸν ἄνθρωπον καὶ εὐθέως ἀλέκτωρ ἐφώνησεν. 75. καὶ ἐμνήσθη ὁ Πέτρος τοῦ ῥήματος Ἰησοῦ εἰρηκότος αὐτῷ, ὅτι πρὶν ἀλέκτορα φωνῆσαι τρὶς ἀπαρνήσῃ με· καὶ ἐξελθὼν ἔξω ἔκλαυσεν πικρῶς.

svara sw. II antworten, *andswar*, ae. *andswaru* Antwort. — 73. standan st. V. VI mit Nasalinfix im Präs., Prät. *stoþ*, ahd. *stantan*, dneb. *stān stēn* dän. *staa*, schwed. *stå*; l. *stāre*, gr. *ἵστημι* stelle. — sunja f jō „Wahrheit", ais. *syn* „Leugnung" u. „Rechtfertigung", ahd. *sunn(e)a* „Behinderung, Not". — razda f ō „Sprache", ais. *rǫdd*, ahd. *rarta*, abl. ae. *reord*. — bandwjan sw. V. I, ais. *benda* „Zeichen geben", zu *bandwa*, *-wo* f ō, n Zeichen, langob.-mlat. *bandum* Feldzeichen. — 74. du-ginnan st. V. III „beginnen", ae. ahd. *-ginnan*. — af-domjan sw. V. I „verurteilen", hier „sich verfluchen", vgl. ais. *dǿma*, ae. *déman*, ahd. *tuomen*, zu *doms* m a Ruhm. — hana m n „Hahn" ais. *hani*, ae. *hana*, ahd. *hano* zu l. *canō*, eig. „Sänger". — hrukjan sw. V. I „krähen", zu *hruk(s)*, V. 75. — 75. ga-munan V. pf-präs. „gedenken", ais. *muna*, ae. as. *munan*, gr. *μέμονα* u. *μένος* Sinn, l. *meminī*. — hruk(s)? m, n? „das Krähen", abl. dz. ais. *hraukr* Seerabe, gr. *κϱαυγός* Specht, *κϱαυγή* Geschrei. — sinþs m a „Gang, mal" ais. *sinn* mal, ae. *sið* ahd. *sind* Weg, *sindōn* reisen, dz. g. *sandjan* senden (Mc. 11, 1); bei Iterativadv.: § 82. — in-widan st. V. V „verleugnen" (vgl. *ga-widan* verbinden), ahd. *wëtan* binden. — ūt Adv. „aus", ahd. *ūz*. — gretan red.-abl. V. „weinen", ais. *gráta*, ae. *grǽtan*, mhd. *grāzen*, dz. *grets* (oben 8, 12). — baitrs Adj. a „bitter", ais. *bitr*, ae. *biter*, ahd. *bittar* dneb. ais *beiskr* < **beitskr*, zu g. *beitan* ahd. *bīzan*.

[1]) *Variante in Arg.: afaikis.*

Markus X—XI

X

1. Jah jainþro usstandands qam in markom Judaias hindar Jaurdanau; jah gaqemun sik aftra manageins du imma, jah swe biuhts [was], aftra laisida ins. **2.** jah duatgaggandans Fareisaieis frehun ina, skuldu sijai mann qen afsatjan, fraisandans ina. **3.** iþ is andhafjands qaþ: ƕa izwis anabauþ Moses? **4.** iþ eis qeþun: Moses uslaubida unsis bokos afsateinais meljan jah afletan. **5.** jah andhaf-

1. Κἀκεῖθεν ἀναστὰς ἔρχεται εἰς τὰ ὅρια τῆς Ἰουδαίας πέραν τοῦ Ἰορδάνου, καὶ συμπορεύονται πάλιν ὄχλοι πρὸς αὐτόν, καὶ ὡς εἰώθει πάλιν ἐδίδασκεν αὐτούς. **2.** καὶ προσελθόντες Φαρισαῖοι ἐπηρώτησαν αὐτὸν εἰ ἔξεστιν ἀνδρὶ γυναῖκα ἀπολῦσαι, πειράζοντες αὐτόν. **3.** ὁ δὲ ἀποκριθεὶς εἶπεν αὐτοῖς· τί ὑμῖν ἐνετείλατο Μωσῆς; **4.** οἱ δὲ εἶπον· Μωσῆς ἐπέτρεψεν βιβλίον ἀποστασίου γράψαι καὶ ἀπολῦσαι. **5.** καί ἀποκριθεὶς ὁ

1. jainþro Adv. „von dort“, § 84. — usstandan „aufbrechen“. — gaqemun sik „kamen (sich) zusammen“, das Präfix *ga-* hier noch in seinem ursprünglichen, räumlichen Sinne „zusammen“, l. *co-ire*, *con-venire*. — aftra Adv. „wieder“, ais. *aptr*, ae. *æfter*, ahd. *aftar*. — bi-ūhts Adj. „gewohnt“; ~ asl. *učiti* lehren. — **2.** fraíhnan, st. V. V „fragen“, mit Nasalaffix im Präs., das ae. as. (ahd.?) durchs ganze Paradigma geht: Pt. *frah* usw. (§ 95, V), ais. *fregna* / *frá*, aber ae. *frignan* / *frægn*, as. *fregnan* / *fragn*, ahd. *frëgnan* / *gafrëgin* Wessobr. (? gern als Entlehnung aus dem Ae. gefaßt; dneb. ahd. meist *frāgēn* (*frāhēn*), auch *frāgōn*, wozu *frāha* *frāga* Frage, *fërgōn* fordern, *forscōn* forschen (< **forhscōn*), l. *precor* u. *posco* (< **porcsco*). — skulds Part. Prät. zu *skulan*, hier unpers. n, ae., ahd. Subst. *skyld*, *skuld* f i Schuldigkeit; vgl. l. *scelus*. — -u enklit. Fragepart., hier „ob“. — qens f i „(Ehe-)Frau“, ais. *kvǽn*, ae. *cwǽn*, dneb. *qino* (unten V. 12). — afsatjan sw. V. I „entlassen“, kaus. zu *sitan* (unten V. 37). — as. *settian*, adh. *sezzen*. — mann ... afsatjan: echter AcI., im Got. wie im Nord. häufig. — fraisan red. V. „versuchen“, ae. *frásian* ahd. *freisōn*, dz. *freisa* Gefahr. — **4.** bokafō „Buchstabe“, Pl. „Buch, Brief“, ais. *bók* ae. *bóc* ahd. *buoh*, diese wurzelflekt. Fem.; eig. = Buchenspan für Runenschrift, zu ahd. *buohha*, l. *fāgus*, gr. *φηγός*. — afsateins f i „Scheidung“, zu *afsatjan*. — **5.** harduhaírtei f n „Hartherzigkeit“, zu *hardus* hart u. *hairto*

jands Jesus qaþ du im: wiþra harduhairtein izwara gamelida izwis þo anabusn. 6. iþ af anastodeinai gaskaftais gumein jah qinein gatawida guþ. 7. inuh þis bileiþai manna attin seinamma jah aiþein seinai, 8. jah sijaina þo twa du leika samin, swaswe þanaseiþs ni sind twa, ak leik ain. 9. þatei nu guþ gawaþ, manna þamma ni skaidai. 10. jah in garda aftra siponjos is bi þata samo frehun ina. 11. jah qaþ du im: saƕazuh saei afletiþ qen seina jah liugaiþ anþara, horinoþ du þizai. 12. jah jabai qino afletiþ aban seinana

·Ιησοῦς εἶπεν αὐτοῖς· πρὸς τὴν σκληροκαρδίαν ὑμῶν ἔγραψεν ὑμῖν τὴν ἐντολὴν ταύτην. 6. ἀπὸ δὲ ἀρχῆς κτίσεως ἄρσεν καὶ θῆλυ ἐποίησεν αὐτοὺς ὁ θεός. 7. ἕνεκεν τούτου καταλείψει ἄνθρωπος τὸν πατέρα αὐτοῦ καὶ τὴν μητέρα, 8. καὶ ἔσονται οἱ δύο εἰς σάρκα μίαν, ὥστε οὐκέτι εἰσὶν δύο ἀλλὰ σάρξ μία. 9. ὃ οὖν ὁ θεὸς συνέζευξεν, ἄνθρωπος μὴ χωριζέτω. 10. καὶ ἐν τῇ οἰκίᾳ πάλιν οἱ μαθηταὶ αὐτοῦ περὶ τοῦ αὐτοῦ ἐπηρώτησαν αὐτόν. 11. καὶ λέγει αὐτοῖς· ὃς ἐὰν ἀπολύσῃ τὴν γυναῖκα αὐτοῦ καὶ γαμήσῃ ἄλλην, μοιχᾶται ἐπ' αὐτήν· 12. καὶ ἐὰν γυνὴ ἀπολύσῃ

Herz (Lc. 9, 47). — anabusns f i „Gebot" zu *-biudan* (Mt. 8, 4), Suff. idg. *-sni-*, ais. *býsn* ae. *býsen* Muster, Befehl. — 6. anastodeins f i „Anfang", zu *(du-)stodjan* anfangen (Kor. 8, 6). — gaskafts f i 1. „Erschaffung" (2. „Geschöpf", ahd. *giscaft*), zu *skapjan* st. V. VI mit j-Präs. schaffen (vgl. zum Epigramm, unten S. 158). — gumeins Adj. (Subst.) a „männlich, Männchen", zu *guma* m n Mann, ahd. *gomo* nhd. *Bräuti-gam*, l. *(g)homo*. — qineins Adj. (Subst.) a „weiblich, Weibchen", zu *qino* (unten V. 12). — 7. bileiþai („verlassen"): dem gr. Fut. entspricht got. prospektiver Opt. (< idg. Konj.), vgl. zu Matth. 7, 16. Ebenso 8. *sijaina*. — aiþei f n „Mutter", ais. *eiđa* ahd. *eidī*, ~ ahd. *eidam*? — 8. leik n a „Leib", ahd. *līh* u. *līhhamo*, woraus später *līh-namo*, nhd. *Leichnam*; vgl. *ga-leiks* „gleich" Joh. 8, 55, *ƕi-leiks* Mt. 8, 27. — sama pron. Adj. „selbe", nur sw., ahd. *samo*, gr. *ὁμός*, l. *similis*. — þanaseiþs = *þana* „von dannen" ahd. *dana* + *seiþs* Adv. „später" ahd. *sīd*, nhd. *seit*; umgekehrt ae. *si(o)đ-đan* (ne. *since*). — 9. skaidan red. V. „scheiden", gr. *σχίζω* l. *scindō* spalte, ahd. *scīt* Scheit; „Opt. der dauernden Vorschrift", Streitb. § 307, Anm. 1. — 11. liugan sw. V. III „heiraten", zu *liuga* f ō Ehe, ~ ahd. *ur-liugi* Krieg. — horinon sw. V. II „huren", zu *hors* Hurer, ~ l. *cārus* lieb. — 12. qino f n „Weib", ais. *kona*, ae. *cwene*, ahd. *quëna*, *kona* zu gr. *γυνή*, asl.

jah liugada anþaramma, horinoþ. 13. þanuh atberun du imma barna, ei attaitoki im; iþ þai siponjos is sokun þaim bairandam du. 14. gasaihvands þan Jesus unwerida jah qaþ du im: letiþ þo barna gaggan du mis jah ni warjiþ þo, unte þize [swaleikaize] ist þiudangardi gudis. 15. amen, qiþa izwis: saei ni andnimiþ þiudangardja gudis swe barn, ni þauh qimiþ in izai. 16. jah gaþlaihands im, lagjands handuns ana þo þiuþida im. 17. jah usgaggandin imma in wig, duatrinnands ains jah knussjands baþ ina qiþands: laisari þiuþeiga, hva taujau ei libanais aiweinons arbja wairþau?

τὸν ἄνδρα αὐτῆς καὶ γαμηθῇ ἄλλῳ, μοιχᾶται. 13. καὶ προσέφερον αὐτῷ παιδία ἵνα ἅψηται αὐτῶν· οἱ δὲ μαθηταὶ ἐπετίμων τοῖς προσφέρουσιν. 14. ἰδὼν δὲ ὁ Ἰησοῦς ἠγανάκτησεν καὶ εἶπεν αὐτοῖς· ἄφετε τὰ παιδία ἔρχεσθαι πρός με, μὴ κωλύετε αὐτά· τῶν γὰρ τοιούτων ἐστὶν ἡ βασιλεία τοῦ θεοῦ. 15. ἀμὴν λέγω ὑμῖν, ὃς ἐὰν μὴ δέξηται τὴν βασιλείαν τοῦ θεοῦ ὡς παιδίον, οὐ μὴ εἰσέλθῃ εἰς αὐτήν. 16. καὶ ἐναγκαλισάμενος αὐτά, τιθεὶς τὰς χεῖρας ἐπ' αὐτὰ εὐλόγει αὐτά. 17. καὶ ἐκπορευομένου αὐτοῦ εἰς ὁδόν, προσδραμὼν εἷς καὶ γονυπετήσας αὐτὸν ἐπηρώτα αὐτόν· διδάσκαλε ἀγαθέ, τί ποιήσω ἵνα ζωὴν αἰώνιον κληρονο-

žena; vgl. *qēns* oben V. 2. — aba m n „Mann", ais. *afi*, langob. *Abo* (N. pr.). — 13. barn n a „Kind", krimgot. *baar*, zu *bairan*. — du hier Adv. „herzu", vgl. Mt. 8, 7. — 14. unwerjan sw. V. I „zürnen", ahd. *bi-wāren* beweisen, zu *werei* f n Redlichkeit, ais. *værr* verträglich, ahd. *giwāri* zuverlässig, l. *vērus* wahr. — warjan sw. V. I „wehren", ahd. *werien*, *werren*, gr. *ἔρυμαι* schütze, l. *op-erīre* bedecken. — swa-leiks Pn.-Adj. a „solche Gestalt habend", vgl. *leik* oben V. 8. — 15. þaū(h) = *þaū* „als, doch" + *-uh*, = ais. *þó*, ae. *þéah* ne. *though*, ahd. *doh*, *ni þau(h)* = ais. *þey-gi* jedoch nicht; oft den Nachsatz eines Bedingungssatzes einleitend. — 16. ga-þláihan red. V. „freundlich zureden", as. ahd. *flēhan*, *-ōn*, nl. *vleien* flehen, schmeicheln. — þiuþjan sw. V. I „segnen", zu *þiuþ* n „das Gute", ais. *þýđa* wohlgesinnt machen, ae. *þiedan*; vgl. *þiuþeigs* Mt. 7, 18. — 17. knussjan sw. V. I, ellipt. für *kniwam knussjan* die Knie niederdrücken, ahd. *knussen* pressen. — *taujau*: statt gr. Fut. got. „deliberativer" Opt. (< idg. Konj.), Brugmann, Kurze vgl. Gramm. § 756. — aiweins Adj. a „ewig", ae. *ǽwen*, ahd. *ēwīn*, zu *aiws* (unten V. 30). — arbja m n „Erbe", ae. *ierfa*, ahd. *erbio*, zu *arbi* Erbe;

18. iþ is qaþ du imma: ƕa mik qiþis þiuþeigana? ni ƕashun
þiuþeigs, alja ains guþ. **19.** þos anabusnins kant: ni horinos;
ni maurþrjais; ni hlifais; ni sijais galiugaweitwods; ni
anamahtjais; swerai attan þeinana jah aiþein þeina. **20.**
þaruh andhafjands qaþ du imma: laisari, þo alla gafastaida
us jundai meinai. **21.** iþ Jesus insaiƕands du imma frijoda
ina jah qaþ du imma: ainis þus wan ist; gagg, swa filu swe
habais frabugei jah gif þarbam, jah habais huzd in himinam;
jah hiri laistjan mik nimands galgan. **22.** iþ is gahnipnands

μήσω; **18.** ὁ δὲ Ἰησοῦς εἶπεν αὐτῷ· τί με λέγεις ἀγαθόν; οὐδεὶς
ἀγαθὸς εἰ μὴ εἷς ὁ θεός. **19.** τὰς ἐντολὰς οἶδας· μὴ μοιχεύσῃς,
μὴ φονεύσῃς, μὴ κλεψῃς, μὴ ψευδομαρτυρήσῃς, μὴ ἀποστερήσῃς,
τίμα τόν πατέρα σου καὶ τὴν μητέρα σου. **20.** ὁ δὲ ἀποκριθεὶς
εἶπεν αὐτῷ· διδάσκαλε, ταῦτα πάντα ἐφυλαξάμην ἐκ νεότητός
μου. **21.** ὁ δὲ Ἰησοῦς ἐμβλέψας αὐτῷ ἠγάπησεν αὐτὸν καὶ εἶπεν
αὐτῷ· ἕν σοι ὑστερεῖ· ὕπαγε, ὅσα ἔχεις πώλησον καὶ δὸς πτω-
χοῖς, καὶ ἕξεις θησαυρὸν ἐν οὐρανῷ, καὶ δεῦρο ἀκολούθει μοι
ἄρας τὸν σταυρόν. **22.** ὁ δὲ στυγνάσας ἐπὶ τῷ λόγῳ ἀπῆλθεν

gr. *ὀρφός* l. *orbus* verwaist. — **18.** alja „ausser“ ais. *ella*, zu *aljis* Adj.
ja anderer, ahd. *eli-* fremd, l. *alius*. — **19.** maúrþrjan sw. V. I
„morden“, ae. *myrđran*, ahd. *murdiren*, zu *maúrþr* Mord, ae.
morđ(or), ahd. *mord*. — hlifan st. V. V „stehlen“, gr. *κλέπτω*,
l. *clepo*. — galiuga-weitwoþs(d) m kons. „falscher Zeuge“
= *galiug* n a Lüge + *w*. (Mt. 26, 65). — ana-mahtjan sw.
V. I „Gewalt tun“ s. *mahts* (Mt. 7, 22). — sweran sw. V. III
„ehren“, zu *swers* geehrt ahd. *swāri* schwer. — **20.** fastan sw.
V. III „festhalten“, zu ahd. *fasti* fest, *fastēn*, *-ōn* fasten. — junda
f ō „Jugend“, mit l. *iuventa* auf idg. *iuu̯n̥tā́* weisend; unerklärt
dneb. das innere *g* in ae. *ʒeogođ* ahd. *jugund* (Angleichung an ae.
dugué ahd. *tugund*?). — **21.** frijon sw. V. II „lieben“, hier in-
gressiv, ais. *friá*; ae. *fríoʒan* = frei machen mhd. *vrīen* dass.,
nhd. *freien* werben. — wan n a „Mangel“, zu *wans* Adj. fehlend,
ais. *vanr*, ae. ahd. *wan*. — fra-bugjan sw. V. (V) „verkaufen“,
mit synkop. Prät. (§ 106), ae. *bycgan*. — giban st. V. V „geben“,
ais. *gefa*, ae. *ʒiefan*, ahd. *gëban*. — þarbs Adj. a 1. „bedürftig“
(2. „nötig“), ais. *þarfr* nützlich, zu *ga-þarban sik* sich enthalten
ahd. *darbēn*. — huzd n a „Hort“, ais. *hodd*, ahd. *hort*; ~ l. *custos*?
— hiri Interjektion („komm her“), als verb. Imp. gefaßt, dz.
Du. *hirjats*, Pl. *hirjiþ*; *i* vor *r* erhalten wegen scharfen Anruf-
tons? — galga m n „Kreuz“, ahd. *galgo* Galgen. — **22.** ga-

in þis waurdis galaiþ gaurs; was auk habands faihu manag. 23. jah bisaiƕands Jesus qaþ siponjam seinaim: sai, ƕaiwa agluba þai faiho gahabandans in þiudangardja gudis galeiþand. 24. iþ þai siponjos afslauþnodedun in waurde is. þaruh Jesus aftra andhafjands qaþ im: barnilona, ƕaiwa aglu ist þaim hugjandam afar faihau in þiudangardja gudis galeiþan. 25. azitizo ist ulbandau þairh þairko neþlos galeiþan, þau gabigamma in þiudangardja gudis galeiþan. 26. iþ eis mais usgeisnodedun qiþandans du sis misso: jah ƕas

λυπούμενος· ἦν γὰρ ἔχων κτήματα πολλά. 23. καὶ περιβλεψάμενος ὁ Ἰησοῦς λέγει τοῖς μαθηταῖς αὐτοῦ· πῶς δυσκόλως οἱ τὰ χρήματα ἔχοντες εἰς τὴν βασιλείαν τοῦ θεοῦ εἰσελεύσονται. 24. οἱ δὲ μαθηταὶ ἐθαμβοῦντο ἐπὶ τοῖς λόγοις αὐτοῦ· ὁ δὲ Ἰησοῦς πάλιν ἀποκριθεὶς λέγει αὐτοῖς· τέκνα, πῶς δύσκολόν ἐστιν τοὺς πεποιθότας ἐπὶ χρήμασιν εἰς τὴν βασιλείαν τοῦ θεοῦ εἰσελθεῖν. 25. εὐκοπώτερόν ἐστιν κάμηλον διὰ τῆς τρυμαλιᾶς τῆς ῥαφίδος εἰσελθεῖν ἢ πλούσιον εἰς τὴν βασιλείαν τοῦ θεοῦ εἰσελθεῖν. 26. οἱ δὲ περισσῶς ἐξεπλήσσοντο λέγοντες πρὸς

hnipnan sw. V. IV „sich betrüben", ais. *hnipna* den Kopf hängen lassen. — gaūrs Adj. a „betrübt", ahd. *gōrag* elend. — faíhu n u „(Vieh,) Habe, Geld" ais. *fé*, ae. *féo(h)*, ahd. *fihu*, l. *pecu*, *-us* u. *pecūnia*. — 23. ƕaiwa Frageadv. „wie", ahd. *hweo*, *hwio*. — aglus Adj. u. „schwierig", vgl. *agls* schimpflich, ae. *egle* lästig. — 24. af-slauþnan sw. V. IV „sich entsetzen", dneb. Kaus. *afslauþjan*. — barnilo n n „Kindlein", Dimin. zu *barn* (ob. V. 13). — *þaim hugjandam* Dat. „der Beteiligung" (statt gr. Akk.) Streib. § 253, 2. — hugjan sw. V. I „meinen", ahd. *huggen*, zu *hugs* Sinn, ahd. *hugi*. — 25. azets Adj. a „leicht"; *i* für *e*: § 16. — ulbandus f u „Kamel", ae. *olfend(a)*, ahd. *olbanta* < l. *elephantus* (das in eigentl. Bedeutung ahd. *(h)ëlfant* heißt). — þaírko f n „Nadelöhr", dz. nl. *durk* Schöpfloch (im Kahn). — neþla f ō „Nadel", ais. *nál*, ae. *nǽdl*, ahd. *nād(a)la*, *nālda* zu *nāen* nähen, l. *nēre* spinnen, gr. *νῆν*. — þaū (vgl. ob. V. 15) hier „als" im komparativen Vergleichssatz. — gabeigs, -igs Adj. a „reich", ais. *gǫfugr* ansehnlich, ~ *giban*. — 26. mais ahd. *mē(r)*, adv. Komp. zu *maiza* größer. — us-geisnan sw. V. IV „erstaunen", neben Kaus. *us-gaisjan* erschrecken. — misso Adv. „einander". — ga-nisan st. V. V „genesen", ae. ahd. *-nësan*, gr. *νέομαι* kehre zurück, *νόστος* Heimkehr. — unmahteigs Adj. a „unmöglich", zu *mahts* Macht, *magan* (Mt. 7, 22 u. 18).

mag ganisan? **27.** insaiƕands du im Jesus qaþ: (akei) fram mannam unmahteig ist, [akei] ni fram guda; allata auk mahteig ist fram guda. **28.** dugann þan Paitrus qiþan du imma: sai, weis aflailotum alla jah laistidedum þuk. **29.** andhafjands im Jesus qaþ: amen, qiþa izwis: ni ƕashun ist saei aflailoti gard aiþþau broþruns [aiþþau swistruns] aiþþau aiþein aiþþau attan aiþþau qen aiþþau barna aiþþau haimoþlja in meina jah in þizos aiwaggeljons, **30.** saei ni andnimai ·r· falþ nu in þamma mela gardins jah broþruns jah swistruns jah attan jah aiþein jah barna jah haimoþlja miþ wrakom jah in aiwa þamma anawairþin libain aiweinon. **31.** aþþan managai wairþand frumans aftumans, jah

ἑαυτούς· καὶ τίς δύναται σωθῆναι; **27.** ἐμβλέψας αὐτοῖς ὁ Ἰησοῦς λέγει· παρὰ ἀνθρώποις ἀδύνατον, ἀλλ' οὐ παρὰ θεῷ· πάντα γὰρ δυνατά ἐστιν παρὰ τῷ θεῷ. **28.** ἤρξατο δὲ ὁ Πέτρος λέγειν αὐτῷ· ἰδοὺ ἡμεῖς ἀφήκαμεν πάντα καὶ ἠκολουθήσαμέν σοι. **29.** ἀποκριθεὶς ὁ Ἰησοῦς εἶπεν· ἀμὴν λέγω ὑμῖν, οὐδείς ἐστιν ὃς ἀφῆκεν οἰκίαν ἢ ἀδελφοὺς ἢ ἀδελφὰς ἢ μητέρα ἢ πατέρα ἢ γυναῖκα ἢ τέκνα ἢ ἀγροὺς ἕνεκεν ἐμοῦ καὶ ἕνεκεν τοῦ εὐαγγελίου, **30.** ἐὰν μὴ λάβῃ ἑκατονταπλασίονα νῦν ἐν τῷ καιρῷ τούτῳ οἰκίας καὶ ἀδελφοὺς καὶ ἀδελφὰς καὶ πατέρα καὶ μητέρα καὶ τέκνα καὶ ἀγροὺς μετὰ διωγμῶν καὶ ἐν τῷ αἰῶνι τῷ ἐρχομένῳ ζωὴν αἰώνιον. **31.** πολλοὶ δὲ ἔσονται πρῶτοι ἔσχατοι καὶ ἔσχατοι

27. *insaiƕan* „hinsehen". — akei Konj. = *ak* aber (Mt. 7, 21) + *ei*. — **29.** ƕashun indefin. Pron. „irgendeiner", § 65. — broþar m r „Bruder", l. *frāter*, gr. *φράτωρ*. — swistar f r „Schwester", ais. *systir*, ae. *sweostor* (ne. *sister* aus nord. *systir*), ahd. *swëster*, l. *soror* < **svesōr*. — haimoþli n ja „Grundbesitz", ahd. *heimōdil* (dneb. *heimōti* Heimat). — aíwaggeljo f n < gr. *εὐαγγέλιον*. — **30.** ·r· = taíhuntehund „100", Erweiterung von einfachem *hund* (ob. Mt. 8 5), vgl. § 79; *taíhuntehund-falþs* multiplik. Zahladj. a 100fältig, § 82; *falþs* zu *falþan* falten, gr. *δίπαλτος* doppelt, vw. *-fla-* in *tweifls* Zweifel, vgl. gr. *δι-πλός*, l. *du-plus*. — wraka f ō „Verfolgung", ae. *wracu*, zu *wrikan* st. V. V verfolgen ahd. *rëhhan*. — aiws m a/i „Zeit, Weltalter, Ewigkeit", ais. *ǽvi* Leben, ahd. *ēwa*, *-ī* Ewigkeit, gr. *αἰών*, l. *aevum*; Akk. *aiw* = ais. *ǽ*, *ey*, ae. *á*, *ó*, ahd. *eo* „je, immer". — ana-waírþs Adj. a „künftig" zu *waírþan*, ahd. *anawërt* (*-wart*) hingewendet. — **31.** fruma, aftuma „erste, letzte", idg. Superl., germ. als Komp. gefaßt

aftumans frumans. **32.** wesunuþ-þan ana wiga gaggandans du Jairusaulymai jah [was] faurbigaggands ins Jesus, jah sildaleikidedun jah afarlaistjandans faurhtai waurþun. jah andnimands aftra þans twalif dugann im qiþan þoei habaidedun ina gadaban. **33.** þatei sai, usgaggam in Jairusaulyma jah sunus mans atgibada þaim ufargudjam jah bokarjam, jah gawargjand ina dauþau [jah atgiband ina þiudom]. **34.** jah bilaikand ina jah bliggwand ina jah speiwand ana ina jah usqimand imma, jah þridjin daga ustandiþ. **35.** jah athabaidedun sik du imma Jakobus jah Johannes, sunjus

πρῶτοι. **32.** ἦσαν δὲ ἐν τῇ ὁδῷ ἀναβαίνοντες εἰς Ἱεροσόλυμα καὶ ἦν προάγων αὐτοὺς ὁ Ἰησοῦς, καὶ ἐθαμβοῦντο καὶ ἀκολουθοῦντες ἐφοβοῦντο. καὶ παραλαβὼν πάλιν τοὺς δώδεκα ἤρξατο αὐτοῖς λέγειν τὰ μέλλοντα αὐτῷ συμβαίνειν, **33.** ὅτι ἰδοὺ ἀναβαίνομεν εἰς Ἱεροσόλυμα, καὶ ὁ υἱὸς τοῦ ἀνθρώπου παραδοτήσεται τοῖς ἀρχιερεῦσιν καὶ τοῖς γραμματεῦσιν, καὶ κατακρινοῦσιν αὐτὸν θανάτῳ καὶ παραδώσουσιν αὐτὸν τοῖς ἔθνεσιν. **34.** καὶ ἐμπαίξουσιν αὐτῷ καὶ μαστιγώσουσιν αὐτὸν καὶ ἐμπτύσουσιν αὐτῷ καὶ ἀποκτενοῦσιν αὐτόν, καὶ τῇ τρίτῃ ἡμέρᾳ ἀναστήσεται. **35.** καὶ προσπορεύονται αὐτῷ Ἰάκωβος καὶ Ἰωάννης υἱοὶ

mit erneuter Superl.-Steigerung *frumists*, § 78. — **32.** faúrhts Adj. a „furchtsam“, ae. *forht*, ahd. *foraht*, vgl. *faúrhtjan*, Mt. 8, 26. — twalif „12“ ais. *tolf*, ae. *twelf*, ahd. *zwëlif*, *-lif* = Rest, vgl. *af-lifnan* übrigbleiben (Lc. 9, 16); Bedeutung: „2 (über 10) übriglassend“, ebenso gebildet *ainlif* „11“; vgl. lit. *vienúo-lika* 11, *dvý-lika* 12. — ga-daban st. V. VI „sich ereignen, passen“, dz. das Adj. *gadofs* „geziemend“, ~ ae. *ʒe-dafenian* passen, geziemen, nl. *deftig* tüchtig. — *habaidedun* . . . *gadaban* drückt über das Griech. hinaus die Zukunft in der Vergangenheit aus! (Nhd. etwa: „zustoßen sollte“). — **33.** ufargudja m n „Hoherpriester“, = *ufar* (Lc. 9, 1) + *gudja* (Mt. 8, 4). — ga-wargjan sw. V. I „verdammen“, ae. *wiergan*, ahd. *for-wergen* zu *war(a)g* Verbrecher, ais. *vargr* Wolf, Geächteter. — dauþus m u „Tod“, ais. *dauđr*, ae. *déađ*, ahd. *tōd* ~ *dauþs* „tot“, Mt. 8, 22. — þiudafō „Volk“, Pl. „Heiden“, ais. *þióđ*, ae. *þéod*, ahd. *diot(a)* ~ germ.-lat. *Teutones* usw. — **34.** bi-laikan red. V. „verspotten“, ais. *leiku*, ae. *lácan*, mhd. *leichen* springen, tanzen, dz. *laiks* Tanz, ahd. *leih*. — bliggwan st. V. II „schlagen“, ahd. *bliuwan* bleuen, *ggw* aus u̯u̯ nach § 31, 3. — us-qiman „umbringen“. — þridja Ord. „dritte“. ais. *þriđi*, ae. *þridda*, *þirda*, ahd. *dritto*, l. *tertius*. — **35.** bidjos l.

Zaibaidaiaus, qiþandans: laisari, wileima ei þatei þuk bidjos, taujais uggkis. **36.** iþ Jesus qaþ im: ƕa wileits taujan mik igqis? **37.** iþ eis qeþun du imma: fragif ugkis ei ains af taihswon þeinai jah ains af hleidumein þeinai sitaiwa in wulþau þeinamma. **38.** iþ Jesus qaþuh du im: ni wituts ƕis bidjats; magutsu driggkan stikl þanei ik driggka, jah daupeinai þizaiei ik daupjada, ei daupjaindau? **39.** iþ eis qeþun du imma: magu. iþ Jesus qaþuh du im: sweþauh þana stikl þanei ik driggka, driggkats jah þizai daupeinai þizaiei ik daupjada [daupjanda]; **40.** iþ þata du sitan af taihswon meinai aiþþau af hleidumein nist mein du giban, alja þaimei manwiþ was. **41.** jah gahausjandans þai taihun dugunnun unwerjan bi Jakobu jah Johannen. **42.** iþ is

Ζεβεδαίου λέγοντες· διδάσκαλε, θέλομεν ἵνα ὃ ἐάν σε αἰτήσωμεν ποιήσῃς ὑμῖν. **36.** ὁ δὲ εἶπεν αὐτοῖς· τί θέλετε ποιῆσαί με ὑμῖν; **37.** οἱ δὲ εἶπον αὐτῷ· δὸς ἡμῖν ἵνα εἷς ἐκ δεξιῶν σου καὶ εἷς ἐξ εὐωνύμων σου καθίσωμεν ἐν τῇ δόξῃ σου. **38.** ὁ δὲ Ἰησοῦς εἶπεν αὐτοῖς· οὐκ οἴδατε τί αἰτεῖσθε. δύνασθε πιεῖν τὸ ποτήριον ὃ ἐγὼ πίνω καὶ τὸ βάπτισμα ὃ ἐγὼ βαπτίζομαι βαπτισθῆναι; **39.** οἱ δὲ εἶπον αὐτῷ· δυνάμεθα. ὁ δὲ Ἰησοῦς εἶπεν αὐτοῖς· τὸ μὲν ποτήριον ὃ ἐγὼ πίνω πίεσθε καὶ τὸ βάπτισμα ὃ ἐγὼ βαπτίζομαι βαπτισθήσεσθε· **40.** τὸ δὲ καθίσαι ἐκ δεξιῶν μου ἢ ἐξ εὐωνύμων οὐκ ἔστιν ἐμὸν δοῦναι, ἀλλ' οἷς ἡτοίμασται. **41.** καὶ ἀκούσαντες οἱ δέκα ἤρξαντο ἀγανακτεῖν περὶ Ἰακώβου καὶ Ἰωάννου. **42.** ὁ δὲ Ἰησοῦς προσκαλεσάμενος αὐτοὺς λέγει

Du. „wir beide bitten". Im folgenden weitere Dualformen: *uggkis, wileits, igqis, sitaiwa, wituts, bidjats, maguts-, magu, driggkats*; dagegen V. 39 *qeþun* (3. Du. fehlt). — **37.** taíhswa sw. Adj. a „rechts", -ō „die Rechte", ahd. *zëso* u. *zësawa*, gr. *δέξιος*, l. *dexter*. — hleiduma Adj. n „link" (eig. Kompar. auf *-ma*, § 78). — sitan st. V. V „sitzen", in den übr. germ. Sprachen liegt *j*-Präs. zugrunde: ais. *sitia*, ae. *sittan*, ahd. *sizzen*; l. *sedeō*, gr. *ἕζομαι* setze mich. — wulþus n u „Herrlichkeit", ais. *Ullr* ein Gott, l. *vultus* Gesicht, Ansehen. — **38.** driggkan st. V. III „trinken", ais. *drekka*. — stikls m a „Becher, Kelch", ahd. *stëhhal*. — daupeins f i „Taufe" und daupjan sw. V. I „taufen", Ableit. zu *diups* tief, ahd. *toufī, toufen*. — **40.** manwjan sw. V. I „bereit machen", zu *manwus* Adj. u bereit, vw. l. *manus* Hand? — **41.** taíhun „10" ais. *tíu*, ae. *tíen*, ahd. *zëhan*, gr. *δέκα*, l. *decem*. — **42.** reikinon sw. V. II „beherrschen", denom. zu *reiki* n ja Reich, Herr-

athaitands ins qaþ du im: wituþ þatei [þaiei] þuggkjand reikinon þiudom, gafraujinond im, iþ þai mikilans ize gawaldand im. **43.** iþ ni swa sijai in izwis; ak saƕazuh saei wili wairþan mikils in izwis, sijai izwar andbahts; **44.** jah saei wili izwara wairþan frumists, sijai allaim skalks. **45.** jah auk sunus mans ni qam at andbahtjam, ak andbahtjan jah giban saiwala seina faur managans lun. **46.** jah qemun in Jairikon. jah usgaggandin imma jainþro miþ siponjam seinaim jah managein ganohai, sunus Teimaiaus, Barteimai(a)us [sa] blinda, sat faur wig du aihtron. **47.** jah gahausjands þatei Jesus sa Nazoraius ist, dugann hropjan jah qiþan: sunau Daweidis, Jesu, armai mik! **48.** jah ƕotidedun

αὐτοῖς· οἴδατε ὅτι οἱ δοκοῦντες ἄρχειν τῶν ἐθνῶν κατακυριεύουσιν αὐτῶν καὶ οἱ μεγάλοι αὐτῶν κατεξουσιάζουσιν αὐτῶν. **43.** οὐχ οὕτως δὲ ἔσται ἐν ὑμῖν· ἀλλ' ὃς ἐὰν θέλῃ γενέσθαι μέγας ἐν ὑμῖν, ἔσται ὑμῶν διάκονος, **44.** καὶ ὃς ἐὰν θέλῃ ὑμῶν γενέσθαι πρῶτος, ἔσται πάντων δοῦλος. **45.** καὶ γὰρ ὁ υἱὸς τοῦ ἀνθρώπου οὐκ ἦλθεν διακονηθῆναι, ἀλλὰ διακονῆσαι καὶ δοῦναι τὴν ψυχὴν αὐτοῦ λύτρον ἀντὶ πολλῶν. **46.** καὶ ἔρχονται εἰς 'Ιεριχώ. καὶ ἐκπορευμένου αὐτοῦ ἀπὸ 'Ιεριχὼ καὶ τῶν μαθητῶν αὐτοῦ καὶ ὄχλου ἱκανοῦ, υἱὸς Τιμαίου Βαρτιμαῖος ὁ τυφλὸς ἐκάθητο παρὰ τὴν ὁδὸν προσαιτῶν. **47.** καὶ ἀκούσας ὅτι 'Ιησοῦς ὁ Ναζωραῖός ἐστιν, ἤρξατο κράζειν καὶ λέγειν· ὁ υἱὸς Δαυεὶδ 'Ιησοῦ, ἐλέησόν με. **48.** καὶ ἐπετίμων αὐτῷ πολλοὶ ἵνα σιωπήσῃ· ὁ δὲ

schaft, vgl. ae, *ricsian*, ahd. *rīhhisōn* mit anderem Suffix. — fraujinon sw. V. II „Herr sein", zu *frauja* Herr (Mt. 7, 21). — ga-waldan red. V. „vergewaltigen", ~ l. *valēre*. — **43.** andbahts m a „Diener" ae. *ambeht*, ahd. *ambaht*, vgl. *andbahtjan*, Mt. 8, 15. — **44.** *allaim* eth. Dat. statt gr. Gen. — **45.** saiwala f ō „Seele", ae. *sáwol*, ahd. *sē(u)la*. — lun(s?) (u, ū?) „Lösegeld", dz. *usluneins* Erlösung, ae. *álynnan* lösen, ~ gr. *λύω*, l. *luō* löse. — **46.** *usgaggandin imma* absol. D. c. Partic., vgl. zu Mt. 8, 16. — ganohs Adj. a „genug, viel", ais. *gnógr*, ae. *ʒenóg*, ahd. *ginuog*, abl. zu *ganah*, *binah* defekt. V. pfpräs., § 108, 9. — blinds Adj. a „blind", vw. ais. *blunda* blinzeln u. ae. *blendan*, ahd. *blenten* < **blandjan* blenden, das zusammenhängt mit g. *blandan* mischen (trüben), ahd. *blantan* lit. *blandús* trübe. — aīhtron sw. V. II „betteln", ~ gr. *οἰκτρός* kläglich. — **47.** arman sw. V. III „sich erbarmen", ae. *earmian*, ahd. *b-armēn*, zu *arms* arm, Lehnübersetzung nach l. *miserēri* zu *miser*. — **48.** ƕotjan sw. V. I, ais.

imma managai ei gaþahaidedi; iþ is filu mais hropida: sunau Daweidis, armai mik! **49.** jah gastandands Jesus haihait atwopjan ina. jah wopidedun þana blindan, qiþandans du imma: þrafstei þuk; urreis, wopeiþ þuk. **50.** iþ is afwairpands wastjai seinai ushlaupands qam at Jesu. **51.** jah andhafjands qaþ du imma Jesus: ƕa wileis ei taujau þus? iþ sa blinda qaþ du imma: rabbaunei, ei ussaiƕau. **52.** iþ Jesus qaþ du imma: gagg, galaubeins þeina ganasida þuk. jah sunsaiw ussaƕ jah laistida in wiga Jesu.

πολλῷ μᾶλλον ἔκραζεν· υἱὲ Δαυείδ, ἐλέησόν με. **49.** καὶ στὰς ὁ Ἰησοῦς εἶπεν αὐτὸν φωνηθῆναι, καὶ φωνοῦσιν τὸν τυφλὸν λέγοντες αὐτῷ· θάρσει, ἔγειρε, φωνεῖ σε. **50.** ὁ δὲ ἀποβαλὼν τὸ ἱμάτιον αὐτοῦ ἀναστάς[1]) ἦλθεν πρὸς τὸν Ἰησοῦν. **51.** καὶ ἀποκριθεὶς λέγει αὐτῷ ὁ Ἰησοῦς· τί θέλεις ποιήσω σοι; ὁ δὲ τυφλὸς εἶπεν αὐτῷ· ῥαββουνί, ἵνα ἀναβλέψω. **52.** ὁ δὲ Ἰησοῦς εἶπεν αὐτῷ· ὕπαγε, ἡ πίστις σου σέσωκέν σε. καὶ εὐθέως ἀνέβλεψεν καὶ ἠκολούθει τῷ Ἰησοῦ ἐν τῇ ὁδῷ.

hóta drohen, abl. ahd. *hwāzan* verfluchen. — þahan sw. V. III „schweigen", l. *tacēre*, mit gramm. Wechsel ais. *þegia*, ahd. *dagēn*. — **49.** atwopjan sw. V. I „herbeirufen" ais. *ǿpa*, ae. *wépan*, ahd. *wuof(f)en*. — þrafstjan sw. V. I „trösten", dz. abl. ae. *frōfor* ahd. *fluobra* Trost? — **50.** us-hlaupan red. V „aufspringen", ahd. *hloufan*. — **52** suns-aiw Adv. „sogleich" = *suns* (Mt. 8, 3) + *aiw*, A. zu *aiws* (oben V. 30).

XI

1. Jah biþe neƕa wesun Jairusalem, in Beþsfagein jah Biþaniin at fairgunja alewjin, insandida twans siponje seinaize, **2.** jah qaþ du im: gaggats in haim þo wiþrawair-

1. Καὶ ὅτε ἐγγίζουσιν εἰς Ἱερουσαλὴμ εἰς Βηθφαγὴν καὶ Βηθανίαν πρὸς τὸ ὄρος τῶν ἐλαιῶν, ἀποστέλλει δύο τῶν μαθητῶν αὐτοῦ **2.** καὶ λέγει αὐτοῖς· ὑπάγετε εἰς τὴν κώμην τὴν

1. neƕ(a) Adv. „nahe", ais. *ná-*, ae. *néah*, ahd. *nāh*. — alewja sw. Adj. „Öl-", zu *alew* n Öl < l. oleum. — in-sandjan sw. V. I „entsenden", vgl. *sinþs* (Mt. 26, 75). — **2.** haims f i/ō „Dorf", gr. *κώμη* (< **κώιμη*) zu *κεῖμαι* liege. — wiþrawaírþs Adj. a

[1]) Sin. etc. lesen ἀναπεδήσας, was näher zum got. *ushlaupands* stimmt, Friedrichsen 249.

þon iggqis, jah sunsaiw inngaggandans in þo (baurg)[1]) bigitats fulan gabundanana, ana þammei nauh ainshun manne ni sat; andbindandans ina attiuhats. 3. jah jabai ƕas iggqis qiþai: duƕe þata taujats? qiþaits: þatei frauja þis gairneiþ; jah sunsaiw ina insandeiþ hidre. 4. galiþun þan jah bigetun fulan gabundanana at daura uta ana gagga; jah andbundun ina. 5. jah sumai þize jainar standandane qeþun du im: ƕa taujats andbindandans þana fulan? 6. iþ eis qeþun du im swaswe anabauþ im Jesus, jah lailotun ins. 7. jah brahtedun þana fulan at Jesua jah galagidedun ana [ina] wastjos seinos, jah gasat ana ina. 8. managai þan wastjom seinaim strawidedun ana wiga; sumai astans maimaitun us bagmam jah strawidedun ana wiga. 9. jah þai fauragaggandans [jah þai afarlaistjandans] hropidedun qiþandans: osanna,

κατέναντι ὑμῶν, καὶ εὐθέως εἰσπορευόμενοι εἰς αὐτὴν εὑρήσετε πῶλον δεδεμένον, ἐφ' ὃν οὔπω οὐδεὶς ἀνθρώπων κεκάθικεν· λύσαντες αὐτὸν ἀγάγετε. 3. καὶ ἐάν τις ὑμῖν εἴπῃ· τί ποιεῖτε τοῦτο, εἴπατε ὅτι ὁ κύριος αὐτοῦ χρείαν ἔχει· καὶ εὐθέως αὐτὸν ἀποστέλλει ὧδε. 4. ἀπῆλθον δὲ καὶ εὗρον πῶλον δεδεμένον πρὸς τὴν θύραν ἔξω ἐπὶ τοῦ ἀμφόδου, καὶ λύουσιν αὐτόν. 5. καὶ τινες τῶν ἐκεῖ ἑστηκότων ἔλεγον αὐτοῖς· τί ποιεῖτε λύοντες τὸν πῶλον; 6. οἱ δὲ εἶπον αὐτοῖς, καθὼς ἐνετείλατο ὁ 'Ιησοῦς· καὶ ἀφῆκαν αὐτούς. 7. καὶ ἤγαγον τὸν πῶλον πρὸς τὸν 'Ιησοῦν καὶ ἐπέβαλον αὐτῷ τὰ ἱμάτια αὐτῶν, καὶ ἐκάθισεν ἐπ' αὐτῷ. 8. πολλοὶ δὲ τὰ ἱμάτια αὐτῶν ἔστρωσαν εἰς τὴν ὁδόν, ἄλλοι στοιβάδας ἔκοπτον ἐκ τῶν δένδρων καὶ ἐστρώννυον εἰς τὴν ὁδόν. 9. καὶ οἱ προάγοντες καὶ ἀκολουθοῦντες ἔκραζον λέγοντες·

„gegenüber liegend" = *wiþra* (Mt. 8, 34) + *-wairþs* (vgl. *anawairþs* oben 10, 30). — fula m n „Füllen" ahd. *folo*, gr. *πῶλος*, l. *pullus* Junges. — bindan st. V. III „binden", ~ l. *of-fendix* Band gr. *πενθερός* Schwäher. — ainshun Pron. indef., mit *ni* = „keiner", § 65. — 3. gaírnjan sw. V. I „begehren", ae. *ȝiernan*, as. *girnian*, zu *gairns* begierig, ahd. *gern*. — hidre Adv. ae. *hiđer* ne. *hither* hierher, l. *citrō*, zu St. l. *ci-*, g. *hi-*, vgl. *hita* (Sk. 4, 11), himma (Vateruns.). — 4. gagg n a „Weg, Straße". — 5. sums Pron.-Adj. a „irgendein", ais. *sumr*, ae. ahd. *sum*. — 8. straujan sw. V. I „streuen", ais. *strá*, ae. *stréowian*, ahd. *strouwen strewen*, l. *struere* schichten, *strāvi* habe ausgebreitet,

[1]) In den Text gedrungene Glosse: Bernhardt.

þiuþida sa qimanda in namin fraujins! **10.** þiuþido so qimandei þiudangardi in namin [fraujins] attins unsaris Daweidis, osanna in hauhistjam! **11.** jah galaiþ in Jairusaulyma Jesus jah in alh; jah bisaiƕands alla, at andanahtja juþan wisandin ƕeilai usiddja in Beþanian miþ þaim twalibim. **12.** jah iftumin daga usstandandam im us Beþaniin gredags was. **13.** jah gasaiƕands smakkabagm fairraþro habandan lauf attidja, ei aufto bigeti ƕa ana imma; jah qimands at imma ni waiht bigat ana imma niba lauf, ni auk was mel smakkane. **14.** jah usbairands qaþ du imma: ni þanaseiþs us þus aiw manna akran matjai. jah gahausidedun þai siponjos is. **15.** jah iddjedun du Jairusaulymai.

ὡσαννά, εὐλογημένος ὁ ἐρχόμενος ἐν ὀνόματι κυρίου· **10.** εὐλογημένη ἡ ἐρχομένη βασιλεία ἐν ὀνόματι κυρίου τοῦ πατρὸς ἡμῶν Δαυείδ, ὡσαννὰ ἐν τοῖς ὑψίστοις. **11.** καὶ εἰσῆλθεν εἰς Ἱεροσόλυμα ὁ Ἰησοῦς καὶ εἰς τὸ ἱερόν· καὶ περιβλεψάμενος πάντα, ὀψίας ἤδη οὔσης τῆς ὥρας ἐξῆλθεν εἰς Βηθανίαν μετὰ τῶν δώδεκα. **12.** καὶ τῇ ἐπαύριον ἐξελθόντων αὐτῶν ἀπὸ Βηθανίας, ἐπείνασεν. **13.** καὶ ἰδὼν συκῆν μακρόθεν ἔχουσαν φύλλα, ἦλθεν εἰ ἄρα εὑρήσει τι ἐν αὐτῇ, καὶ ἐλθὼν ἐπ' αὐτὴν οὐδὲν εὗρεν εἰ μὴ φύλλα· οὐ γὰρ ἦν καιρὸς σύκων. **14.** καὶ ἀποκριθεὶς εἶπεν αὐτῇ· μηκέτι ἐκ σοῦ εἰς τὸν αἰῶνα μηδεὶς καρπὸν φάγοι. καὶ ἤκουον οἱ μαθηταὶ αὐτοῦ. **15.** καὶ ἔρχονται εἰς Ἱεροσόλυμα. καὶ

gr. *στρῶμα* Lage. — asts m a gr. *ὄζος* „Ast" < **ó-zd-os* „Ansitzer". — **10.** hauhisti n ja Höhe, Sup. zu *hauhs*, ais. *hár*, ae. *héah*, ahd. *hōh*, vw. *hiuhma* Haufe (Mt. 8 18). — **11.** alhs f n „Tempel", ae. *ealh*, ahd. *alah* (vw. ae. *ealgian* schützen, gr. *ἀλκή* Abwehr?). — ju-þan Adv. „schon" = *ju* schon (Sk. 3, 7) + *þan* dann. — **12.** iftuma Pron.-Adj. (eig. Kompar. auf *-ma* bzw. *-tuma*) „der folgende", zu ais. ae. as. *eft* wiederum. — usstandandam im abs. Dat. an Stelle des gr. abs. Gen., vgl. zu Mt. 8, 16 *at . . . waurþannama.* — gredags Adj. a „hungrig", ais. *gráđugr*, ae. *grædig*, ahd. *grātag.* — **13.** faírraþro Adv. „von ferne", § 84. — laufs (b) m a „Laub". — aúfto Adv. (auch *ufto*) „wohl, vielleicht", ~ ahd. *oba*? — waíht n („Etwas") nur mit Neg. *ni w.* = nichts, ahd. *ni-wiht*; zu *waihts* f i „Ding". — niba(i) „wenn nicht", ae. *nefne*, ahd. *nibu*, vgl. *iba(i)* Mt. 7, 16. — **14.** us-baíran antworten. — matjan sw. V. I „essen", ais. *metja* schlürfen, ae. *mettian* ernähren, zu *mats* m i Speise, ais. *matr*, ae. *mete*, ahd. *maz.* — **15.** mes n a „Tisch", < vulgärlat. *mēsa*

jah atgaggands Jesus in alh dugann uswairpan þans frabugjandans jah bugjandans in alh jah mesa skattjane jah sitlans þize frabugjandane ahakim uswaltida. **16.** jah ni lailot ei ƕas þairhberi kas þairh þo alh. **17.** jah laisida qiþands du im: niu gameliþ ist þatei razn mein razn bido haitada allaim þiudom? iþ jus gatawideduþ ita du filigrja waidedjane. **18.** jah gahausidedun þai bokarjos jah gudjane auhumistans jah sokidedun, ƕaiwa imma usqistidedeina: ohtedun auk ina, unte alla managei sildaleikidedun in laiseinais is. **19.** jah biþe andanahti warþ, usiddja ut us þizai baurg. **20.** jah in maurgin faurgaggandans gaseƕun þana smakkabagm þaurs-

εἰσελθὼν ὁ Ἰησοῦς εἰς τὸ ἱερὸν ἤρξατο ἐκβάλλειν τοὺς πωλοῦντας καὶ ἀγοράζοντας ἐν τῷ ἱερῷ καὶ τὰς τραπέζας τῶν κολλυβιστῶν καὶ τὰς καθέδρας τῶν πωλούντων τὰς περιστερὰς κατέστρεψεν, **16.** καὶ οὐκ ἤφιεν ἵνα τις διενέγκῃ σκεῦος διὰ τοῦ ἱεροῦ. **17.** καὶ ἐδίδασκεν λέγων αὐτοῖς· οὐ γέγραπται ὅτι ὁ οἶκός μου οἶκος προσευχῆς κληθήσεται πᾶσιν τοῖς ἔθνεσιν; ὑμεῖς δὲ ἐποιήσατε αὐτὸν σπήλαιον λῃστῶν. **18.** καὶ ἤκουσαν οἱ γραμματεῖς καὶ οἱ ἀρχιερεῖς καὶ ἐζήτουν πῶς αὐτὸν ἀπολέσωσιν· ἐφοβοῦντο γὰρ αὐτόν, ὅτι πᾶς ὁ ὄχλος ἐξεπλήσσετο ἐπὶ τῇ διδαχῇ αὐτοῦ. **19.** καὶ ὅτε ὀψὲ ἐγένετο, ἐξεπορεύετο ἔξω τῆς πόλεως. **20.** καὶ πρωὶ παραπορευόμενοι εἶδον τὴν συκῆν ἐξηραμμένην

< *mēnsa*, ae. *mése*, ahd. *mias*. — skattja m n „Geldwechsler", zu *skatts* (Lc. 9, 3). — ahaks f i „Taube". — us-waltjan sw. V. I „umwerfen", ahd. *welzen*, vw. g. *walwjan* wälzen. — **16.** kas n a „Gefäß", ais. *ker*, ahd. *kar*. — **17.** bida f ō „Gebet", ae. *bedu*, ahd. *bëta*. — filigri n ja „Höhle". — waidedja m n „Übeltäter", = *wai*, vgl. *waja-mereins* Mt. 26, 65 + *-dedja* zu *deþs* f i Tat (unten V. 25). — **18.** aúhuma Komp., *-ists* Superl. „höhere, höchste", ae. *ýmest*. — sokjan sw. V. I „suchen", ais. *sǿkja*, ae. *sécan*, ahd. *suohhen*, l. *sāgīre* spüren, ~ *sakan* st. VI (Mt. 8, 26)? — us-qistjan sw. V. I „töten", dneb. (*fra*)-*qistnan* sw. V. IV, Mt. 8, 25. — ohta Prät. zu *ogan* V. pfpräs. „fürchten", ais. *óa-sk* sich fürchten u. *ógn* f Schreck, ae. *óga* Furcht. — **20.** maúrgins m (a, i?) „Morgen" ahd. *morgan*. — þaúrsus Adj. u „dürr", ais. *þurr*, ae. *þyrre*, ahd. *durri* zu *þaírsan* verdorren, gr. *τέρσομαι*, wozu kaus. ais. *þerra* ae. *þierran* ahd. *derren* dörren und incho. *ga-þaúrsnan* (folg. V.). — waúrts f i „Wurzel", ais. *urt* Kraut, ae. *wyrt*, ahd. *wurz*; vw. l. *rād-ix* < **vrād-* Wurzel.

jana us waurtim. **21.** jah gamunands Paitrus qaþ du imma: rabbei, sai, smakkabagms þanei fraqast gaþaursnoda. **22.** jah andhafjands Jesus qaþ du im: habaiþ galaubein gudis! **23.** amen auk qiþa izwis, þisƕazuh ei qiþai du þamma fairgunja; ushafei þuk jah wairp þus in marein, jah ni tuzwerjai in hairtin seinamma, ak galaubjai þata, ei þatei qiþiþ gagaggiþ, wairþiþ imma þisƕah þei qiþiþ. **24.** duþþe qiþa izwis: allata þisƕah þei bidjandans sokeiþ, galaubeiþ þatei nimiþ, jah wairþiþ izwis. **25.** jah þan standaiþ bidjandans, afletaiþ, jabai ƕa habaiþ wiþra ƕana, ei jah atta izwar sa in himinam afletai izwis missadedins izwaros. **26.** iþ jabai jus ni afletiþ, ni þau atta izwar sa in himinam afletiþ izwis missadedins izwaros. **27.** jah iddjedun aftra

ἐκ ῥιζῶν. **21.** καὶ ἀναμνησθεὶς ὁ Πέτρος λέγει αὐτῷ· ῥαββί, ἴδε ἡ συκῆ ἣν κατηράσω ἐξήρανται. **22.** καὶ ἀποκριθεὶς ὁ Ἰησοῦς λέγει αὐτοῖς· ἔχετε πίστιν θεοῦ. **23.** ἀμὴν γὰρ λέγω ὑμῖν, ὅτι ὃς ἂν εἴπῃ τῷ ὄρει τούτῳ· ἄρθητι καὶ βλήθητι εἰς τὴν θάλασσαν, καὶ μὴ διακριθῇ ἐν τῇ καρδίᾳ αὐτοῦ, ἀλλὰ πιστεύσῃ ὅτι ἃ λέγει γίνεται, ἔσται αὐτῷ ὃ ἐὰν εἴπῃ. **24.** διὰ τοῦτο λέγω ὑμῖν, πάντα ὅσα ἂν προσευχόμενοι αἰτεῖσθε, πιστεύετε ὅτι λαμβάνετε, καὶ ἔσται ὑμῖν. **25.** καὶ ὅταν στήκητε προσευχόμενοι, ἀφίετε εἴ τι ἔχετε κατά τινος, ἵνα καὶ ὁ πατὴρ ὑμῶν ὁ ἐν τοῖς οὐρανοῖς ἀφῇ ὑμῖν τὰ παραπτώματα ὑμῶν. **26.** εἰ δὲ ὑμεῖς οὐκ ἀφίετε, οὐδὲ ὁ πατὴρ ὑμῶν ὁ ἐν τοῖς οὐρανοῖς ἀφήσει τὰ παραπτώματα ὑμῶν. **27.** καὶ ἔρχονται πάλιν εἰς Ἱεροσόλυμα. καὶ ἐν τῷ ἱερῷ περιπατοῦν-

— **21.** ga-munan V. pfpräs. „gedenken“, ais. *muna*, ae. *munan* gr. *μέμονα* l. *meminī*. — fra-qiþan verfluchen. — gaþaúrsnan sw. V. IV „verdorren“, zu *þaúrsnan*, *þairsan* (oben V. 20). — **23.** tuzwerjan sw. V. I „zweifeln“, = *tuz-*, dt. „zer-“ (ais. ae. *tor-*, ahd. *zur-* in *zurwāri* verdächtig, gr. *δύς[-μαχος* usw.]) + **werjan* zu *werei*, vgl. *un-werjan* oben 10, 14, etwa = „nicht für wahr halten“. — haírto n n „Herz“, ais. *hiarta*, ae. *heorte*, ahd. *hërza*, gr. *καρδία*, l. *cord-is*. — þisƕah þei (*þatei*) „was nur immer“. — **25.** missadeþs (d) f i „Sünde“, = *missa-*, eig. „verschieden“ + *deþs* ais. *dáð*, ae. *dǽd*, ahd. *tāt* zur idg. Wz. *dhē/dhō*, ae. *dón*, ahd. *tuon*, gr. *τίθημι*. — **27.** ƕarbon sw. V. II „wandeln“, ais. *hvarfa*, ae. *hwearfian*, ahd. *hwarbōn*, intens. Nebenverb zu *ƕairban* st. III „wandeln“, ahd. *hwërban* sich wenden, ~ nhd. *Wirbel*. — sinista „Ältester“ m n, eig. Sup. zu St. **sen-* alt, wozu *sini-skalks* ältester Diener (Seneschall), burg. *sinistus* Ober-

du Jairusaulymai. jah in allh ƕarbondin imma, atiddjedun du imma þai auhumistans gudjans jah bokarjos jah sinistans. **28.** jah qeþun du imma: in ƕamma waldufnje þata taujis? jah ƕas þus þata waldufni atgaf, ei þata taujis? **29.** iþ Jesus andhafjands qaþ du im: fraihna jah ik izwis ainis waurdis jah andhafjiþ mis, jah qiþa izwis in ƕamma waldufnje þata tauja. **30.** daupeins Johannis uzuh himina was þau uzuh mannam? andhafjiþ mis. **31.** jah þahtedun du sis misso qiþandans, jabai qiþam: us himina, qiþiþ: aþþan duƕe ni galaubideduþ imma? **32.** ak qiþam: us mannam, — uhtedun þo managein. allai auk alakjo habaidedun Johannen þatei bi sunjai praufetes was. **33.** jah andhafjandans qeþun du Jesua: ni witum. jah andhafjands Jesus qaþ du im: nih ik izwis qiþa in ƕamma waldufnje þata tauja.

τος αὐτοῦ ἔρχονται πρὸς αὐτὸν οἱ ἀρχιερεῖς καὶ οἱ γραμματεῖς καὶ οἱ πρεσβύτεροι, **28.** καὶ λέγουσιν αὐτῷ· ἐν ποίᾳ ἐξουσίᾳ ταῦτα ποιεῖς; καὶ τίς σοι τὴν ἐξουσίαν ταύτην ἔδωκεν ἵνα ταῦτα ποιεῖς; **29.** ὁ δὲ 'Ιησοῦς ἀποκριθεὶς εἶπεν αὐτοῖς· ἐπερωτήσω κἀγὼ ὑμᾶς ἕνα λόγον, καὶ ἀποκρίθητέ μοι, καὶ ἐρῶ ὑμῖν ἐν ποίᾳ ἐξουσίᾳ ταῦτα ποιῶ. **30.** τὸ βάπτισμα 'Ιωάννου ἐξ οὐρανοῦ ἦν ἢ ἐξ ἀνθρώπων; ἀπο κρίθητέ μοι. **31.** καὶ ἐλογίζοντο πρὸς ἑαυτοὺς λέγοντες· ἐὰν εἴπωμεν· ἐξ οὐρανοῦ, ἐρεῖ· διατί οὖν οὐκ ἐπιστεύσατε αὐτῷ; **32.** ἀλλ' εἴπωμεν· ἐξ ἀνθρώπων; ἐφοβοῦντο τὸν λαόν ἅπαντες γὰρ εἶχον τὸν 'Ιωάννην ὅτι ὄντως προφήτης ἦν. **33.** καὶ ἀποκριθέντες λέγουσιν τῷ 'Ιησοῦ· οὐκ οἴδαμεν. καὶ ἀποκριθεὶς ὁ 'Ιησοῦς λέγει αὐτοῖς· οὐδὲ ἐγώ λέγω ὑμῖν ἐν ποίᾳ ἐξουσίᾳ ταῦτα ποιῶ.

priester, l. *senex* usw., dneb. Adj. *sineigs*, vgl. § 77. — **30.** -uh ... uh in Doppelfrage mehrfach für *-u* ... *-u*. — **31.** þagkjan sw. V. (V) mit synkop. Prät. „denken“, ais. *þekkia* „wahrnehmen“, ae. *þencan*, ahd. *denken*, zu l. *tongēre* „kennen“, woneben *tangĕre* „berühren“, dies wohl Grundbedeutung, vgl. dt. „*be-greifen, er-fassen*“; vgl. *þugkjan* (Mt. 26, 66). — **32.** uhtedun = *ohtedun*, vgl. § 16, zu *og* (oben V. 18). — alakjo Adv. „insgesamt“.

Lukas IX

1. Gahaitands þan þans twalif apaustauluns atgaf im

1. Συγκαλεσάμενος δὲ τοὺς δώδεκα ἀποστόλους ἔδωκεν αὐτοῖς δύναμιν καὶ ἐξουσίαν ἐπὶ πάντα τὰ δαιμόνια καὶ νόσους

maht jah waldufni ufar allaim unhulþom jah sauhtins gahailjan. 2. jah insandida ins merjan þiudangardja gudis jah gahailjan allans[1]) þans unhailans. 3. jah qaþ du im: ni waiht nimaiþ in wig; nih waluns nih matibalg nih hlaib nih skattans, nih þan tweihnos paidos haban. 4. jah in þanei gard gaggaiþ, þar saljiþ jah þaþroh usgaggaiþ. 5. jah swa managai swe ni andnimaina izwis, usgaggandans us þizai baurg jainai jah mulda af fotum izwaraim afhrisjaiþ du

θεραπεύειν. 2. καὶ ἀπέστειλεν αὐτοὺς κηρύσσειν τὴν βασιλείαν τοῦ θεοῦ καὶ ἰᾶσθαι τοὺς ἀσθενοῦντας. 3. καὶ εἶπεν πρὸς αὐτούς· μηδὲν αἴρετε εἰς τὴν ὁδόν, μήτε ῥάβδους μήτε πήραν μήτε ἄρτον μήτε ἀργύριον, μήτε ἀνὰ δύο χιτῶνας ἔχειν. 4. καὶ εἰς ἣν ἂν οἰκίαν εἰσέλθητε, ἐκεῖ μένετε καὶ ἐκεῖθεν ἐξέρχεσθε. 5. καὶ ὅσοι ἐὰν μὴ δέξωνται ὑμᾶς, ἐξερχόμενοι ἀπὸ τῆς πόλεως ἐκείνης καὶ τὸν κονιορτὸν ἀπὸ τῶν ποδῶν ὑμῶν ἀποτινάξατε εἰς μαρ-

2. merjan sw. V. I „verkünden" ais. *mæra* preisen, ae. *mǣran*, ahd. *māren* mhd. *mœren*. — unhails Adj. a „krank". — 3. walus m u „Stab", ais. *vǫlr*, ae. *walu*, ~ gr. (*ϝ*)*ἄλλος* Pflock, zu ais. *valr* rund, nd. *walen* rollen. — matibalgs m i „Speisetasche", = *mats* m i Speise (Mc. 11, 14) zu matjan + *balgs* Schlauch, ais. *belgr*, ae. *bielg*, ahd. *balg*. — hlaifs (b) m a „Brot" ais. *hleifr*, ae. *hlāf*, ahd. *hleib*, mhd. *lëbe-kuoche* „Lebkuchen"; nhd. [Brot-] *Laib*; die normale Auslautverhärtung von *b*, *d* zu *f*, *þ* unterbleibt bei Luc. häufig, vgl. V. 25 *manased*, 26 *skamaid*, 33 *god*. — skatts m a „Schatz", ahd. *scaz*, meist „Abgabe, Vermögen", altfries. auch „Vieh", vgl. die entspr. Bedeutungsschwankung bei *faihu* (Mc. 10, 22). — tweihnai distr. Num. „je zwei", ae. **twēon* in *be-twēonum* D. Pl. (ne. *between*) u. *betweox* zwischen. — paida f ō „Rock", ae. *pād*, ahd. *pfeit* zu gr.-thrak. *βαίτη* Lederrock, frühes Lehnwort, vor der germ. Lautversch. übernommen; anlaut. *p* sonst sehr selten, vgl. § 27, 2 u. 30, 1. — 4. saljan sw. V. I „herbergen" (intrans.), ~ l. *solēre*? — þaþro -h Adv. „von da" (vgl. § 84), ais. *þaðra* dort, ae. *þæder* dorthin. — usgaggaiþ Opt. der Vorschrift neben dem Imp. *saljiþ*, Streitb. § 307. — 5. mulda f ō „Staub", ais. *mold*, ae. *molde*, ahd. *molta*. — fotus m u „Fuß", alte Flexion als Wurzelnomen (l. *pēs* < **peds*, gr. *πώς ποῦς*) noch z. T. bei ais. *fótr*, ae. *fōt*, ahd. *fuoz*. — af-hrisjan sw. V. I „abschütteln", ~ ais. *hrista*, ae. ahd. *hrīs* Reis, l. *crīnis*

[1]) allans aus einem alat. Text; f (Brix.) hat *omnes infirmitates* (das 2. Wort aus Matth. 10, 1).

weitwodiþai ana ins. **6.** usgaggandans þan þairhiddjedun and haimos wailamerjandans jah leikinondans and all. **7.** gahausida þan Herodis sa taitrarkes þo waurþanona fram imma alla jah þahta, unte qeþun sumai þatei Johannes urrais us dauþaim. **8.** sumai þan qeþun [þatei] Helias ataugida sik; sumaiuþ-þan þatei praufetus sums þize airizane usstoþ. **9.** jah qaþ Herodes; Johannau ik haubiþ afmaimait, iþ ƕas ist sa, bi þanei ik hausja swaleik? jah sokida ina gasaiƕan. **10.** jah gawandjandans sik apaustauleis usspillodedun imma, swa filu swe gatawidedun. jah andnimands ins afiddja sundro ana staþ auþjana baurgs namnidaizos Baidsaiïdan. **11.** iþ þos manageins finþandeins

τύριον ἐπ' αὐτούς. **6.** ἐξερχόμενοι δὲ διήρχοντο κατὰ τὰς κώμας εὐαγγελιζόμενοι καὶ θεραπεύοντες πανταχοῦ. **7.** ἤκουσεν δὲ Ἡρώδης ὁ τετράρχης τὰ γινόμενα ὑπ' αὐτοῦ πάντα καὶ διηπόρει διὰ τὸ λέγεσθαι ὑπό τινων ὅτι Ἰωάννης ἐγήγερται ἐκ νεκρῶν, **8.** ὑπό τινων δὲ ὅτι Ἡλίας ἐφάνη, ἄλλων δὲ, ὅτι προφήτης εἷς τῶν ἀρχαίων ἀνέστη. **9.** καὶ εἶπεν Ἡρώδης· Ἰωάννην ἐγὼ ἀπεκεφάλισα· τίς δέ ἐστιν οὗτος περὶ οὗ ἐγὼ ἀκούω τοιαῦτα; καὶ ἐζήτει ἰδεῖν αὐτόν. **10.** καὶ ὑποστρέψαντις οἱ ἀπόστολοι διηγήσαντο αὐτῷ ὅσα ἐποίησαν. καὶ παραλαβὼν αὐτοὺς ὑπεχώρησεν κατ' ἰδίαν εἰς τόπον ἔρημον πόλεως καλουμένης Βηθσαΐδάν. **11.** οἱ δὲ ὄχλοι γνόντες ἠκολούθησαν αὐτῷ, καὶ

< **crisnis* Haar. — **6.** wailamerjan sw. V. I „predigen", = *waíla* wohl (Joh. 8, 48) + *merjan* oben V. 2. — lekinon (hier *leikinon*, vgl. § 16) sw. V. II „heilen", ais. *lǽkna*, ae. *lácnian*, ahd. *lāhhinōn*, mhd. *lāchenen* besprechen, dz. *lekeis* m ja Arzt, zu gr. *λέγω*. — airiza Komp. Adj. „der frühere" ae. *ǽrra*, ahd. *ēriro*, zum Adv. *air*, ais. *ár* „früh" u. *airis* ae. *ǽr* ahd. *ēr* „früher". — **10.** (ga-)wandjan (sik) sw. V. I „wenden", ahd. *wenten*, Kaus. zu *windan* winden, flechten. — us-spillon sw. V. II „auseinandersetzen", ais. *spialla*, ae. *spellian*, ahd. *spëllōn*, zu *spill* n Sage, Fabel, ahd. *spell*. — sundro Adv., ahd. *suntar* „besonders". — staþs(d) m i „Stätte", ais. *stađr*, ae. *stede*, ahd. *stat* G. *steti*, gr. *στάσις*, l. *statim* „sogleich" (A. zu **statis*); dneb. *staþ(s?)* D. *staþa* Gestade zu ahd. *stad*. — auþs, auþeis? Adj. „öde", ais. *auđr*, ae. *íeđe*, ahd. *ōdi*, ~ l. *au-* Präf. „fort". — namnjan sw. V. I ais. *nefna*, ae. *nemnan* ahd. *nennen* (*nemmen*) zu *namo* (Mt. 7, 22). — **11.** finþan st. V. III ais. *finna*, as. *fīđan*, ahd. *findan*, diese (außer dem Got.) mit gramm. Wechsel,

laistidedun afar imma, jah andnimands ins rodida du im þo bi þiudangardja gudis jah þans þarbans leikinassaus gahailida. 12. þanuh dags juþan dugann hneiwan. atgaggandans þan du imma þai twalif qeþun du imma: fralet þo managein, ei galeiþandans in þos bisunjane haimos jah weihsa saljaina jah bugjaina sis matins, unte her in auþjamma stada sium. 13. þanuh qaþ du im: gibiþ im jus matjan. iþ eis qeþun du imma: nist hindar uns maizo fimf hlaibam, jah fiskos twai, niba þau þatei weis gaggandans bugjaima allai þizai manaseidai[1]) matins. 14. wesun auk swe fimf þusundjos waire, qaþ þan du siponjam seinaim:

δεξάμενος αὐτοὺς ἐλάλει αὐτοῖς τὰ περὶ τῆς βασιλείας τοῦ θεοῦ καὶ τοὺς χρείαν ἔχοντας θεραπείας ἰᾶτο. 12. ἡ δὲ ἡμέρα ἤρξατο κλίνειν· προσελθόντες δὲ οἱ δώδεκα εἶπον αὐτῷ· ἀπόλυσον τὸν ὄχλον, ἵνα ἀπελθόντες εἰς τὰς κύκλῳ κώμας καὶ τοὺς ἀγροὺς καταλύσωσιν καὶ εὕρωσιν ἐπισιτισμόν, ὅτι ὧδε ἐν ἐρήμῳ τόπῳ ἐσμέν. 13. εἶπεν δὲ πρὸς αὐτούς· δότε αὐτοῖς ἡμεῖς φαγεῖν. οἱ δὲ εἶπον· οὐκ εἰσὶν ἡμῖν πλεῖον ἢ πέντε ἄρτοι καὶ ἰχθύες δύο, εἰ μήτι πορευθέντες ἡμεῖς ἀγοράσωμεν εἰς πάντα τὸν λαὸν τοῦτον βρώματα. 14. ἦζαν γὰρ ὡσεὶ ἄνδρες πεντακισχίλιοι. εἶπεν

dneb. mit Durchführung der erweichten Stufe ae. *findan*, as. *findan*, ahd. *fintan*. — rodjan sw. V. I „reden", ais. *røða*, vw. *ga-redan* red.-abl. V. raten (II. Kor. 8, 21). — le(i)kinassus m u „Heilung", zu *lekinon* (oben V. 6). — 12. hneiwan st. V. I „sich neigen", ais. *hniga*, ae. ahd. *hnīgan*, l. *cō-nīveo* < **concnīveo* schließe die Augen (Wz. **kneig̯ᵘh*); dz. kaus. *hnaiwjan* (Mt. 8, 20). — bisunjane (-**sundjane*) Adv. „ringsum", urspr. (und so hier noch möglich) G. Pl. zum Part. **sundjan-* seiend, l. *sons / sontis*, gr. G. *ὄντος*: = „der herum Seienden, Umwohnenden". — weihs n a (s ist stammhaft!) „Flecken", ~ l. *vīcus* Dorf, gr. *οἶκος* Haus. — sium = *sijum* „wir sind", bei Lc. fehlt das *j* oft; vgl. § 24. — 13. maiza Komp. „größer", n „mehr", ais. *meiri*, ae. *mára*, ahd. *mēro*; danach Dat. comparationis, dem lat. Abl. comp., dem griech. Gen. entsprechend. — fimf „5", ais. *fimm*, ae. as. *fīf*, ahd. *fimf* (*finf*) < **pempe*, gr. *πέντε*, l. *quinque* < **peŋkᵘe*. — fisks m a „Fisch", l. *piscis*. — mana-seþs(d) f i („Menschensaat"), „Menschheit", = *mana-* (vgl. zu *manna*, Mt. 7, 12) + *seþs* ais. *sáð*, ae. *sǽd*, ahd. *sāt*, ~ l. *sē-men*; zu *ei* für *ē* vgl. § 16. — 14. þúsundi f jō „1000", Subst. mit Gen.,

[1]) *Am Rand* managein, *was entschieden besser;* manaseþs *ist* = κόσμος.

gawaurkeiþ *ins*[1]) anakumbjan kubituns, ana ƕarjanoh fimf tiguns. **15.** jah gatawidedun swa jah gatawidedun anakumbjan allans. **16.** nimands þan þans fimf hlaibans jah twans fiskans, insaiƕands du himina gaþiuþida ins jah gabrak jah gaf siponjam du faurlagjan þizai managein. **17.** jah matidedun jah sadai waurþun allai; jah ushafan warþ, þatei aflifnoda im gabruko, tainjons twalif. **18.** jah warþ, miþþanei was is bidjands sundro, gamotidedun imma siponjos is, jah frah ins qiþands: ƕana mik qiþand wisan þos manageins? **19.** iþ eis andhafjandans qeþun: Johannen þana daupjand, anþarai þan Heleian, sumai þan þatei praufetus sums þize airizane usstoþ. **20.** qaþ þan du im: aþþan jus ƕana mik qiþiþ wisan? andhafjands þan Paitrus

δὲ πρὸς τοὺς μαθητὰς αὐτοῦ· κατακλίνατε αὐτοὺς κλισίας ἀνὰ πεντήκοντα. **15.** καὶ ἐποίησαν οὕτως καὶ ἀνέκλιναν ἅπαντας. **16.** λαβὼν δὲ τοὺς πέντε ἄρτους καὶ τοὺς δύο ἰχθύας, ἀναβλέψας εἰς τὸν οὐρανὸν εὐλόγησεν αὐτοὺς καὶ κατέκλασεν καὶ ἐδίδου τοῖς μαθηταῖς παρατιθέναι τῷ ὄχλῳ. **17.** καὶ ἔφαγον καὶ ἐχορτάσθησαν πάντες, καὶ ἤρθη τὸ περισσεῦσαν αὐτοῖς, κλασμάτων κόφινοι δώδεκα. **18.** καὶ ἐγένετο ἐν τῷ εἶναι αὐτὸν προσευχόμενον κατὰ μόνας συνήντησαν αὐτῷ οἱ μαθηταὶ αὐτοῦ, και ἐπηρώτησεν αὐτοὺς λέγων· τίνα με λέγουσιν οἱ ὄχλοι εἶναι; **19.** οἱ δὲ ἀποκριθέντες εἶπον· Ἰωάννην τὸν βαπτιστήν, ἄλλοι δὲ Ἡλίαν, ἄλλοι δὲ ὅτι προφήτης τις τῶν ἀρχαίων ἀνέστη. **20.** εἶπεν δὲ αὐτοῖς· ὑμεῖς δὲ τίνα με λέγετε εἶναι; ἀποκριθεὶς δὲ

ais. *þús(h)und*, ae. *þúsend*, ahd. *dūsund*. — kubitus m u „Tischgenossenschaft" < l. *cubitus* „das Liegen"; hier Akk. „des inneren Objekts". — ƕarjizuh Pron. indef. „jeder", § 65d. — tigus m u „Zehner, Dekade", ais. *-tigr*, ae. *-tiȝ*, ahd. *-zug* (gr. *δεκάς*), in gramm. Wechsel mit *taihun* „10" (gr. *δέκα*). — **16.** brikan st. V. IV (mit Liqu. vor dem Vok.) „brechen", ~ l. *frango*/*frēgī*. — **17.** saþs(d) Adj. a „satt", ais. *sađr*, ae. *sæd*, ahd. *sat*, l. *sat(is)* genug. — af-lifnan sw. V. IV „übrig sein", ais. *lifna*, vw. *bilaibjan* sw. I „übrig lassen" u. *bi-leiban* st. I „bleiben". — gabruka f ō, ahd. *brocko* Brocken, zu *brikan* (V. 16). — tainjo f n, „Korb", ahd. *zeinna* zu *tains* Zweig. — **18.** miþ-þan-ei Konj. „während". — wisan st. V. V „sein" s. § 109; dz. *wists* f i Wesen,

[1]) *Cod. Arg. schreibt wohl irrig* im.

qaþ: þu is Xristus, sunus gudis. **21.** iþ is þan gaƕotjands im faurbauþ ei mann ni qiþeina þata; **22.** qiþands þatei skal sunus mans manag winnan jah uskusans fram sinistam wairþan jah gudjam jah bokarjam jah usqiman jah þridjin daga urreisan. **23.** qaþ þan du allaim: jabai ƕas wili afar mis gaggan, afaikai sik silban jah nimai galgan seinana dag ƕanoh jah laistjai mik. **24.** saei allis wili saiwala seina nasjan, fraqisteiþ izai; aþþan saei fraqisteiþ saiwalai seinai in meina, ganasjiþ þo. **25.** ƕo allis þaurfte gataujiþ sis manna, gageigands þo manased alla, iþ sis silbin fraqistjands aiþþau gasleiþjands? **26.** saei allis skamaiþ sik meina aiþþau meinaize waurde, þizuh sunus mans skamaid sik, biþe qimiþ

Πέτρος εἶπεν· τὸν Χριστὸν τοῦ θεοῦ. **21.** ὁ δὲ ἐπιτιμήσας αὐτοῖς παρήγγειλεν μηδενὶ εἰπεῖν τοῦτο **22.** εἰπὼν ὅτι δεῖ τὸν υἱὸν τοῦ ἀνθρώπου πολλὰ παθεῖν καὶ ἀποδοκιμασθῆναι ἀπὸ τῶν πρεσβυτέρων καὶ ἀρχιερέων καὶ γραμματέων καὶ ἀποκτανθῆναι καὶ τῇ τρίτῃ ἡμέρᾳ ἐγερθῆναι. **23.** ἔλεγεν δὲ πρὸς πάντας· εἴ τις θέλει ὀπίσω μου ἐλθεῖν, ἀπαρνησάσθω ἑαυτὸν καὶ ἀράτω τὸν σταυρὸν αὐτοῦ καθ' ἡμέραν καὶ ἀκολουθείτω μοι. **24.** ὃς γὰρ ἐὰν θέλῃ τὴν ψυχὴν αὐτοῦ σῶσαι, ἀπολέσει αὐτήν· ὃς δ' ἂν ἀπολέσῃ τὴν ψυχὴν αὐτοῦ ἕνεκεν ἐμοῦ, οὗτος σώσει αὐτήν. **25.** τί γὰρ ὠφελεῖται ἄνθρωπος κερδήσας τὸν κόσμον ὅλον, ἑαυτὸν δὲ ἀπολέσας ἢ ζημιωθείς; **26.** ὃς γὰρ ἂν ἐπαισχυνθῇ με καὶ τοὺς ἐμοὺς λόγους, τοῦτον ὁ υἱὸς τοῦ ἀνθρώπου ἐπαισχυνθήσεται, ὅταν ἔλθῃ ἐν τῇ δόξῃ αὐτοῦ καὶ τοῦ πατρὸς καὶ τῶν ἁγίων

Dasein, ahd. *wist.* — **21.** qiþeina statt *qeþeina*: *i* für *e* ist in Lc. nicht selten. — **22.** skulan V. pfpräs. „sollen", ais. *skola*, ae. *sculan*, ahd. *skulan* (*skolan*). — winnan st. V. III „erleiden", ahd. *winnan* „sich anstrengen, streiten", dneb. *ubar-wintan.* — uskiusan st. V. II („erproben") „verwerfen", gr. *γεύω* lasse kosten. — us-qiman hier Inf. mit pass. Bedeutung, vgl. zu *ushramjan* Mt. 26, 2 und unten V. 44 zu *atgiban*; (*usqiman* heißt „umbringen", nicht „umkommen"). — **25.** þaúrfts f i zu *þaúrban*, ahd. *durft*, „Bedürfnis", hier etwa „Nutzen", — ga-geigan sw. V. III „gewinnen", ~ ahd. *gīt* „Gier", ae. *gágol* lüstern? — gasleiþjan sw. V. I „schädigen", ae. *slīđan* verwunden, zu *sleiþs* (*sleideis*?) schlimm Mt 8, 28. — **26.** skaman sik, sw. V. III „sich schämen"; *skamaid* ohne Auslautverhärt.: vgl. V. 3 zu *hlaifs.* — wulþu D.: die Vermischung von *u-* und *au*-Kasus in Lc. häufig, vgl. 38 *sunu* D. — weihs Adj. a, „heilig", as. ahd. *wīh*, dz. ais. *vé*, ae.

in wulþu seinamma jah attins jah þize weihane aggele. 27. qiþuh þan izwis sunja: sind sumai þize her standandane, þaiei ni kausjand dauþau, unte gasaihvand þiudinassau gudis. 28. waurþun þan afar þo waurda swe dagos ahtau, ganimands Paitru jah Jakobu jah Johannen usiddja in fairguni bidjan. 29. jah warþ, miþþanei baþ is, siuns andwairþjis is anþara jah gawaseins is hveita skeinandei. 30. jah sai, wairos twai miþrodidedun imma, þaiei wesun Moses jah Helias; 31. þai gasaihvanans in wulþau qeþun urruns is, þoei skulda usfulljan in Jairusalem. 32. iþ Paitrus jah þai miþ imma wesun kauridai slepa; gawaknandans þan ge-

ἀγγέλων. 27. λέγω δὲ ὑμῖν ἀληθῶς, εἰσίν τινες τῶν ὧδε ἑστώτων οἳ οὐ μὴ γεύσωνται θανάτου ἕως ἂν ἴδωσι τὴν βασιλείαν τοῦ θεοῦ. 28. ἐγένετο δὲ μετὰ τοὺς λόγους τούτους, ὡσεὶ ἡμέραι ὀκτώ, παραλαβὼν Πέτρον καὶ Ἰάκωβον καὶ Ἰωάννην ἀνέβη εἰς τὸ ὄρος προσεύξασθαι. 29. καὶ ἐγένετο ἐν τῷ προσεύχεσθαι αὐτὸν τὸ εἶδος τοῦ προσώπου αὐτοῦ ἕτερον καὶ ὁ ἱματισμὸς αὐτοῦ λευκὸς ἐξαστράπτων. 30. καὶ ἰδοὺ ἄνδρες δύο συνελάλουν αὐτῷ, οἵτινες ἦσαν Μωσῆς καὶ Ἡλίας, 31. οἳ ὀφθέντες ἐν δόξῃ ἔλεγον τὴν ἔξοδον αὐτοῦ ἣν ἔμελλεν πληροῦν ἐν Ἱερουσαλήμ. 32. ὁ δὲ Πέτρος καὶ οἱ σὺν αὐτῷ ἦσαν βεβαρημένοι ὕπνῳ· διαγρηγορήσαντες δὲ εἶδον τὴν δόξαν αὐτοῦ καὶ τοὺς δύο ἄνδρας τοὺς συν-

wí(o)h, as. *wīh* Heiligtum, und *weihan* sw. V. III weihen. — aggilus m u/i < gr. *ἄγγελος* „Engel". — 27. her Adv. „hier", ae. *hér*, ahd. *hiar*, vw. *hiri*, *hidre*. — kausjan sw. V. I „kosten, schmecken", zu *kiusan* (oben V. 12), mit D. — þiudinassus m u „Reich", von *þiudans* Herrscher (Neh. 5, 14) mit Suff. *-assus* und anderer Stufe des Mittelvokals gebildet; A. hier auf *au*, vgl. zu *wulþu* V. 26. — 28. ahtau „8", ais. *átta*, ae. *eahta*, ahd. *ahto*, gr. *ὀκτώ*, l. *octō*. — 29. siuns f i „Gestalt, Gesicht" ais. *sión sýn*, ae. *sien*, ahd. *gisiuni*, zu *saihvan* in gramm. Wechsel stehend (*u̯:hv*). — andwairþi n ja „Gegenwart, Angesicht". — gawaseins f i/ō „Kleidung", zu *wasjan* sw. V. I kleiden, ahd. *werien*. — hveits Adj. a „weiß", ahd. *hwīz*. — skeinan st. V. I „scheinen", ~ *skeirs* klar, hell. — 31. urruns² f i „Ausgang" zu *rinnan* wie *urruns*¹ (Mt. 8, 11), vgl. ahd. *runs(a)* Bach, Runse. — 32. kaūrjan sw. V. I „beschweren", zu *kaūrus* schwer, gr. *βαρύς*, l. *gravis*. — slep(s) m od. n „Schlaf", vw. ais. *sláþr* u. ahd. *slāf* schlaff, asl. *slabŭ* (l. *lābī* gleiten?). — ga-waknan sw. V. IV „erwachen", ais. *vakna*, ae. *wæcnian*, ingress. zu wakan st. VI.

seƕun wulþu is jah þans twans wairans þans miþstandandans imma. 33. jah warþ, miþþanei afskaiskaidun sik af imma, qaþ Paitrus du Jesua: talzjand, god ist unsis her wisan, jah gawaurkjaima hleiþros þrins, aina þus jah aina Mose jah aina Helijin, ni witands ƕa qiþiþ. 34. þata þan imma qiþandin warþ milhma jah ufarskadwida ins; faurhtidedun þan in þammei jainai qemun in þamma milhmin. 35. jah stibna warþ us þamma milhmin qiþandei: sa ist sunus meins sa liuba, þamma hausjaiþ. 36. jah miþþanei warþ so stibna, bigitans warþ Jesus ains. jah eis þahaidedun jah mann ni gataihun in jainaim dagam ni waiht þizei gaseƕun. 37. warþ þan in þamma [afar]daga, dalaþ atgaggandam im af fairgunja, gamotida imma manageins filu. 38. jah sai, manna us þizai managein ufwopida qiþands: laisari, bidja þuk insaiƕan du sunu meinamma, unte ainaha

εστῶτας αὐτῷ. 33. καὶ ἐγένετο ἐν τῷ διαχωρίζεσθαι αὐτοὺς ἀπ' αὐτοῦ εἶπεν Πέτρος πρὸς τὸν Ἰησοῦν· ἐπιστάτα, καλόν ἐστιν ἡμᾶς ὧδε εἶναι, καὶ ποιήσωμεν σκηνὰς τρεῖς, μίαν σοὶ καὶ μίαν Μωσεῖ καὶ μίαν Ἡλίᾳ, μὴ εἰδὼς ὃ λέγει. 34. ταῦτα δὲ αὐτοῦ λέγοντος ἐγένετο νεφέλη καὶ ἐπεσκίασεν αὐτούς· ἐφοβήθησαν δὲ ἐν τῷ ἐκείνους εἰσελθεῖν εἰς τὴν νεφέλην. 35. καὶ φωνὴ ἐγένετο ἐκ τῆς νεφέλης λέγουσα· οὗτός ἐστιν ὁ υἱός μου ὁ ἀγαπητός, αὐτοῦ ἀκούετε. 36. καὶ ἐν τῷ γενέσθαι τὴν φωνὴν εὑρέθη ὁ Ἰησοῦς μόνος· καὶ αὐτοὶ ἐσίγησαν καὶ οὐδενὶ ἀπήγγειλαν ἐν ἐκείναις ταῖς ἡμέραις οὐδὲν ὧν ἑωράκασιν. 37. ἐγένετο δὲ ἐν τῇ ἑξῆς ἡμέρᾳ κατελθόντων αὐτῶν ἀπὸ τοῦ ὄρους συνήντησεν αὐτῷ ὄχλος πολύς. 38. καὶ ἰδοὺ ἀνὴρ ἀπὸ τοῦ ὄχλου ἀνεβόησεν

— 33. talzjan sw. V. I „lehren", Pzp. = „Meister". — hleiþra f ō „Zelt", zu ae. *hlīdan* schließen, decken, ahd. *(h)lit* Decke, Lid, gr. *κλεισία* Hütte. — þreis „3" i-St., gr. *τρεῖς*, l. *trēs*. — 34. milhma m n „Wolke", zu schwed. *moln; qemun in þamma milhmin* Dat. des erreichten Ziels, (im Griech. steht Acc.!), vgl. zu Mt. 7, 13. — ufar-skadwjan sw. V. I „überschatten", ae. *sceadwian*, ahd. *skat(a)wen*, zu *skadus* Schatten, gr. *σκότος* Dunkel. — in þamm-ei darüber dass. — 35. stibna f ō „Stimme", ae. *stefn*, ahd. *stemna stimna* (auch mit *-mm-*). — liufs(b) Adj. a „lieb", vw. *laubjan* (Mt. 8, 13). — *hausjaiþ*: Opt. der dauernden Vorschrift, Streitb. § 307. — 37. afar-dags „der folgende Tag". — 38. ainaha Adj. n „einzig", ais. *einga*,

mis ist. **39.** jah sai, ahma nimiþ ina unhrains jah anaks hropeiþ jah tahjiþ ina miþ ƕapon jah halisaiw aflinniþ af imma gabrikands ina. **40.** jah baþ siponjans þeinans ei usdribeina imma, jah ni mahtedun. **41.** andhafjands þan Jesus qaþ: o kuni ungalaubjando jah inwindo, und ƕa siau at izwis jah þulau izwis? attiuh þana sunu þeinana hidrei. **42.** þaruh nauhþan duatgaggandin imma, gabrak ina sa unhulþa jah tahida. gaƕotida þan Jesus ahmin þamma unhrainjin jah gahailida þana magu jah atgaf ina attin is. **43.** usfilmans þan waurþun allai ana þizai mikilein gudis. at allaim þan sildaleikjandam bi alla þoei gatawida Jesus (qaþ Paitrus: frauja, duƕe weis ni mahtedum usdreiban

λέγων· διδάσκαλε, δέομαί σου ἐπιβλέψαι ἐπὶ τὸν υἱόν μου, ὅτι μονογενής μοί ἐστιν, **39.** καὶ ἰδοὺ πνεῦμα λαμβάνει αὐτὸν καὶ ἐξαίφνης κράζει καὶ σπαράσσει αὐτὸν μετὰ ἀφροῦ καὶ μόγις ἀποχωρεῖ ἀπ' αὐτοῦ συντρῖβον αὐτόν. **40.**— καὶ ἐδεήθην τῶν μαθητῶν σου ἵνα ἐκβάλωσιν αὐτό, καὶ οὐκ ἠδυνήθησαν. **41.** ἀποκριθεὶς δὲ ὁ Ἰησοῦς εἶπεν· ὦ γενεὰ ἄπιστος καὶ διεστραμμένη, ἕως πότε ἔσομαι πρὸς ὑμᾶς καὶ ἀνέξομαι ὑμῶν; προσάγαγε τὸν υἱόν σου ὧδε. **42.** ἔτι δὲ προσερχομένου αὐτοῦ ἔρρηξεν αὐτὸν τὸ δαιμόνιον καὶ συνεσπάραξεν· ἐπετίμησεν δὲ ὁ Ἰησοῦς τῷ πνεύματι τῷ ἀκαθάρτῳ, καὶ ἰάσατο τὸν παῖδα καὶ ἀπέδωκεν αὐτὸν τῷ πατρὶ αὐτοῦ. **43.** ἐξεπλήσσοντο δὲ πάντες ἐπὶ τῇ μεγαλειότητι τοῦ θεοῦ. πάντων δὲ θαυμαζόντων ἐπὶ πᾶσιν οἷς

ae. *ánga*, ahd. *einag*, l. *ūnicus*. — **39.** anaks Adv. „plötzlich". — tahjan sw. V. I „reißen", neuis. *tæja* fasern, mhd. *zāch*, *zāhe* Docht. — ƕaþo f n „Schaum", zu *ƕaþjan* schäumen, ae. *hwađerian*. — halis-aiw Adv. „kaum je" (*aiw* A. zu *aiws*, Mc. 10, 30). — af-linnan st. V. III „weichen", ahd. *bi-linnan* ablassen, gr. *λίναμαι* wende mich. — gabrikands: Part. für nhd. Gerundium („zu brechen") nach Verben des Aufhörens, Streitb. § 325. — **40.** us-dreiban st. V. I „austreiben", ais. *drifa*, ae. *drīfan*, ahd. *trīban*. — **41.** kuni n ja „Geschlecht", ais. *kyn*, ae. *cynn*, ahd. *kunni*, gr. *γένος*, l. *genus*. — inwinds Adj. a verkehrt, ais. *vindr* schief, zu *windan*. — þulan sw. V. III „dulden", ais. *þola*, ae. *þolian*, ahd. *dolēn*, gr. *τλῆναι*, l. *tolerāre*. — hidrei = *hidre* „hierher". — **42.** naúh-þan = *naúh* „noch" + *þan* da. — unhulþa m n „böser Geist", seltener neben *unhulþo* f. — magus m u „Knabe", *þiumagus* Mt. 8, 6. — **43.** usfilma sw. Adj. „entsetzt", ~ ais. *felms-fullr* schreckvoll. — mikilei f n

þamma? iþ Jesus qaþ: þata kuni ni usgaggiþ, nibai in bidom jah in fastubnja[1]). qaþ þan du siponjam seinaim: **44.** lagjiþ jus in ausona izwara þo waurda, unte sunus mans skulds ist atgiban in handuns manne. **45.** iþ eis ni froþun þamma waurda, jah was gahuliþ faura im, ei ni froþeina imma: jah ohtedun fraihnan ina bi þata waurd. **46.** galaiþ þan mitons in ins, þata ƕarjis þau ize maists wesi. **47.** iþ Jesus gasaiƕands þo miton hairtins ize, fairgreipands barn gasatida faura sis **48.** jah qaþ du im: saƕazuh saei andnimiþ þata barn ana namin meinamma, mik andnimiþ; jah saƕazuh saei mik andnimiþ, andnimiþ þana sandjandan mik; unte sa minnista wisands in allaim izwis, sa wairþiþ mikils. **49.** andhafjands þan Johannes qaþ: talzjand, gaseƕum sumana ana þeinamma namin usdreibandan unhulþons

ἐποίησεν ὁ Ἰησοῦς εἶπεν δὲ πρὸς τοὺς μαθητὰς αὐτοῦ· **44.** θέσθε ὑμεῖς εἰς τὰ ὦτα ὑμῶν τοὺς λόγους τούτους· ὁ γὰρ υἱὸς τοῦ ἀνθρώπου μέλλει παραδίδοσθαι εἰς χεῖρας ἀνθρώπων. **45.** οἱ δὲ ἠγνόουν τὸ ῥῆμα τοῦτο, καὶ ἦν παρακεκαλυμμένον ἀπ' αὐτῶν ἵνα μὴ αἴσθωνται αὐτό, καὶ ἐφοβοῦντο ἐρωτῆσαι αὐτὸν περὶ τοῦ ῥήματος τούτου. **46.** εἰσῆλθεν δὲ διαλογισμὸς ἐν αὐτοῖς, τὸ τίς ἂν εἴη μείζων αὐτῶν. **47.** ὁ δὲ Ἰησοῦς ἰδὼν τὸν διαλογισμὸν τῆς καρδίας αὐτῶν, ἐπιλαβόμενος παιδίου ἔστησεν αὐτὸ παρ' ἑαυτῷ **48.** καὶ εἶπεν αὐτοῖς· ὃς ἐὰν δέξηται τοῦτο τὸ παιδίον ἐπὶ τῷ ὀνόματί μου, ἐμὲ δέχεται· καὶ ὃς ἐὰν ἐμὲ δέξηται, δέχεται τὸν ἀποστείλαντά με· ὁ γὰρ μικρότερος ἐν πᾶσιν ὑμῖν ὑπάρχων, οὗτος ἔσται μέγας. **49.** ἀποκριθεὶς δὲ ὁ Ἰωάννης εἶπεν· ἐπιστάτα, εἴδομέν τινα ἐπὶ τῷ ὀνόματί σου ἐκβάλλοντα δαιμόνια καὶ

„Größe", zu *mikils* (Lc. 9, 43). — fastubni n ja „Fasten", ae. *fæsten*, as. *fastunnia.* — **44.** auso n n „Ohr", ais. *eyra*, ae. *éare*, ahd. *ōra*, gr. *οὖς* < **οὖσος*, l. *auris.* — atgiban („übergeben") ist ein besonders deutlicher Fall von pass. Inf., vgl. zu *us-hramjan* Mt. 26, 2. — fraþjan st. V. VI m. *j*-Präs. „verstehen", zu *fraþi* Verstand, ahd. *frad* tüchtig, abl. g. *froþs* weise, ahd. *fruot.* — **46.** mitons f i „Gedanke", zu *miton* sw. V. II ermessen, ae. *metian*, ahd. *mezzōn* (neben *mitan* st. V. V messen), gr. *μέδομαι*, l. *meditor.* — ƕarjis subst. Pron. „wer"? — maists Sup. „größte" (zu *mikils*), vgl. *maiza* (oben V. 13) u. § 77. — **47.** fairgreipan st. V. I „ergreifen", ahd. *grīfan.* — minnists Sup.

[1]) Die Einschaltung wohl aus Vet. lat. – Brixianus (f) stimmt Wort für Wort, der Schluß lautet: *hoc genus non exiet nisi in orationibus et ieiuniis.*

jah waridedum imma, unte ni laisteiþ miþ unsis. **50.** jah qaþ du im Jesus: ni warjiþ, unte saei nist wiþra izwis, faur izwis ist. (ni ainshun auk ist manne, saei ni gawaurkjai maht in namin meinamma). **51.** warþ þan in þammei usfullnodedun dagos andanumtais is, jah is andwairþi seinata gatulgida du gaggan in Jairusalem. **52.** jah insandida airuns faura sis, jah gaggandans galiþun in haim Samareite, swe manwjan imma. **53.** jah nih andnemun ina, unte andwairþi is was gaggando du Jairusalem. **54.** gasaiƕandans þan siponjos is Jakobus jah Johannes qeþun: frauja, wileizu ei qiþaima, fon atgaggai us himina jah fraqimai im, swe jah Heleias gatawida? **55.** gawandjands þan gasok im jah qaþ du im: niu wituþ ƕis ahmane sijuþ? **56.** unte sunus mans ni qam saiwalom qistjan, ak nasjan. jah iddjedun in anþara haim. **57.** warþ þan gaggandam im in wiga qaþ sums du imma: laistja þuk þisƕaduh þadei gaggis, frauja. **58.** jah qaþ du imma Jesus: fauhons grobos aigun jah fuglos himinis sit-

ἐκωλύσαμεν αὐτόν, ὅτι οὐκ ἀκολουθεῖ μεθ' ἡμῶν. **50.** καὶ εἶπεν πρὸς αὐτὸν ὁ 'Ιησοῦς· μὴ κωλύετε, ὃς γὰρ οὐκ ἔστιν καθ' ὑμῶν, ὑπὲρ ὑμῶν ἐστιν. **51.** ἐγένετο δὲ ἐν τῷ συμπληροῦσθαι τὰς ἡμέρας τῆς ἀναλήψεως αὐτοῦ. καὶ αὐτὸς τὸ πρόσωπον αὐτοῦ ἐστήριξεν τοῦ πορεύεσθαι εἰς 'Ιερουσαλήμ, **52.** καὶ ἀπέστειλεν ἀγγέλους πρὸ προσώπου ἑαυτοῦ. καὶ πορευθέντες εἰσῆλθον εἰς κώμην Σαμαρειτῶν, ὥστε ἑτοιμάσαι αὐτῷ: **53.** καὶ οὐκ ἐδέξαντο αὐτόν, ὅτι τὸ πρόσωπον αὐτοῦ ἦν πορευόμενον εἰς 'Ιερουσαλήμ. **54.** ἰδόντες δὲ οἱ μαθηταὶ αὐτοῦ 'Ιάκωβος καὶ 'Ιωάννης εἶπον· κύριε, θέλεις εἴπωμεν πῦρ καταβῆναι ἀπὸ τοῦ οὐρανοῦ καὶ ἀναλῶσαι αὐτούς, ὡς καὶ 'Ηηλίας ἐποίησεν; **55.** στραφεὶς δὲ ἐπετίμησεν αὐτοῖς καὶ εἶπεν· οὐκ οἴδατε ποίου πνεύματός ἐστε; **56.** ὁ γὰρ υἱὸς τοῦ ἀνθρώπου οὐκ ἦλθεν ψυχὰς ἀνθρώπων ἀπολέσαι ἀλλὰ σῶσαι. καὶ ἐπορεύθησαν εἰς ἑτέραν κώμην. **57.** ἐγένετο δὲ πορευομένων αὐτῶν ἐν τῇ ὁδῷ εἶπέν τις πρὸς αὐτόν· ἀκολουθήσω σοι ὅπου ἐὰν ἀπέρχῃ, κύριε. **58.** καὶ εἶπεν αὐτῷ ὁ 'Ιησοῦς· αἱ ἀλώπεκες φωλεοὺς ἔχουσιν καὶ τὰ πετεινὰ τοῦ οὐρανοῦ κατασκηνώσεις, ὁ δὲ υἱὸς τοῦ ἀνθρώπου

„geringste" (zu *leitils*) vgl. § 77. — **51.** andanumts f i „Hinaufnahme", ahd. *numft*, Verbalabstr. zu *niman.* — tulgjan sw. V. I „bestärken", zu *tulgus* fest, dz. ae. *tulge*, as. *tulgo* „sehr", l. *indulgēre* frönen, gr. *δολιχός* lang. — **52.** airus m u „Bote",

lans; iþ sunus mans ni habaiþ ƕar haubiþ galagjai. 59. qaþ þan du anþaramma: laistei mik; iþ is qaþ: frauja, uslaubei mis galeiþan faurþis jah usfilhan attan meinana. 60. qaþ þan du imma Jesus: let þans dauþans usfilhan seinans nawins: iþ þu gagg jah gaspillo þiudangardja gudis. 61. qaþ þan jah anþar: laistja þuk, frauja; iþ faurþis uslaubei mis andqiþan þaim þaiei sind in garda meinamma. 62. qaþ þan du imma Jesus: ni manna uslagjands handu seina ana hohan jah saiƕands aftra, gatils ist in þiudangardja gudis.

οὐκ ἔχει ποῦ τὴν κεφαλὴν κλίνῃ. 59. εἶπεν δὲ πρὸς ἕτερον· ἀκολούθει μοι. ὁ δὲ εἶπεν· κύριε, ἐπίτρεψόν μοι ἀπελθόντι πρῶτον θάψαι τὸν πατέρα μου. 60. εἶπεν δὲ αὐτῷ ὁ Ἰησοῦς· ἄφες τοὺς νεκροὺς θάψαι τοὺς ἑαυτῶν νεκρούς, σὺ δὲ ἀπελθὼν διάγγελε τὴν βασιλείαν τοῦ θεοῦ. 61. εἶπεν δὲ καὶ ἕτερος· ἀκολουθήσω σοι, κύριε· πρῶτον δὲ ἐπίτρεψόν μοι ἀποτάξασθαι τοῖς εἰς τὸν οἶκόν μου. 62. εἶπεν δὲ πρὸς αὐτὸν ὁ Ἰησοῦς· οὐδεὶς ἐπιβαλὼν τὴν χεῖρα αὐτοῦ ἐπ' ἄροτρον καὶ βλέπων εἰς τὰ ὀπίσω εὔθετός ἐστιν εἰς τὴν βασιλείαν τοῦ θεοῦ.

ais. *árr*, ae. *ár*, as. *ēr*. — 60. naus m i „Toter“, G. *nawis*, ais. *nár*, ae. *né(o)*. — 61. *andqiþan* „Abschied nehmen“ u. „entlassen“. — 62. hoha m n ahd. dimin. *huohhili*, = Hakenpflug (Baumast, ai. *śā́khā*). — gatils Adj. a „tauglich“, ae. *til* wacker.

Johannes VIII

12. Aftra du im Jesus rodida qaþuh: ik im liuhaþ manasedais; saei laisteiþ mik ni gaggiþ in riqiza, ak habaiþ liuhaþ libainais. 13. þanuh qeþun du imma þai Fareisaieis: þu bi þuk silban weitwodeis; so weitwodiþa þeina nist sunjeina. 14. andhof Jesus jah qaþ du im: jah jabai ik weit-

12. Πάλιν οὖν αὐτοῖς ὁ Ἰησοῦς ἐλάλησεν λέγων· ἐγώ εἰμι τὸ φῶς τοῦ κόσμου· ὁ ἀκολουθῶν ἐμοὶ οὐ μὴ περιπατήσῃ ἐν τῇ σκοτίᾳ, ἀλλ' ἕξει τὸ φῶς τῆς ζωῆς. 13. εἶπον οὖν αὐτῷ οἱ Φαρισαῖοι· σὺ περὶ σεαυτοῦ μαρτυρεῖς· ἡ μαρτυρία σου οὐκ ἔστιν ἀληθής· 14. ἀπεκρίθη Ἰησοῦς καὶ εἶπεν αὐτοῖς· κἂν ἐγὼ μαρ-

12. liuhaþ n a „Licht“, ae. *léoht*, ahd. *lioht*, l. *lūx*, gr. *λευκός* weiß; dz. *liuhtjan* leuchten, *lauhatjan* blitzen. — weitwodjan sw. V. I „zeugen“, zu *weitwoþs* Zeuge (Mt. 26, 65). — 13. sunjeins Adj. a „wahr“, Nebenform zu *sunjis* im folg. V. — 14. sunjis Adj. ja eig. „seiend“, < **sundjis* Part. zu **es-* „sein“,

wodja bi mik silban, sunja ist so weitwodiþa meina, unte
wait ƕaþro qam jah ƕaþ galeiþa, iþ jus ni wituþ ƕaþro
qima, aiþþau ƕaþ galeiþa. **15.** jus bi leika stojiþ, iþ ik ni
stoja ainnohun. **16.** jaþ-þan jabai stoja ik, staua meina
sunjeina ist, unte ains ni im, ak ik jah saei sandida mik atta.
17. jah þan in witoda izwaramma gameliþ ist þatei twaddje
manne weitwodiþa sunja ist. **18.** ik im saei weitwodja bi
mik silban, jah weitwodeiþ bi mik saei sandida mik atta.
19. qeþun þan du imma: ƕar ist sa atta þeins? andhof
Jesus: ni mik kunnuþ nih attan meinana; iþ mik kunþedeiþ,
jah þau attan meinana kunþedeiþ. **20.** þo waurda rodida
in gazaufylakio, laisjands in alh; jah ainshun ni faifah ina,
unte nauhþanuh ni qam ƕeila is. **21.** þanuh qaþ aftra du

τυρῶ περὶ ἐμαυτοῦ, ἀληθής ἐστιν ἡ μαρτυρία μου, ὅτι οἶδα
πόθεν ἦλθον καὶ ποῦ ὑπάγω· ὑμεῖς δὲ οὐκ οἴδατε πόθεν ἔρχομαι
ἢ ποῦ ὑπάγω. **15.** ὑμεῖς κατὰ τὴν σάρκα κρίνετε, ἐγὼ οὐ κρίνω
οὐδένα. **16.** καὶ ἐὰν κρίνω δὲ ἐγὼ, ἡ κρίσις ἡ ἐμὴ ἀληθής ἐστιν,
ὅτι μόνος οὐκ εἰμί, ἀλλ' ἐγὼ καὶ ὁ πέμψας με πατήρ. **17.** καὶ
ἐν τῷ νόμῳ δὲ τῷ ὑμετέρῳ γέγραπται ὅτι δύο ἀνθρώπων ἡ
μαρτυρία ἀληθής ἐστιν. **18.** ἐγώ εἰμι ὁ μαρτυρῶν περὶ ἐμαυτοῦ,
καὶ μαρτυρεῖ περὶ ἐμοῦ ὁ πέμψας με πατήρ. **19.** ἔλεγον οὖν αὐτῷ·
ποῦ ἐστιν ὁ πατήρ σου; ἀπεκρίθη 'Ιησοῦς· οὔτε ἐμὲ οἴδατε οὔτε
τὸν πατέρα μου· εἰ ἐμὲ ᾔδειτε, καὶ τὸν πατέρα μου ᾔδειτε ἄν.
20. ταῦτα τὰ ῥήματα ἐλάλησεν ἐν τῷ γαζοφυλακίῳ διδάσκων
ἐν τῷ ἱερῷ· καὶ οὐδεὶς ἐπίασεν αὐτόν, ὅτι οὔπω ἐληλύθει, ἡ
ὥρα αὐτοῦ. **21.** εἶπεν οὖν πάλιν αὐτοῖς ὁ 'Ιησοῦς· ἐγὼ ὑπάγω,
καὶ ζητήσετέ με, καὶ ἐν τῇ ἁμαρτίᾳ ὑμῶν ἀποθανεῖσθε· ὅπου

abl. ais. *sađr* (< *sannr*), ae. *sóđ*, ahd. *sand* „wahr", gr. *ὤν / ὄντος*, l. *sons / -tis* schuldig neben *prae-sens*; vgl. *bisunjane*. — ƕaþro Adv. „woher", hwaþ Adv. „wohin" (gr. *πόσε*), § 84. — **15.** stojan sw. V. I „richten", zu *staūa* V. 16. ~ ae. *stówian*, ahd. *stouwen* „anhalten" u. „anklagen", daneben *stuowen*, *stūēn* „verhaften" u. „büßen". — **16.** staūa f ō „Gericht", ~ *stojan*, ahd. *stūa-tago* Gerichtstag. — **19.** *iþ* hier Einleit. des konjunktionslosen Bedingungssatzes, = wenn, Streitb. § 370a. — gazaúfylakio = gr. D. *γαζοφυλακίῳ* Schatzhaus. — **20.** fāhan red. V. „fangen", ais. *fá*, ae. *fón*, ahd. *fāhan* < **fanȝhan*, ~ l. *paciscor*, *pactum*. — naúh-þan-uh „noch", vgl. *naúh-þan* Lc. 9, 42. — **21.** frawaúrhts f i „Sünde", ae. *forwyrht*, as. *farwurht*, zu *waúrk-*

im Jesus: ik galeiþa, jah sokeiþ mik, jah in frawaurhtai izwarai gadauþniþ. þadei ik gagga, jus in maguþ qiman. 22. qeþun þan Judaieis: nibai usqimai sis silbin, ei qiþiþ: þadei ik gagga, jus ni maguþ qiman? 23. jah qaþ du im Jesus: jus us þaim dalaþro sijuþ, iþ ik us þaim iupaþro im; jus us þamma fairƕau sijuþ, iþ ik ni im us þamma fairƕau. 24. qaþ nu izwis þatei gadauþniþ in frawaurhtim izwaraim; jabai auk ni galaubeiþ þatei ik im, gadauþniþ in frawaurhtim izwaraim. 25. þaruh qeþun du imma: þu ƕas is? jah qaþ du im Jesus: anastodeins, þatei jah rodja du izwis. 26. manag skal bi izwis rodjan jah stojan; akei saei sandida mik sunjeins ist; jah ik þatei hausida at imma þata rodja in þamma fairƕau. 27. ni froþun þatei attan im qaþ. 28. qaþuh þan du im Jesus: þan ushauheiþ þana sunu mans, þanuh ufkunnaiþ þatei ik im, jah af mis silbin tauja ni waiht, ak swaswe laisida mik atta meins, þata rodja. 29. jah saei sandida mik miþ mis ist; ni bilaiþ mis ainamma

ἐγὼ ὑπάγω, ὑμεῖς οὐ δύνασθε ἐλθειν. 22. ἔλεγον οὖν οἱ Ἰουδαῖοι· μήτι ἀποκτενεῖ ἑαυτόν, ὅτι λέγει· ὅπου ἐγὼ ὑπάγω, ὑμεῖς οὐ δύνασθε ἐλθεῖν; 23. καὶ εἶπεν αὐτοῖς· ὑμεῖς ἐκ τῶν κάτω ἐστέ, ἐγὼ ἐκ τῶν ἄνω εἰμί. ὑμεῖς ἐκ τοῦ κόσμου τούτου ἐστέ, ἐγὼ οὐκ εἰμὶ ἐκ τοῦ κόσμου τούτου. 24. εἶπον οὖν ὑμῖν ὅτι ἀποθανεῖσθε ἐν ταῖς ἁμαρτίαις ὑμῶν· ἐὰν γὰρ μὴ πιστεύσητε ὅτι ἐγώ εἰμι, ἀποθανεῖσθε ἐν ταῖς ἁμαρτίαις ὑμῶν· 25. ἔλεγον οὖν αὐτῷ· σὺ τίς εἶ; καὶ εἶπεν αὐτοῖς ὁ Ἰησοῦς· τὴν ἀρχὴν ὅ τι καὶ λαλῶ ὑμῖν. 26. πολλὰ ἔχω περὶ ὑμῶν λαλεῖν καὶ κρίνειν· ἀλλ' ὁ πέμψας με ἀληθής ἐστιν, κἀγὼ ἃ ἤκουσα παρ' αὐτοῦ, ταῦτα λαλῶ εἰς τὸν κόσμον. 27. οὐκ ἔγνωσαν ὅτι τὸν πατέρα αὐτοῖς ἔλεγεν. 28. εἶπεν οὖν αὐτοῖς ὁ Ἰησοῦς· ὅταν ὑψώσητε τὸν υἱὸν τοῦ ἀνθρώπου, τότε γνώσεσθε ὅτι ἐγώ εἰμι, καὶ ἀπ' ἐμαυτοῦ ποιῶ οὐδέν, ἀλλὰ καθὼς ἐδίδαξέν με ὁ πατήρ μου, ταῦτα λαλῶ. 29. καὶ ὁ πέμψας με μετ' ἐμοῦ ἐστιν· οὐκ ἀφῆκέν

jan, vgl. nhd. „verwirken". — 22. *usquimai* potentialer (bzw. dubitativer) Opt. für gr. Fut. Streitb. § 308. — 23. dalaþro Adv. „von unten her", vgl. *dalaþ* Mt. 7, 25. — iupaþro Adv. „von oben her" zu *iupa* „oben", ais. *uppi*, ae. *uppe*, ahd. *ūfe*, *iup* „aufwärts"; vgl. § 84. — fairƕus m u Welt, ais. *fiǫr* ae. *feor* ahd. *fer(a)h* Leben, dz. ahd. *firahi* Pl. Menschen. — 28. ushaujan sw. V. I „erhöhen", zu *hauhs* hoch, vgl. Mc. 11, 10. — 29. bi-leiþan verlassen. — leikan sw. V. III „gefallen", ais.

atta, unte ik þatei leikaiþ imma tauja sinteino. **30.** þata
imma rodjandin managai galaubidedun imma. **31.** þanuh
qaþ Jesus du þaim galaubjandam sis Judaium: jabai jus
gastandiþ in waurda meinamma, bi sunjai siponjos meinai
sijuþ, **32.** jah ufkunnaiþ sunja, jah so sunja frijans izwis
briggiþ. **33.** andhofun imma: fraiw Abrahamis sijum jah
ni mannhun skalkinodedum aiw ƕanhun; ƕaiwa þu qiþis
þatei frijai wairþiþ? **34.** andhof im Jesus: amen amen, qiþa
izwis þatei ƕazuh saei taujiþ frawaurht, skalks ist frawaurh-
tai. **35.** sah þan skalks ni wisiþ in garda du aiwa, sunus wisiþ
du aiwa. **36.** jabai nu sunus izwis frijans briggiþ, bi sunjai
frijai sijuþ. **37.** wait þatei fraiw Abrahamis sijuþ; akei sokeiþ
mis usqiman, unte waurd mein ni gamot in izwis. **38.** ik
þatei gasaƕ at attin meinamma rodja, jah jus þatei hausideduþ
fram attin izwaramma taujiþ. **39.** andhofun jah qeþun du

με μόνον ὁ πατήρ, ὅτι ἐγὼ τὰ ἀρεστὰ αὐτῷ ποιῶ πάντοτε.
30. ταῦτα αὐτοῦ λαλοῦντος, πολλοὶ ἐπίστευσαν εἰς αὐτόν.
31. ἔλεγεν οὖν ὁ Ἰησοῦς πρὸς τοὺς πεπιστευκότας αὐτῷ Ἰου-
δαίους· ἐὰν ὑμεῖς μείνητε ἐν τῷ λόγῳ τῷ ἐμῷ, ἀληθῶς μαθηταί
μού ἐστε, **32.** καὶ γνώσεσθε τὴν ἀλήθειαν, καὶ ἡ ἀλήθεια ἐλευθε-
ρώσει ὑμᾶς. **33.** ἀπεκρίθησαν αὐτῷ· σπέρμα Ἀβραάμ ἐσμεν
καὶ οὐδενὶ δεδουλεύκαμεν πώποτε· πῶς σὺ λέγεις ὅτι ἐλεύθεροι
γενήσεσθε; **34.** ἀπεκρίθη αὐτοῖς ὁ Ἰησοῦς· ἀμὴν ἀμὴν λέγω
ὑμῖν ὅτι πᾶς ὁ ποιῶν τὴν ἁμαρτίαν δοῦλός ἐστιν τῆς ἁμαρτίας.
35. ὁ δὲ δοῦλος οὐ μένει ἐν τῇ οἰκίᾳ εἰς τὸν αἰῶνα· ὁ υἱὸς μένει
εἰς τὸν αἰῶνα. **36.** ἐὰν οὖν ὁ υἱὸς ὑμᾶς ἐλευθερώσῃ, ὄντως ἐλεύ-
θεροι ἔσεσθε. **37.** οἶδα ὅτι σπέρμα Ἀβραάμ ἐστε· ἀλλὰ ζητεῖτέ
με ἀποκτεῖναι, ὅτι ὁ λόγος ὁ ἐμὸς οὐ χωρεῖ ἐν ὑμῖν. **38.** ἐγὼ ἃ
ἑώρακα παρὰ τῷ πατρί μου λαλῶ· καὶ ὑμεῖς οὖν ἃ ἠκούσατε
παρὰ τοῦ πατρὸς ὑμῶν ποιεῖτε. **39.** ἀπεκρίθησαν καὶ εἶπον

lika, ahd. *lîhhēn*, zu *leik*. — sin-teins Adj. a „täglich", Adv. -*ō*- „immer", < **sim*- zu ae. ahd. *sin*- „dauernd, stark", l. *semper*, *simplex*. — **32.** freis Adj. ja „frei", ae. *frío*, ahd. *frī*. — **33.** fraiw n a, ais. *frǽ*, *frió* Same. — skalkinon sw. V. II „dienen", zu *skalks*; zur Bildung vgl. § 99. — ƕan-hun Adv. „irgend einmal". — **34.** *frawaurhtai* Dat. der Beteiligung statt gr. Gen. — **35.** *sa-h þan* „und der nun". — wisiþ: *wisan* in der Bed. „bleiben" bildet solche Präs.-Formen statt „*im*, *is*, *ist*". — **37.** ga-motan V. pfpräs. „Raum finden", ahd. *muozan* dürfen, können, dz. ahd. *muoza* Muße. — **39.** waúrstw n a „Werk", < **waúrhstw*,

imma: atta unsar Abraham ist. qaþ im Jesus: iþ barna Abrahamis weseiþ, waurstwa Abrahamis tawidedeiþ. **40.** iþ nu sokeiþ mik usqiman, mannan izei sunja izwis rodida, þoci hausida fram guda; þatuh Abraham ni tawida. **41.** jus taujiþ toja attins izwaris. þanuh qeþun imma: weis us horinassau ni sijum gabauranai; ainana attan aigum, guþ. **42.** qaþ du im Jesus: jabai guþ atta izwar wesi, friodedeiþ þau mik, unte ik fram guda urrann jah qam; nih þan auk fram mis silbin ni qam, ak is mik insandida. **43.** duƕe maþlein meina ni kunnuþ? unte ni maguþ hausjan waurd mein. **44.** jus us attin diabaulau sijuþ jah lustuns þis attins izwaris wileiþ taujan. jains manamaurþrja was fram frumistja jah in sunjai ni gastoþ; unte nist sunja in imma. þan rodeiþ

αὐτῷ· ὁ πατὴρ ἡμῶν Ἀβραάμ ἐστιν. λέγει αὐτοῖς ὁ Ἰησοῦς· εἰ τέκνα τοῦ Ἀβραὰμ ἦτε, τὰ ἔργα τοῦ Ἀβραὰμ ἐποιεῖτε· **40.** νῦν δὲ ζητεῖτέ με ἀποκτεῖναι, ἄνθρωπον ὃς τὴν ἀλήθειαν ὑμῖν λελάληκα, ἣν ἤκουσα παρὰ τοῦ θεοῦ· τοῦτο Ἀβραὰμ οὐκ ἐποίησεν. **41.** ὑμεῖς ποιεῖτε τὰ ἔργα τοῦ πατρὸς ὑμῶν. εἶπον οὖν αὐτῷ· ἡμεῖς ἐκ πορνείας οὐ γεγεννήμεθα, ἕνα πατέρα ἔχομεν τὸν θεόν. **42.** εἶπεν αὐτοῖς ὁ Ἰησοῦς· εἰ ὁ θεὸς πατὴρ ὑμῶν ἦν, ἠγαπᾶτε ἂν ἐμέ· ἐγὼ γὰρ ἐκ τοῦ θεοῦ ἐξῆλθον καὶ ἥκω· οὐδὲ γὰρ ἀπ' ἐμαυτοῦ ἐλήλυθα, ἀλλ' ἐκεῖνός με ἀπέστειλεν. **43.** διατί τὴν λαλιὰν τὴν ἐμὴν οὐ γινώσκετε; ὅτι οὐ δύνασθε ἀκούειν τὸν λόγον τὸν ἐμόν. **44.** ὑμεῖς ἐκ τοῦ πατρὸς τοῦ διαβόλου ἐστὲ καὶ τὰς ἐπιθυμίας τοῦ πατρὸς ὑμῶν θέλετε ποιεῖν. ἐκεῖνος ἀνθρωποκτόνος ἦν ἀπ' ἀρχῆς καὶ ἐν τῇ ἀληθείᾳ οὐχ ἕστηκεν, ὅτι οὐκ ἔστιν ἀλήθεια ἐν αὐτῷ. ὅταν λαλῇ τὸ ψεῦδος, ἐκ τῶν ἰδίων λαλεῖ, ὅτι ψεύστης ἐστὶν καὶ ὁ πατὴρ αὐτοῦ.

zu Part. *waúrhts* (*waúrkjan*). — **40.** mik: vgl. *mis* V. 37; der Dat. überwiegt. — **41.** taūi, Pl. *toja* n ja „Tat", zu *taujan.* — horinassus m u „Ehebruch" zu *horinon* (Mc. 10, 11). — **42.** frijon (*frion*, § 24) sw. V. II „lieben" ais. *friá*, ae. *frioȝan*, mhd. *vrīen*, ~ *freis* (ob. V. 32). — **43.** maþlei(ns?) f. „Rede", zu *maþl* Versammlungsort, ais. *mál* Rede, ae. *mæđel*, ahd. *mahal*, fränk.-lat. *mallus* Gerichtssätte, vgl. as. *Theot-malli* Detmold; *maþljan* reden, ais. *mǽla*, ae. *mæđlan*, ahd. *mahalen.* — **44.** lustus m u ahd. *lust* m, f. — manamaurþrja m n „(Menschen-)Mörder", *mana-* (Mt. 7, 12) + *maurþja* ae. *myrdra* ahd. *murdreo.* — frumisti N ja „Anfang". — liugn n „Lüge", norw. *lygn*, ae. *lygen*, ahd. *lugina* neben ais. *lygi*, ae. *lyge*, ahd. *lugī* zu *liugan* st. V. II

liugn, us seinaim rodeiþ, unte liugnja ist jah atta is. **45.** iþ ik, þatei sunja rodida, ni galaubeiþ mis. **46.** ƕas izwara gasakiþ mik bi frawaurht? þande sunja qiþa, duƕe ni galaubeiþ mis? **47** sa wisands us guda waurda gudis hauseiþ; duþe jus ni hauseiþ, unte us guda ni sijuþ. **48.** andhofun þan þai Iudaieis jah qeþun du imma: niu waila qiþam weis þatei Samareites is þu jah unhulþon habais? **79.** andhof Jesus: ik unhulþon ni haba, ak swera attan meinana, jah jus unsweraiþ mik. **50.** ik ni sokja hauhein meina; ist saei sokeiþ jah stojiþ. **51.** amen amen qiþa izwis: jabai ƕas waurd mein fastaiþ, dauþu ni gasaiƕiþ aiwa dage. **52.** þanuh qeþun du imma þai Judaieis: nu ufkunþedum þatei unhulþon habais. Abraham gadauþnoda jah praufeteis, jah þu qiþis: jabeai ƕas mein waurd fastai, ni kausjai dauþau aiwa dage. **53.** ibai þu maiza is attin unsaramma Abrahama, saei gadauþnoda? jah praufeteis gadauþnodedun. ƕana þuk silban taujis þu? **54.** andhof Jesus: jabai ik hauhja mik silban, so hauheins meina ni waihts ist; ist atta meins saei hauheiþ mik, þanei jus qiþiþ þatei guþ unsar

45. ἐγὼ δὲ ὅτι τὴν ἀλήθειαν λέγω, οὐ πιστεύετέ μοι. **46.** τίς ἐξ ὑμῶν ἐλέγχει με περὶ ἁμαρτίας; εἰ ἀλήθειαν λέγω, διατί ὑμεῖς οὐ πιστεύετέ μοι; **47.** ὁ ὢν ἐκ τοῦ θεοῦ τὰ ῥήματα τοῦ θεοῦ ἀκούει· διὰ τοῦτο ὑμεῖς οὐκ ἀκούετε, ὅτι ἐκ τοῦ θεοῦ οὐκ ἐστέ. **48.** ἀπεκρίθησαν οὖν οἱ Ἰουδαῖοι καὶ εἶπον αὐτῷ· οὐ καλῶς λέγομεν ἡμεῖς ὅτι Σαμαρείτης εἶ σὺ καὶ δαιμόνιον ἔχεις; **49.** ἀπεκρίθη Ἰησοῦς· ἐγὼ δαιμόνιον οὐκ ἔχω, ἀλλὰ τιμῶ τὸν πατέρα μου, καὶ ὑμεῖς ἀτιμάζετέ με. **50.** ἐγὼ δὲ οὐ ζητῶ τὴν δόξαν μου· ἔστιν ὁ ζητῶν καὶ κρίνων. **51.** ἀμὴν ἀμὴν λέγω ὑμῖν, ἐάν τις τὸν λόγον τὸν ἐμὸν τηρήσῃ, θάνατον οὐ μὴ θεωρήσῃ εἰς τὸν αἰῶνα. **52.** εἶπον οὖν αὐτῷ οἱ Ἰουδαῖοι· νῦν ἐγνώκαμεν ὅτι δαιμόνιον ἔχεις. Ἀβραὰμ ἀπέθανεν καὶ οἱ προφῆται, καὶ σὺ λέγεις· ἐάν τις τὸν λόγον μου τηρήσῃ, οὐ μὴ γεύσηται θανάτου εἰς τὸν αἰῶνα. **53.** μὴ σὺ μείζων εἶ τοῦ πατρὸς ἡμῶν Ἀβραάμ, ὅστις ἀπέθανεν; καὶ οἱ προφῆται ἀπέθανον· τίνα σεαυτὸν σὺ ποιεῖς; **54.** ἀπεκρίθη Ἰησοῦς· ἐὰν ἐγὼ δοξάζω ἐμαυτόν, ἡ δόξα

lügen. — liugnja m n „Lügner", zum vorigen. — **46.** þande Konj. „da, wenn". — **48.** waíla Adv. „wohl", ais. *vel*, ae. *wel*, ahd. *wëla wola*. — **50.** hauheins f i/ō „Preis, Ehre", zu *hauhjan*

ist. 55. jah ni kunnuþ ina; iþ ik kann ina; jah jabai qeþjau þatei ni kunnjau ina, sijau galeiks izwis liudnja; ak kann ina jah waurd is fasta. 56. Abraham atta izwar sifaida ei gasehvi dag meinana, jah gasahv jah faginoda. 57. þanuh qeþun þai Judaieis du imma: fimf tiguns jere nauh ni habais jah Abraham sahvt? 58. qaþ im Jesus: amen amen qiþa izwis: faurþizei Abraham waurþi, im ik. 59. þanuh nemun stainans, ei waurpeina ana ina; iþ Jesus þan gafalh sik jah usiddja us alh usleiþands þairh midjans ins, jah hvarboda swa.

μου οὐδέν ἐστιν. ἔστιν ὁ πατήρ μου ὁ δοξάζων με, ὃν ὑμεῖς λέγετε ὅτι θεὸς ἡμῶν ἐστιν, 55. καὶ οὐκ ἐγνώκατε αὐτόν, ἐγὼ δὲ οἶδα αὐτόν· καὶ ἐὰν εἴπω ὅτι οὐκ οἶδα αὐτόν, ἔσομαι ὅμοιος ὑμῶν ψεύστης· ἀλλ' οἶδα αὐτὸν καὶ τὸν λόγον αὐτοῦ τηρῶ. 56. 'Αβραὰμ ὁ πατὴρ ὑμῶν ἠγαλλιάσατο ἵνα ἴδῃ τὴν ἡμέραν τὴν ἐμήν, καὶ εἶδεν καὶ ἐχάρη. 57. εἶπον οὖν οἱ 'Ιουδαῖοι πρὸς αὐτόν· πεντήκοντα ἔτη οὔπω ἔχεις καὶ 'Αβραὰμ ἑώρακας; 58. εἶπεν αὐτοῖς ὁ 'Ιησοῦς· ἀμὴν ἀμὴν λέγω ὑμῖν, πρὶν 'Αβραὰμ γενέσθαι ἐγὼ εἰμί. 59. ἦραν οὖν λίθους, ἵνα βάλωσιν ἐπ' αὐτόν· 'Ιησοῦς δὲ ἐκρύβη καὶ ἐξῆλθεν ἐκ τοῦ ἱεροῦ διελθὼν δια μέσου αὐτῶν καὶ παρῆγεν οὕτως.

(V. 28). — 55. ga-leiks Adj. a „gleichen Körper, Gestalt habend", zu *leik* Mc. 10, 8. — 56. sifan sw. V. III „sich freuen". — faginon sw. V. II „sich freuen", ais. *fagna*, ae. *fægnian*, as. *faganon*, ahd. *faginōn*, vw. mit gramm. Wechsel *faheþs* Freude (II. Kor. 7, 4). — 59. midjis Adj. ja „mittlerer", ais. *miðr*, ae. *midd*, as. *middi*, ahd. *mitti*, gr. *μέσος*, l. *medius*. —

2. Korinther VII—VIII

(In Ambr. A und B erhalten, A gilt als besser; graphisch ist jedoch B altertümlicher. Hier der Text aus praktischen Gründen nach B, die Varianten von A sind angemerkt.)

VII

1. þo habandans nu gahaita, liubans, hrainjam unsis af allamma bisauleino leikis jah ahmins, ustiuhandans weihiþa

1. Ταύτας οὖν ἔχοντες τὰς ἐπαγγελίας, ἀγαπητοί, καθαρίσωμεν ἑαυτοὺς ἀπὸ παντὸς μολυσμοῦ σαρκὸς καὶ πνεύματος,

1. gahait n a „Verheißung", ais. *heit*, ae. *hát*, mnd. *hēt*, ahd. *giheiz*, zu *haitan*. — bisauleins f i/ō *(aū,aú?)* „Befleckung", zu *bisaul-*

bisauljan in agisa gudis. 2. gamoteima in izwis: ni ainummehun gaskoþum, ni ainnohun frawardidedum, ni ainnohun bifaihodedum. 3. ni du gawargeinai qiþa; fauraqaþ auk þatei in hairtam unsaraim sijuþ du gaswiltan[1]) jah[2]) samana liban. 4. managa mis trauains du izwis, managa mis ƕoftuli faur izwis, usfulliþs im gaþlaihtais, ufarfulliþs im fahedais in allaizos managons[3]) aglons unsaraizos. 5. jah auk qimandam

ἐπιτελοῦντες ἁγιοσύνην ἐν φόβῳ θεοῦ. 2. χωρήσατε ἡμᾶς· οὐδένα ἠδικήσαμεν, οὐδένα ἐφθείραμεν, οὐδένα ἐπλεονεκτήσαμεν. 3. οὐ πρὸς κατάκρισιν λέγω· προείρηκα γὰρ ὅτι ἐν ταῖς καρδίαις ἡμῶν ἐστε εἰς τὸ συναποθανεῖν καὶ συζῆν. 4. πολλή μοι παρρησία πρὸς ὑμᾶς, πολλή μοι καύχησις ὑπὲρ ὑμῶν· πεπλήρωμαι τῇ παρακλήσει, ὑπερπερισσεύομαι τῇ χαρᾷ ἐπὶ πάσῃ τῇ θλίψει ἡμῶν. 5. καὶ γὰρ ἐλθόντων ἡμῶν εἰς Μακεδονίαν, οὐδεμίαν ἔσχηκεν ἄνεσιν ἡ σὰρξ ἡμῶν, ἀλλ' ἐν παντὶ θλιβόμενοι· ἔξωθεν

jan beflecken, ae. *sylian*, ahd. *sullen*, zu ae. *sol*(*u*), ahd. *sol* Lache. — weihiþa f ō, ahd. *wīhida* „Weihe". — agisn a „Furcht", ~ ahd. *egiso* Furcht, gr. *ἄχος* Leid. — 2. gaskaþjan st. V. VI mit j-Präs. „schaden", ais. *skeþja*, ae. *scieđđan*, zu *skaþis* n Schaden. — frawardjan sw. V. I „verderben" (trans.), kaus. zu *wairþan*, ahd. *farwerten* verderben (trans.), zu *farwërdan* zugrunde gehen. — bi-faīhon sw. V. II „betrügen", ahd. *bi-fēhnōn*, zu *bifaih* Betrug. — 3. gawargeins f i/ō „Verurteilung", zu *wargjan* (Mc. 10, 33). — [miþ-]gaswiltan st. V. III „sterben", ais. *svelta* (ver-)hungern, ae. *sweltan* hinsterben, ahd. *swëlzan* verbrennen; krgot. *schuualth* „Tod". — samana Adv. „zusammen" ais. as. ahd. *saman*, ahd. *zi-samane*. — 4. traūains f i „Vertrauen", zu *traūan* trauen (unten V. 15). — ƕoftuli f jō „Ruhm", zu *ƕopan* red. V. „sich rühmen". — gaþlaihts f i „Trost", zu *ga-þlaihan* trösten (Mc. 10, 16). — faheþs(d) f i, ae. *féa*, ahd. *gifëho* Freude, ae. *féon*, ahd. *gifëhan* sich freuen, vw. mit gramm. Wechsel *faginon* (oben Joh. 8, 56). — aglo f n „Drangsal", zu *agls* „schimpflich". — 5. gaƕeileins f i „Ruhe", zu *ƕeila* „Weile" (Mt. 8, 13). — anapraggan red. V. „bedrängen", mnd. *prangen*, mhd. *pfrengen* drücken, zwängen, dz. mnd. *pranger*. — ūtana Adv. „von außen", § 84. — waihjo f n „Kampf", vw. *weihan* kämpfen, ~ ahd. *weigen* quälen, *weigar* kühn, *weigarōn* weigern. — innana

Varianten in A: [1]) miþgaswiltan. [2]) jas-.
[3]) managons *ist ein in den Text geratenes Glossem.*

unsis in Makidonjai[1]) ni waiht habaida gaƕeilainais leik unsar, ak in allamma anapragganai, utana waihjons, innana agisa. **6.** akei sa gaþlaihan[d]s hnaiwidaim gaþrafstida uns guþ in quma Teitaus: **7.** aþþan ni þatainei in quma is, ak jah in gaþlaihtai, þizaiei gaþrafstiþs was ana izwis, gateihands uns izwara gairnein, izwarana gaunoþu, izwar aljan faur mik, swaei mis mais faginon warþ. **8.** unte jabai gaurida izwis in þaim[2]) bokom, ni idreigo mik, jah jabai idreigoda — gasaiƕa auk[3]) þatei so aipistaule jaina, jabai [jah] du leitilai ƕeilai, gaurida izwis — **9.** nu fagino, ni unte gauridai wesuþ, ak unte gauridai wesuþ du idreigai; saurgaideduþ auk bi guþ, ei in waihtai ni gasleiþjaindau us unsis. **10.** unte so[4]) bi guþ saurga idreiga du ganistai gatulgidai[5]) ustiuhada;

μάχαι, ἔσωθεν φόβοι. **6.** ἀλλ' ὁ παρακαλῶν τοὺς ταπεινοὺς παρεκάλεσεν ἡμᾶς ὁ θεὸς ἐν τῇ παρουσίᾳ Τίτου. **7.** οὐ μόνον δὲ ἐν τῇ παρουσίᾳ αὐτοῦ, ἀλλὰ καὶ ἐν τῇ παρακλήσει ᾗ παρεκλήθη ἐφ' ὑμῖν, ἀναγγέλλων ἡμῖν τὴν ὑμῶν ἐπιπόθησιν, τὸν ὑμῶν ὀδυρμόν, τὸν ὑμῶν ζῆλον ὑπὲρ ἐμοῦ, ὥστε με μᾶλλον χαρῆναι. **8.** ὅτι εἰ καὶ ἐλύπησα ὑμᾶς ἐν τῇ ἐπιστολῇ, οὐ μεταμέλομαι· εἰ καὶ μετεμελόμην — βλέπω γὰρ ὅτι ἡ ἐπιστολὴ ἐκείνη εἰ καὶ πρὸς ὥραν ἐλύπησεν ὑμᾶς — **9.** νῦν χαίρω, οὐχ ὅτι ἐλυπήθητε, ἀλλ' ὅτι ἐλυπήθητε εἰς μετάνοιαν. ἐλυπήθητε γὰρ κατὰ θεόν, ἵνα ἐν μηδενὶ ζημιωθῆτε ἐξ ἡμῶν. **10.** ἡ γὰρ κατὰ θεὸν λύπη μετάνοιαν εἰς σωτηρίαν ἀμεταμέλητον κατεργάζεται, ἡ δὲ τοῦ

Adv. „von innen", § 84. — **6.** qums m i ae. *cyme*, ahd. *quimi*, *kumi* „das Kommen", zu *qiman*. — **7.** gaírnei f n „Wunsch", zu *gaírns* begierig, vgl. *gaírnjan* Mc. 11, 3. — *gaunoþus m u (beide Texte schreiben *gaunoþa*) „Klage", zu *gaunon* klagen. — aljan n a „Eifer", ais. *elian*, *-un* ae. ahd. *ellen* Mut. — *mis ... warþ*: der gr. A. c. I. ersetzt durch finiten Satz mit Dat. („der Beteiligung", Streitb. § 253). — **8.** gaūrjan sw. V. I „kränken", zu *gaūrs* Adj. betrübt (Mc. 10, 22). — idreigon sw. V. II „bereuen", zu *idreiga* f ō Buße. — aípistaúle f (oft nach *ein*-Klasse) < gr. *ἐπιστολή*. — **9.** saúrgan sw. V. III „sorgen", ahd. *s(w)orgēn*, zu *saúrga* f ō Sorge. — **10.** ganists f i „Heil", Verbalabstr. zu *ga-nisan* „genesen" (Mc. 10, 26). — ustiuhada medial, „bewirkt", „erweist sich" [als Buße zur Errettung ...].

---

[1]) Makaidonjai. [2]) þaim *fehlt.* [3]) gasaiƕa auk] unte gasaiƕa.
[4]) so *fehlt.* [5]) gatulgida *(also auf* idreiga *bezogen).*

iþ þis fairƕaus saurga dauþu gasmiþoþ. 11. saiƕ[1]) auk silbo þata bi guþ saurgan izwis, ƕelauda gatawida izwis usdaudein, akei sunjon, akei unwerein, akei agis, akei gairnein, akei aljan, akei fraweit! in allamma ustaiknideduþ izwis hlutrans wisan þamma toja. 12. aþþan jabai melida, ni in þis anamahtjandins, ni in þis anamahtidins, ak du gabairhtjan usdaudein unsara þoei faur izwis habam wiþra izwis in andwairþja gudis. 13. in-uh[2]) þis gaþrafstidai sium[3]); aþþan ana gaþrafsteinai unsarai filaus mais faginodedum ana fahedai Teitaus, unte anaƕeilaiþs warþ ahma is fram allaim izwis. 14. unte jabai ƕa imma fram izwis ƕaiƕop, ni gaaiwis-

κόσμου λύπη θάνατον κατεργάζεται, 11. ἰδοὺ γὰρ αὐτὸ τοῦτο τὸ κατὰ θεὸν λυπηθῆναι ὑμᾶς πόσην κατειργάσατο ὑμῖν σπουδήν, ἀλλὰ ἀπολογίαν, ἀλλὰ ἀγανάκτησιν, ἀλλὰ φόβον, ἀλλὰ ἐπιπόθησιν, ἀλλὰ ζῆλον, ἀλλὰ ἐκδίκησιν. ἐν παντὶ συνεστήσατε ἑαυτοὺς ἁγνοὺς εἶναι ἐν τῷ πράγματι. 12. ἄρα εἰ καὶ ἔγραψα ὑμῖν, οὐχ ἕνεκεν τοῦ ἀδικήσαντος οὐδὲ ἕνεκεν τοῦ ἀδικηθέντος, ἀλλ' ἕνεκεν τοῦ φανερωθῆναι τὴν σπουδὴν ἡμῶν τὴν ὑπὲρ ὑμῶν πρὸς ὑμᾶς ἐνώπιον τοῦ θεοῦ. 13. διὰ τοῦτο παρακεκλήμεθα. ἐπὶ δὲ τῇ παρακλήσει ἡμῶν περισσοτέρως μᾶλλον ἐχάρημεν ἐπὶ τῇ χαρᾷ Τίτου, ὅτι ἀναπέπαυται τὸ πνεῦμα αὐτοῦ ἀπὸ πάντων ὑμῶν. 14. ὅτι εἴ τι αὐτῷ ὑπὲρ ὑμῶν κεκαύχημαι, οὐ κατ-

— ga-smiþon sw. V. II „bewirken", ais. *smiða*, ae. *smiðian*, ahd. *smidōn* „schmieden", ~ *smiþa* m n Schmied, ahd. *gismīdi* Geschmeide, mhd. *gesmīdec* geschmeidig. — 11. ƕe-lauþs(d) Pron.-Adj. „wie groß"?, vgl. *swalauþs* Mt. 8, 10. — usdaudei f n „Ausdauer", zu *usdauþs* eifrig (unten 8, 17). — sunjons f i „Verteidigung", zu *sunjon* sw. V. II entschuldigen. — unwerei(ns)? f (n, i, ō?) „Zorn", zu *unwerjan* sw. V. I unwillig sein (Mc. 10, 14). — aljan N a „Eifer", ais. *eljan*, as. *ellian*, ae. ahd. *ellen*. — fraweit n a „Rache", zu *fra-weitan* rächen, vgl. *in-weitan* Mt. 8, 2. — ustaiknjan sw. V. I „darstellen", ae. *tǣcnan*, ahd. *zeihhanen* (be)zeichnen, zu *taikns* f i und *taikn* n., ais. *teikn*, ae. *tácn*, ahd. *zeihhan* Zeichen. — hlūtrs Adj. a „lauter", ae. *hlútor*, ahd. *hlūttar*, ~ gr. *κλύζω*, l. *cluō* spüle. — 12. ga-bairhtjan sw. V. I „offenbaren", ais. *birta*, ae. *bierhtan* klären, zu *bairhts* hell, ahd. *bëraht*. — 13. gaþrafsteins f i/ō „Trost", zu *þrafstjan* sw. V. I trösten (Mc. 10, 49). — ana-ƕeilan sw. V. III „beruhigen", ~ ahd. *hwīlōn* verweilen, zu *ƕeila* f ō Weile (Mt. 8, 13). — 14. ƕopan

[1]) saiƕa *(Schreibfehler)*. [2]) in-uþ-. [3]) sijum.

koþs warþ; ak swaswe allata izwis in sunjai rodidedum, swa jah ƕoftuli unsara so du Teitau[1]) sunja warþ. 15. jah[2]) brusts is ufarassau du izwis sind, gamunandins þo allaize izwara ufhausein, swe miþ agisa jah reirom andnemuþ ina. 16. fagino nu, unte in allamma gatraua in izwis.

ῃσχύνθην, ἀλλ' ὡς πάντα ὑμῖν ἐν ἀληθείᾳ ἐλαλήσαμεν, οὕτως καὶ ἡ καύχησις ἡμῶν ἡ πρὸς Τίτον ἀλήθεια ἐγενήθη. 15. καὶ τὰ σπλάγχνα αὐτοῦ περισσοτέρως εἰς ὑμᾶς ἐστιν, ἀναμιμνησκομένου τὴν πάντων ὑμῶν ὑπακοήν, ὡς μετὰ φόβου καὶ τρόμου ἐδέξασθε αὐτόν. 16. χαίρω οὖν ὅτι ἐν παντὶ θαρρῶ ἐν ὑμῖν.

red. V. „sich rühmen", ~ ae. *hwópan* drohen. — ga-aiwiskon sw. V. II „beschämen", zu *aiwiski* Schande, ae. *ǽwisc*. — 15. brusts f Pl. „Brust", wurzelflekt., ahd. *brust*, dneb. abl. ais. *bríóst*, ae. *bréost*, ne. *breast*, zu as. *brustian* knospen. — ufarassus m u „Überfluß", zu *ufar* über. — ufhauseins f i/ō „Gehorsam", zu *ufhausjan* gehorchen (Mt. 7, 24). — reiro f n „Zittern", zu *reiran* sw. V. III zittern. — gatraūan sw. V. III „trauen", ais. *trúa*, ae. *trúwian*, ahd. *trū(w)ēn*.

VIII

1. Aþþan kannja izwis, broþrjus, anst gudis þo gibanon in aikkesjon[3]) Makidonais. 2. þatei in managamma kustau aglons managduþs fahedais ize jah[4]) þata diupo unledi ize

1. Γνωρίζω δὲ ὑμῖν, ἀδελφοί, τὴν χάριν τοῦ θεοῦ τὴν δεδομένην ἐν ταῖς ἐκκλησίαις τῆς Μακεδονίας, 2. ὅτι ἐν πολλῇ δοκιμῇ θλίψεως ἡ περισσεία τῆς χαρᾶς αὐτῶν καὶ ἡ κατὰ βάθους πτωχεία αὐτῶν ἐπερίσσευσεν εἰς τὸν πλοῦτον τῆς ἁπλότητος

1. kannjan sw. V. I „bekanntmachen", ais. *kenna*, ae. *cennan*, ahd. *ar-kennen* erkennen; kaus. zu *kunnan* kennen. — ansts f i „Gunst", ais. *ást*, ae. *ést*, ahd. *anst* u. *unst*, zu *unnan*. — aíkklesjo f n < gr. *ἐκκλησία* Kirche. — 2. kustus m u „Prüfung", ais. *kostr*, ae. ahd. *cost* Wahl, l. *gustus*, zu *kiusan*. — managdūþs f i „Menge", Suff. *-dūþs* wie l. *iuventus* / G. *-tūtis*. — diups Adj. a „tief", ahd. *tiof*, *tiuf*, dz. abl. *daupjan*, mit Nasalinfix ahd. *tumphilo* Tümpel. — unledi n ja „Armut", ae. *unlǽdu* Elend. — us-managnan sw. V. IV „reichlich sein",

[1]) Teitaun. [2]) jab-. [3]) aikklesiom. [4]) jaþ-.

usmanagnoda du gabein ainfalþeins ize. **3.** unte bi mahtai, weitwodja, jah ufar maht silbawiljos wesun, **4.** miþ managai usbloteinai bidjandans uns niman anst seina jah gamainein andbahtjis in þans weihans. **5.** jah[1]) ni swaswe wenidedum, ak sik silbans atgebun frumist fraujin, þaþroh[2]) þan uns þairh wiljan gudis, **6.** swaei bedeima Teitaun, ei swaswe faura dustodida, swah ustiuhai in izwis jah þo anst. **7.** akei swe raihtis in allamma managniþ, galaubeinai jah waurda jah kunþja jah in allai usdaudein jah ana þizai us izwis in uns friaþwai[3]), ei jah in þizai anstai managnaiþ. **8.** ni swaswe fraujinonds qiþa izwis, ak in þizos anþaraize usdaudeins jah izwaraizos friaþwos[4]) airkniþa kiusands. **9.** unte

αὐτῶν· **3.** ὅτι κατὰ δύναμιν, μαρτυρῶ, καὶ ὑπὲρ δύναμιν αὐθαίρετοι, **4.** μετὰ πολλῆς παρακλήσεως δεόμενοι ἡμῶν τὴν χάριν καὶ τὴν κοινωνίαν τῆς διακονίας τῆς εἰς τοὺς ἁγίους, **5.** καὶ οὐ καθὼς ἠλπίσαμεν, ἀλλὰ ἑαυτοὺς ἔδωκαν πρῶτον τῷ κυρίῳ καὶ ἡμῖν διὰ θελήματος θεοῦ, **6.** ὥστε ἡμᾶς παρακαλέσαι Τίτον ἵνα καθὼς προενήρξατο, οὕτως καὶ ἐπιτελήσῃ εἰς ὑμᾶς καὶ τὴν χάριν ταύτην. **7.** ἀλλ' ὥσπερ ἐν παντί περισσεύετε, πίστει καὶ λόγῳ καὶ γνώσει καὶ πάσῃ σπουδῇ καὶ τῇ ἐξ ὑμῶν ἐν ἡμῖν, ἀγάπῃ, ἵνα καὶ ἐν ταύτῃ τῇ χάριτι περισσεύητε. **8.** οὐ κατ' ἐπιταγὴν λέγω, ἀλλὰ διὰ τῆς ἑτέρων σπουδῆς καὶ τὸ τῆς ὑμετέρας ἀγάπης γνήσιον δοκιμάζων. **9.** γινώσκετε γὰρ τὴν χάριν

zu *manags.* — gabei f n „Reichtum", ahd. *gëbī*, zu *giban*, — ainfalþei f n „Einfalt", ahd. *einfaltī.* — silbawiljis Adj. ja „bereitwillig". — **4.** usbloteins f i/ō „Bitte, Flehen", zu *blotan* red. V. verehren, ahd. *bluozan.* — gamainei f n „Gemeinschaft", ahd. *gimeinī*, zu *gamains* (Neh. 5, 13). — andbahti n ja „Amt", vgl. *andbahtjan* Mt. 8, 15, *andbahts* Mc. 10, 43. — **5.** wenjan sw. V. I „hoffen" ahd. *wānen* nhd. *wähnen.* — **6.** dustodjan sw. V. I „beginnen", ais. *stǿđa* zum Stehen bringen, bestätigen, ~ ahd. *stantan.* — **7.** raíhtis Konj. „nämlich, ja doch" vgl. § 83; eig. G. zu *raiht*, n von *raíhts* Adj. a, ais. *réttr*, ae. *reht riht*, ahd. *rëht*, gr. *ὀρεκτός*, l. *rēctus*, zu *regō* regiere. — kunþi n ja „Kunde", ais. *kynni* Bekanntschaft, mhd. *kunde* f, zu *kunnan.* — **8.** frijaþwa f ō (*j* fehlt hier) „Liebe", ae. *friod*, zu *frijon* lieben, Mc. 10, 21. — aírkniþa f ō „Echtheit", zu *aírkns* heilig, ae. *eorcen*, ahd. *ërkan* echt. — **9.** ga-un-ledjan

[1]) jaþ-(!). [2]) þaþroþ-. [3]) frijaþwai. [4]) frijaþwos.

kunnuþ anst fraujins unsaris, Jesuis Xristaus, þatei in izwara gaunledida sik gabigs wisands, ei jus þamma is unledja gabeigai[1]) wairþaiþ. **10.** jah[2]) ragin in þamma giba, unte þata izwis batizo ist, juzei ni þatainei *taujan*[3]), ak jah *wiljan*[3]) dugunnuþ af fairnin jera. **11.** iþ nu sai, jah taujan ustiuhaiþ, ei swaswe fauraïst muns du wiljan, swa jah du ustiuhan us þammei habaiþ. **12.** jabai auk wilja in gagreiftai[4]) ist, swaswe habai, waila andanem ist, ni swaswe ni habai. **13.** ni swa auk ei anþaraim iusila, iþ izwis aglo, ak us ibnassau; **14.** in þamma nu mela izwar ufarassus du jainaize þarbom, ei jah jainaize ufarassus wairþai du izwaraim þarbom, ei wairþai ibnassus. **15.** swaswe gameliþ

τοῦ κυρίου ἡμῶν Ἰησοῦ Χριστοῦ, ὅτι δι' ὑμᾶς ἐπτώχευσεν πλούσιος ὤν, ἵνα ὑμεῖς τῇ ἐκείνου πτωχείᾳ πλουτήσητε. **10.** καὶ γνώμην ἐν τούτῳ δίδωμι· τοῦτο γὰρ ὑμῖν συμφέρει, οἵτινες οὐ μόνον τὸ ποιῆσαι ἀλλὰ καὶ τὸ θέλειν προενήρξασθε ἀπὸ πέρυσι. **11.** νυνὶ δὲ καὶ τὸ ποιῆσαι ἐπιτελέσατε, ὅπως καθάπερ ἡ προθυμία τοῦ θέλειν, οὕτως καὶ τὸ ἐπιτελέσαι ἐκ τοῦ ἔχειν. **12.** εἰ γὰρ ἡ προθυμία πρόκειται, καθὸ ἐὰν ἔχῃ εὐπρόσδεκτος, οὐ καθὸ οὐκ ἔχῃ. **13.** οὐ γὰρ ἵνα ἄλλοις ἄνεσις, ὑμῖν δὲ θλίψις, ἀλλ' ἐξ ἰσότητος· ἐν τῷ νῦν καίρῳ τὸ ὑμῶν περίσσευμα εἰς τὸ ἐκείνων ὑστέρημα, **14.** ἵνα καὶ τὸ ἐκείνων περίσσευμα γένηται εἰς τὸ ὑμῶν ὑστέρημα, ὅπως γένηται ἰσότης, **15.** καθὼς γέγραπται· ὁ τὸ πολὺ οὐκ ἐπλεό-

„arm machen", zu *unledi* Armut (oben V. 2). — **10.** ragin n a, „Rat" ais. *regin*, *rǫgn* Pl. Rater = Götter, ae. *regn-*, ahd. *regin-* stark, vgl. ahd. *Regin-hart* usw. — batiza „besser", Komp. zu *goþs*, ais. *betri*, ae. *betera*, ahd. *bëzziro*. — faírns Adj. a „vorjährig", as. *fern*, mhd. *vërne*, neb. ais. *forn* „alt", as. ahd. *forn* Adv. ehemals. — jer n a „Jahr", ais. *ár*, ae. *ȝéar*, ahd. *jār*, ~ gr. *ὥρᾱ* Jahreszeit. — **11.** muns m i „Gedanke", ais. *munr* Sinn, zu *munan*. — **12.** gagrefts f i „Beschluß, Verordnung", ~ ahd. *grāfo* Graf? *in g. ist* = „unter Beweis steht". — andanems Adj. i/ja „angenehm", ais. *næmr*, ahd. *nāmi* genehm. — **13.** iusila f ō „Erholung", zu *iusiza*, defekt. Komp. (zu *goþs*) „besser". — ibnassus m u „Gleichheit", ae. *efness*, zu *ibns* eben. — **14.** þarba f ō „Mangel", ais. *þǫrf*, ae. *þearf*, ahd. *darba*.

[1]) gabigai. [2]) jar-.
[3]) *so A*; *B. hat willkürlich umgestellt:* wiljan . . . taujan. [4]) gagreftai.

ist: saei[1]) filu, ni managizo, jah saei leitil, ni fawizo. **16.** aþþan awiliud[2]) guda, izei[3]) gaf þo samon usdaudein faur izwis in hairto Teitaus; **17.** unte raihtis bida andnam, aþþan usdaudoza wisands silba wiljands galaiþ du izwis. **18.** gaþ-þan-miþ-sandidedum[4]) imma broþar, þizei hazeins in aiwaggeljon[5]) and allos aikklesjons. **19.** aþþan ni þat-ain, ak jah gatewiþs fram aikklesjom miþ gasinþam uns miþ anstai þizai andbahtidon fram uns du fraujins wulþau jah gairnein unsarai; **20.** biwandjandans þata, ibai ƕas uns fairinodedi in digrein þizai andbahtidon fram uns; **21.** garedandans auk goda ni þatainei in andwairþja gudis, ak jah in andwairþja manne. **22.** insandidedum þan miþ im broþar un-

νασεν, καὶ ὁ τὸ ὀλίγον οὐκ ἠλαττόνησεν. **16.** χάρις δὲ τῷ θεῷ τῷ δόντι τὴν αὐτὴν σπουδὴν ὑπὲρ ὑμῶν ἐν τῇ καρδίᾳ Τίτου. **17.** ὅτι τὴν μὲν παράκλησιν ἐδέξατο, σπουδαιότερος δὲ ὑπάρχων αὐθαίρετος ἐξῆλθεν πρὸς ὑμᾶς. **18.** συνεπέμψαμεν δὲ μετ' αὐτοῦ τὸν ἀδελφόν, οὗ ὁ ἔπαινος ἐν τῷ εὐαγγελίῳ διὰ πασῶν τῶν ἐκκλησιῶν, **19.** οὐ μόνον δὲ ἀλλὰ καὶ χειροτονηθεὶς ὑπὸ τῶν ἐκκλησιῶν συνέκδημος ἡμῶν σὺν τῇ χάριτι ταύτῃ τῇ διακονουμένῃ ὑφ' ἡμῶν πρὸς τὴν τοῦ κυρίου δόξαν καὶ προθυμίαν ἡμῶν, **20.** στελλόμενοι τοῦτο, μή τις ἡμᾶς μωμήσηται ἐν τῇ ἁδρότητι ταύτῃ τῇ διακονουμένῃ ὑφ' ἡμῶν **21.** προνοούμενοι γὰρ καλὰ οὐ μόνον ἐνώπιον κυρίου ἀλλὰ καὶ ἐνώπιον ἀνθρώπων . **22.** συνεπέμψαμεν δὲ αὐτοῖς τὸν ἀδελφὸν ἡμῶν,

— **16.** awi-liuþ (d) n a Dank[-lied], = *awi-* zu l. *avēre* begehren, *avidus* begierig, + *liuþ* = ais. *lióð*, ae. *léoð*, ahd. *liod.* — **17.** usdauþs Adj. a „eifrig", vielleicht „unträge" u. so mit *dauþs* „tot, kraftlos" zusammengehörig, das entsprechende sw. V. I Skeir. 3, 7. — **18.** hazeins f i/ō „Preis", zu *hazjan*, ae. *herian* loben. — **19.** tewjan sw. V. I „anordnen" zu *tewa* f Ordnung (~ ae. *getáwe*); auch **-teweis* -teilig in *taihunte(wi)hund* „100"?, vgl. § 80. — ga-sinþa m a „Gefährte", ais. *sinni*, ae. *gesīða*, ahd. *gisindo* zu *sinþs* Weg (Mt. 26, 75). — **20.** faírinon sw. V. II „tadeln", ais. *firna*, ae. *firenian*, ahd. *firinōn*, zu *fairina* f ō Schuld. — digrei f n „Fülle", zu ais. *digr* dick, mhd. *tiger* gänzlich. — **21.** garedan red.-abl. V. „Sorge tragen", ahd. *rātan*, ~ *rodjan* (Lc. 9, 11). — **22.** *gakausjan* sw. V. I „erproben", result.

[1]) jas-saei. [2]) awiliuþ. [3]) izc.
[4]) gah-þan-miþ-gasandidedum; gah = ga + -h, *das zweite* ga- *ist überflüssig, eigentlich konkurriert schon das erste mit* miþ *in der Bedeutung „zusammen"*. [5]) aiwaggeljons *(wohl Schreibfehler)*.

sarana þanei gakausidedum in managaim ufta usdaudana wisandan, aþþan nu, sai, filaus mais[1]) usdaudozan trauainai managai in izwis; 23. jaþ-þe[2]) bi Teitu, saei ist gaman mein jah[3]) gawaurstwa in izwis; jaþ-þe broþrjus unsarai apaustauleis aikklesjono, wulþus[4]) Xristaus. 24. aþþan ustaiknein friaþwos[5]) izwaraizos jah unsaraizos hoftuljos faur izwis in im ustaiknjandans in andwairþja aikklesjono.

ὃν ἐδοκιμάσαμεν ἐν πολλοῖς πολλάκις σπουδαῖον ὄντα, νυνὶ δὲ πολὺ σπουδαιότερον πεποιθήσει πολλῇ τῇ εἰς ὑμᾶς. 23. εἴτε ὑπὲρ Τίτου, κοινωνὸς ἐμὸς καὶ εἰς ὑμᾶς συνεργός, εἴτε ἀδελφοὶ ἡμῶν, ἀπόστολοι ἐκκλησιῶν, δόξα Χριστοῦ. 24. τὴν οὖν ἔνδειξιν τῆς ἀγάπης ὑμῶν καὶ ἡμῶν καυχήσεως ὑπὲρ ὑμῶν εἰς αὐτοὺς ἐνδείξασθε[6]), εἰς πρόσωπον τῶν ἐκκλησιῶν.

Aktionsart; das Simplex „schmecken" Lc. 9, 27. — ufta „oft" ais. *opt*, ae. *oft*, ahd. *ofto*. — 23. jaþ-þe (< *jah-þe*) „und wenn", *jaþþe* ... *jaþþe* sei es ... oder. — ga-man n a „Mitmensch". — gawaúrstwa m n „Mitarbeiter", zu *waúrstw* Werk. — 24. ustaikneins f i/ō „Beweis" zu *taiknjan* (oben 7, 11).

Nehemia V—VII

V

13. ... jah qaþ alla gamainþs: amen. jah hazidedun fraujan jah gatawidedun þata waurd alla so managei. 14. jah fram þamma daga ei anabauþ mis ei weisjau faurama-

13. ... καὶ εἶπε πᾶσα ἡ ἐκκλησία· ἀμήν, καὶ ᾔνεσαν τὸν κύριον. καὶ ἐποίησαν τὸ ῥῆμα τοῦτο ὁ λαός. 14. καίγε ἀπὸ τῆς ἡμέρας ἧς ἐνετείλατό μοι εἶναι εἰς ἄρχοντα αὐτῶν ἐν τῇ Ἰουδαίᾳ, ἀπὸ ἔτους εἰκοστοῦ ἕως ἔτους τριακοστοῦ καὶ δευτέρου

13. ga-mainþs f i „Gemeinde", ahd. *gi-meinida* (ō) zu *ga-mains*, ahd. *gi-meini*, l. *com-mūnis* aus *com-moinis*. — hazjan sw. V. I „loben", ae. *herian*, ahd. *harēn* rufen (nhd. *harren*). — faúramaþleis m ja „Vorsteher" = Präp. *faúra* + *-maþleis* zu *maþl* (vgl. *maþlei* Joh. 8, 43). — 14. weisjau = *wesjau*. — ·k·, ·l· = „20ste", „30ste", ·l· *jah anþar* = „32ste", die Lautung

[1]) filaus mais] filu. [2]) jah þe. [3]) jag-. [4]) wulþaus.
[5]) frijaþwos. [6]) *Var.*: ἐνδεικνύμενοι, lat. *ostendentes*.

þleis ize in Judaia, fram jera ·k· und jer·l· jah anþar Arta(r)ksairksaus þiudanis ·ib· jera, ik jah broþrjus meinai hlaif fauramaþleis meinis ni matidedum. **15.** iþ fauramaþljos þaiei weisun faura mis kaurideduu þo managein jah nemun at im hlaibans jah wein jah nauhþanuh silubris sikle ·m·, jah skalkos ize fraujinodedun þizai managein; iþ ik ni tawida swa faura andwairþja agisis gudis. **16.** jah waurstw þizos baurgswaddjaus inswinþida, jah þaurp ni gastaistald, jah þiwos meinai jah allai þai galisanans du þamma waurstwa. **17.** jah Judaieis jah þai fauramaþljos ·r· jah ·n· gumane

Ἀρταξέρξου τοῦ βασιλέως, δώδεκαι ἔτη, ἐγὼ καὶ οἱ ἀδελφοί μου ἄρτον τῆς ἡγεμονίας μου οὐκ ἐφάγομεν. **15.** οἱ δὲ ἄρχοντες οἱ ἔμπροσθέν μου ἐβάρυναν κλοιὸν ἐπὶ τὸν λαὸν καὶ ἔλαβον παρ' αὐτῶν ἄρτους καὶ οἶνον καὶ ἔσχατον ἀργυρίου σίκλους τεσσαράκοντα, καίγε τὰ παιδάρια αὐτῶν ἐκυρίευσαν ἐπὶ τὸν λαόν· ἐγὼ δὲ οὐκ ἐποίησα οὕτως ἀπὸ προσώπου φόβου θεοῦ, **16.** καὶ ἐν ἔργῳ τοῦ τείχους τούτου κατίσχυσα καὶ ἀγρὸν οὐκ ἐκτησάμην καὶ τὰ παιδάριά μου καὶ πάντες οἱ συνηγμένοι ἐκεῖ ἐπὶ τὸ ἔργον. **17.** καὶ οἱ Ἰουδαῖοι καὶ οἱ ἄρχοντες, ἑκατὸν καὶ

wie bei allen höheren Ordinalia nicht belegt. — þiudans m a „König", ais. *þióðann*, ae. *þéoden*, as. *thiodan*, zu *þiuda* Volk (Mc. 10, 33) gebildet mit urgerm. Suff. *-ana-* (dneb. *-ina-*), vgl. l. *dom-inus* zu *domus*. — ·ib· = twalif. — faúramaþli n ja, G. -eis „Oberbefehl", ais. *formǽli* Fürsprache. — **15.** wein n a < l. *vīnum*. — niman at m. D. = „nehmen von . . .", so bei Verben des Empfangens, Findens, Hörens, Streitb. § 270. — silubr n a „Silber", ais. *silfr*, ae. *siolufr*, ahd. *sil(a)bar*; < assyr. *sarpu*? — sikls m „Sekel", gr. *σίκλος*. — ·m· = fidwor tiguns „40". — **16.** baúrgswaddjus f u = *baúrgs* (Mt. 8, 33) + *waddjus* Mauer, ais. *veggr*, eig. Flechtwand, zu l. *viēre* binden, flechten, *vīmen* Weide, *vītis* Rebe, gr. *ἰτέα* Rebe, ahd. *wīda* Weide. — in-swinþjan sw. V. I „verstärken", ae. *swiðan*, zu *swinþs* stark (Sk. 3, 12). — þaúrp n a Acker, ais. *þorp* Platz, Gehöft, ae. *þorp*, *þrop* Landgut, ahd. *dorf*; ~ gr. *τύρβη* Getümmel, l. *turba* Schar? — ga-staldan red. V. „erwerben", ae. *stealdan* besitzen, dz. ae. *hagusteald*, ahd. *hagu-stalt* (nhd. umgedeutet *Hagestolz*), Besitzer eines Hags, eines kleinen Grundstücks. — þius m wa „Haussklave, Diener", vgl. *þiu-magus* Mt. 8, 6. — **17.** ·r· jah ·n· = taíhuntehund jah fimf tigjus „150". — guma m n „Mensch", ais. *gumi*, ae. *guma*, ahd. *gomo*, nhd. *Bräu-*

jah þai qimandans at unsis us þiudom þaim bisunjane unsis ana biuda meinamma andnumanai weisun. **18.** jah was fraquman dagis ƕizuh stiur ·a· lamba gawalida ·q· jah gaits (·a·) gamanwida was mis; jah bi ·i· dagans gaf wein allai þizai filusnai jah allai þizai managein; jah ana þo alla hlaif faurамаþleis meinis ni sokida, in þis ei ni kaurideđjau þo managein in þaim waurstwam . . .

πεντήκοντα ἄνδρες, καὶ οἱ ἐρχόμενοι πρὸς ἡμᾶς ἀπὸ τῶν ἐθνῶν τῶν κύκλῳ ἡμῶν ἐπὶ τὴν τράπεζάν μου ἐξενίζοντο. **18.** καὶ ἦν γινόμενα εἰς ἡμέραν μίαν μόσχος εἷς, πρόβατα ἐκλεκτὰ ἕξ, καὶ χίμαρος ἐγίνετό μοι. καὶ διὰ δέκα ἡμερῶν οἶνον παντὶ τῷ πλήθει, παντὶ τῷ λαῷ. καὶ πρὸς τούτοις ἄρτον τῆς ἡγεμονίας μου οὐκ ἐζήτησα, ὅτι ἐβαρύνθη τὸ ἔργον ἐπὶ τὸν λαὸν τοῦτον . . .

ti-gam, l. *homo* (*h* < *gh*), *nēmo* < **ne-hemo*; Ableitung zu *humus* (Mensch = Irdischer), gr. *χαμαί* Adv. „auf der Erde". — þiudos Pl. = „die Heiden", gr. *τὰ ἔθνη*. — biuþs(d) m a „Tisch", ais. *bióđ*, ae. *béod*, ahd. *biot*, zu *biudan* Mt. 8, 4. — **18.** stiur m a „junger Stier" ais. *stiórr*, ae. *stéor*, ahd. *stior*, zu ahd. *stiuri stūri* stattlich, mnd. *stūr* steif, streng; dneb. ais. *þiórr*, wozu abl. gr. *ταῦρος*, l. *taurus*. — ·a· = ains „1". — waljan sw. V. I „wählen", ais. *velia*, ahd. *wellen*, ~ *wiljan*. — ·q· = saíhs „6". — gaits f i „Geiß", ais. *geit*, ae. *gát*, ahd. *geiz*, l. *haedus*. — bi m. Akk. = „innerhalb von", Vulgata „*inter*". — filusna f ō „Menge", zu *filu*, mit Suff. *-snō*, vgl. *hlaiwasnos* Mt. 8, 28.

VI

14. . . . praufete, þaiei þrafstidedun mik. **15.** ja ustauhana warþ so baurgswaddjus ·e· jah ·k· daga menoþis Alulis, ·n· dage jah ·b·. **16.** jah warþ, swe hausidedun fiands un-

14. . . . προφήταις οἳ ἐνουθέτουν με. **15.** καὶ συνετελέσθη τὸ τεῖχος πέμπτῃ καὶ εἰκάδι τοῦ μηνὸς Ἀλουλ ἐν πεντήκοντα καὶ δύο ἡμέραις. **16.** καὶ ἐγένετο ἡνίκα ἤκουσαν οἱ ἐχθροὶ ἡμῶν

15. ·e· = fimftin (D.) 5ten. ·k· = 20sten, s. zu 5, 14. — menoþs m kons. (§ 56b) „Monat", ais. *mánađr*, ae. *mónađ*, ahd. *mānōd*, gr. *μήν*, l. *mēnsis*, dneb. *mena* m n, dies echte Fortsetzung des idg. **mēnōt*, mit abgesonderter Bedeutung: „Mond", ais. *máni*, ae. *móna*, as. ahd. *māno*. — ·n· jah ·b· „52", vermutlich G. der Zeit: fimf tigiwe . . . jah twaddje. — **16.** fijands

sarai allai, jah ohtedun allos þiudos þos bisunjane unsis, jah atdraus agis in augona ize abraba; jah ufkunþedun þatei fram guda unsaramma warþ usfulliþ þata waurstw. **17.** jah in dagam jainaim managai weisun þize reikjane Judaie, þaiei sandidedun aipistulans du Tobeiin, jah Tobeias du im. **18.** managai auk in Judaia ufaiþjai weisun imma, unte megs was Saixaineiins, sunaus Aieirins, jah Joanan sunus is nam dauhtar Maisaullamis, sunaus Barakeiins, du qenai. **19.** jah rodidedun du imma waila in andwairþja meinamma, jah waurda meina spillodedun imma, jah aipistulans insandida Tobeias ogjan mik.

πάντες, καὶ ἐφοβήθη πάντα τὰ ἔθνη τὰ κύκλῳ ἡμῶν καὶ ἐπέπεσε φόβος ἐν ὀφθαλμοῖς αὐτῶν σφόδρα, καὶ ἔγνωσαν ὅτι παρὰ τοῦ θεοῦ ἡμῶν ἐγενήθη τελειωθῆναι τὸ ἔργον τοῦτο. **17.** καὶ ἐν ταῖς ἡμέραις ἐκείναις πολλοὶ ἦσαν τῶν ἐντίμων τῶν Ἰουδαίων ὧν αἱ ἐπιστολαὶ αὐτῶν ἐπορεύοντο πρὸς Τωβίαν καὶ αἱ Τωβίου ἤρχοντο πρὸς αὐτούς. **18.** πολλοὶ γὰρ ἐν τῇ Ἰουδαίᾳ ἔνορκοι ἦσαν αὐτῶν ὅτι γαμβρὸς ἦν τοῦ Σεχενίου υἱοῦ Ἠρα καὶ Ιωναν ὁ υἱὸς αὐτοῦ ἔλαβε τὴν θυγατέρα Μεσολλαμ υἱοῦ Βαραχίου εἰς γυναῖκα. **19.** καίγε τὰ συμφέροντα αὐτῷ ἔλεγον ἐνώπιόν μου, καὶ τοὺς λόγους μου ἐξέφερον αὐτῷ, καὶ ἐπιστολὰς ἀπέστειλε Τωβίας φοβῆσαί με.

(fiands) m nd „Feind“, § 55, ais. *fiándi*, ae. *fiond*, ahd. *fiant*, Part. zu *fijan* hassen, ais. *fiá*, ae. *féon féogan*, ahd. *fiēn*, ~ g. *faīan* tadeln. — augo n n „Auge“, ais. *auga*, ae. *éage*, ahd. *ouga*. — abrs Adj. a stark, zu ais. *afar-* sehr? Hier Adv. — **17.** reikeis Adj. ja oder reiks i/ja? „mächtig“, ais. *ríkr*, ae. *rīce*, ahd. *rīhhi*, zu *reiks* Herrscher. — **18.** ufaīþeis Adj. ja „vereidigt“, ae. *ǽðe* zu *aiþs* (Mt. 26, 72). — megs m „Eidam“, ais. *mágr*, ae. *mǽg*, ahd. *māg* Verwandter. — daúhtar f r „Tochter“, ais. *dóttir*, ae. *dohtor*, ahd. *tohter*, gr. *θυγάτηρ*.

VII

1. Jah warþ, swe gatimrida warþ so baurgswaddjus, jah gasatida haurdins, jah gaweisodai waurþun daurawardos

1. Καὶ ἐγένετο ἡνίκα ᾠκοδομήθη τὸ τεῖχος καὶ ἐπέστησα τὰς θύρας, καὶ ἐπεσκέπησαν οἱ πυλωροὶ καὶ οἱ ᾠδοὶ καὶ οἱ

1. haúrds f i „[geflochtene] Tür“ ais. *hurð*, ae. *hyrd*, ahd. *hurt* Hürde, gr. *κυρτία*, l. *crātis* Flechtwerk, gr. *κάρταλος* Korb.

jah liuþarjos jah Laiwweiteis; **2.** jah anabauþ Ananiin broþr meinamma jah Ananeiin fauramaþlja baurgs Jairusalems, unte sa was wair sunjeins jah ogands fraujan ufar managans; **3.** jah qaþ im: ni uslukaindau daurons Jairusalems, und þatei urrinnai sunno . . .

Λευῖται. **2.** καὶ ἐνετειλάμην τῷ Ἀνανίᾳ ἀδελφῷ μου καὶ τῷ Ἀνανίᾳ ἄρχοντι τῆς βάρεως Ἱερουσαλήμ, ὅτι αὐτὸς ἀνὴρ ἀληθὴς καὶ φοβούμενος τὸν κύριον ὑπὲρ πολλούς. **3.** καὶ εἶπον αὐτοῖς· οὐκ ἀνοιγήσονται αἱ πύλαι Ἱερουσαλὴμ ἕως ἀνατείλῃ ὁ ἥλιος . . .

— ga-weison sw. V. II (mit G.) „(besuchen,) besorgen", ais. *vísa*, ae. *wísian*, ahd. *wīsōn*, l. *vīsere*. — daúrawards m a „Türhüter", = *daúr* (Mt. 7, 13) + *-wards*, ais. *vǫrðr*, ae. *weard*, ahd. *wart*. — liuþareis m ja „Sänger", ahd. *liudāri*, zu *liuþon* lobsingen. — **3.** us-lūkan st. V. II „aufschließen", mit tiefstuf. Präs.-Vokal *ū* (§ 95), ais. *lúka*, ae. *lúcan*, ahd. *lūhhan*. — daúrons f n Pl., zweiflüg. Tor (Sg. nur in *augadaúro* Fenster), ae. *duru*, ahd. *tura*, gr. *ϑύρᾱ*, l. Pl. *fŏrēs*, dneb. ais. Pl. *dyrr*, ahd. Pl. *turi*. — sunno f n (auch Neutr. durch Einwirkung von *saúil* n „Sonne"), ais. as. ahd. *sunna*, ae. *sunne* f neben as. ahd. *sunno* m.

Skeireins

Blatt III

1. „. . . managa wesun jainar; **2.** þaruh qemun jah daupidai wesun. **3.** ni nauhþanuh galagiþs was in karkarai Johannes." **4.** þatuh þan qiþands aiwaggelista ataugida, ei so garehsns bi ina nehva andja was þairh Herodes biru-

1. „. . . [Wasser] war (*Pl.*) viel dort; **2.** und dahin kamen sie und wurden getauft. **3.** Denn Johannes war noch nicht in den Kerker (*Dat.!*) gelegt". **4.** Und das nun sagend zeigte der Evangelist, daß der Plan betreffs seiner nahe dem Ende war durch des

skeireins f i/ō „Erklärung", zu *skeirs* klar (unten IV 6). — **3.** karkara f ō „Kerker", ahd. *karkāri* < l. *carcer*. — **4.** garehsns f i „bestimmte Zeit, Bestimmung", Abstr. mit Suff. -sni- (vgl. anabusns Mc. 10, 5) zu *rahnjan* rechnen, vw., aber mit idg. *g*, germ. *k* im Stamm, ae. *recenian*, ahd. *rëhhanōn*, l. *rēx / rēgis*, gr. *ἀρήγω* helfe, Grundbedeutung wohl „ordnen". — andeis

nain. 5. akei faur þata, at bajoþum daupjandam jah ainƕaþarammeh seina anafilhandam daupein, miþ sis misso sik undrunnun sumai, ni kunnandans, ƕaþar skuldedi maiza. 6. þaþroh „þan warþ sokeins us siponjam Johannes miþ Judaium bi swiknein". 7. in þizei ju jah leikis hraineino inmaidiþs was sidus jah so bi guþ hrainei anabudana was, — ni þanaseiþs judaiwiskom ufarranneinim jah sinteino[m] daupeinim brukjan usdaudjaina, ak Johanne hausjandans þamma faurrinnandin aiwaggeljon —, wasuh þan jah frauja

Herodes Anschlag. 5. Aber vor dem, als beide tauften und jeder von beiden seine Taufe empfahl, wurden einige uneins untereinander, nicht wissend, welcher von beiden der Größere sein möchte. 6. Daher „ward da ein Zwist von den Jüngern des Johannes mit den Juden betreffs der Reinigung": 7. Deswegen weil schon sowohl die Sitte der Reinigungen des Leibes geändert war, als auch die Reinheit vor Gott geboten war, — daß sie nicht mehr die jüdischen Besprengungen und täglichen Waschungen zu gebrauchen sich bemühten, sondern auf Johannes hörend [wären], den Vorläufer des Evangeliums — und es war da auch der Herr

m ja/i „Ende" ae. *ende*, ahd. *enti* u. mit gramm. Wechsel *endi*, ~ l. *anterior*, *antiquus*, die entgegengesetzte Bedeutungsrichtung zeigen (vgl. l. *altus* „hoch" u. „tief", g. *reisan* „steigen" u. „fallen" Mt. 8, 15). — birūnains f i „Anschlag", zu *rūna* f. Geheimnis, air. *rūn* dass. — 5. bajoþs kons. „beide", Erweit. zu *bai*, *ba* beide, ais. *bá-đir*, ae. *bé-ȝen*, ne. *both* < *bá-đá*, ahd. *bē-de*, gr. *ἄμ-φω*, l. *am-bō*; *bai* ist Plur. wie *twai*. — ain-ƕaþar-uh „jeder von beiden", nur hier, zum folg. ƕaþar wer von beiden, ais. *hvađarr*, ae. *hwæđer*, ahd. *hwëdar* (woraus nhd. *weder*), gr. *πότερος*. — undrinnan (sik) „aneinander geraten". — sokeins f i/ō „Zwist", zu sokjan (Mc. 11, 18). — swiknei f n „Reinheit", ais. *sykn*, ae. *swicn*. — 7. jū Adv. „schon", ae. *iú*, *ȝéo*, as. ahd. *jū*. — hraineins f i/ō „Reinigung", zu *hrainjan*. — in-maidjan sw. V. I „ändern", zu l. *mūtāre*. — sidus m u „Sitte", ais. *siđr*, ae. *si(o)du*, ahd. *situ* (noch m!). — hrainei f n „Reinheit", zu *hrains*. — ufar-ranneins f i/ō „Besprengung", zu *rannjan* „laufen lassen", kaus. zu *rinnan*. — daupeins hier deutlich in älterer Bedeutung „Eintauchung", zu *diups*. — brūkjan sw. V. (V) mit synkop. Prät. (§ 106) „brauchen", ahd. *brūhhen*, l. *fruor*, *frūx*. — us-daudjan sw. V. I „sich beeifern", zu *usdauþs* (Kor. 8, 17). — ahmeins Adj. a „geistlich", zu *ahma*. — eiþan

þo ahmeinon anafilhands daupein, — eiþan garaihtaba warþ bi swiknein sokeins gawagida. 8. unte witoþ þize unfaurweisane missadede ainaizos *swiknein*[1]) raidida, azgon kalbons gabrannidaizos utana bibaurgeinais; afaruh þan þo in wato wairpandans hrain jah hyssopon jah wullai raudai ufartrusnjandans, swaswe gadob, þans ufar miton ... munandans. 9. iþ Johannes idreigos daupein merida jah missadede aflet þaim ainfalþaba gawandjandam gahai-

die geistliche Taufe empfehlend — somit wurde mit Recht die Streitfrage über die Reinigung angeregt. 8. Denn das Gesetz verordnete bloß eine Reinigung für die Vergehen der Absichtslosen: die Asche eines außerhalb des Lagers verbrannten Kalbes, und danach daß man sie in reines Wasser werfe und mit Ysop und roter Wolle überstreue, wie es ziemlich ist den ohne Vorsatz ... im Begriff Stehenden. 9. Aber Johannes verkündete die Taufe

Konj. „daher". — ga-raíhts Adj. a „gerecht", vgl. *raíhtis* Kor. 8, 7 u. *rahnjan* oben V. 4. — ga-wagjan sw. V. I „bewegen", ae. *wecgan*, ahd. *weggen wecken*, zu *wigan*, ais. *vega*, ae. ahd. *wëgan*, st. V. 1. *vehō*, das ahd. Wort trans. u. intrans. — 8. unfaúrweis Adj. a „ungewollt", zu *weis* weise. — raidjan sw. V. I „anordnen", ais. *g-reiđa*, ae. *gerǽdan*, mhd. *gereiten* „bereiten". — azgo f n „Asche", ais. ahd. *aska*, ae. *æsce æxe*. — kalbo f n „Kalb", ais. *kalfr*, ae. *cealf*, ahd. *kalb(a)*, abl. ae. *cilfor-lamb*, ahd. *kilburra* Schaflamm, gr. *δέλφαξ* Ferkel *ἀ-δελφός* Bruder, zu *δελφύς*, *δολφός* Gebärmutter. — ga-brannjan sw. V. I „verbrennen" (trans.), ae. *bærnan*, ahd. *brennen*, kaus. zu *brinnan*. — bibaúrgeins f i/ō „Lager" ae. *byrȝen* Grab zu *beorgan* bergen. — hyssopo f n = hebr.-gr. *Ysop*. — wulla f ō „Wolle", ais. *ull*, ae. *wull*, ahd. *wolla*, nullstuf. Grundform **u̥lnā*; dneb. dehnstuf. gr. *λῆνος*, l. *lāna*; hochstuf. l. *vellus* zu *vellō* rupfe führt auf die Grundbedeutung „Gezupftes". — rauþs (d) „rot", ais. *rauđr*, ae. *réad*, ahd. *rōt*, l. *rūbidus*, *rūfus* (osk.). — ufar-trusnjan sw. V. I „überstreuen", zu ais. *tros* Abfälle, ae. *trús*, ne. *trouse* Reisig. — gadofs (b) Adj., *gadob ist* „es schickt sich" zu *gadaban*, Mc. 10, 32. — munan sw. V. III (mit Inf.) „zu tun gedenken, im Begriff sein" ~ ahd. *fir-monēn* verachten; der Inhalts-Inf. scheint ausgefallen. — 9. aflet n a „Erlaß", zu *letan*. — ainfalþs Adj. a „einfältig", ais. *einfaldr*, ae. *ánféald*, ahd.

[1]) ainaizo swiknein] so nach Jellinek, AnzfdA. 38, 153. Hs.: *ainaizos witoþ*, was nur anakoluthisch zu verstehen wäre: „das Gesetz über eines der Vergehen der Absichtslosen – das Gesetz verordnete ..."

hait; **10.** iþ frauja at afleta frawaurhte jah fragift weihis ahmins jah fragibands im þatei sunjus þiudangardjos wairþaina. **11.** swaei sijai daupeins Johannes ana midumai twaddje ligandei, ufarþeihandei raihtis witodis hrainein, iþ mi[n]nizei filaus aiwaggeljons daupeinai; **12.** inuh þis bairhtaba uns laiseiþ qiþands: **13.** „aþþan ik in watin izwis daupja, iþ sa afar mis gagganda swinþoza mis ist, þizei ik ni im wairþs ei anahneiwands andbindau skaudaraip skohis is; **14.** sah þan izwis daupeiþ in ahmin weihamma". **15.** bi garehsnai nu ...

der Buße und verhieß Ablaß der Vergehen den einfältig sich Bekehrenden; **10.** aber der Herr zum Ablaß der Sünden auch die Gabe des heiligen Geistes, ihnen auch gewährend, daß sie Söhne des [Gottes]reichs würden. **11.** So daß die Taufe des Johannes in der Mitte beider liegt, übertreffend wahrlich die Reinigung des Gesetzes, doch um Vieles geringer als die Taufe des Evangeliums. **12.** Und deswegen lehrt er uns klar, sprechend: **13.** „Aber ich taufe euch in Wasser, doch der nach mir Kommende ist stärker als ich, dessen ich nicht wert bin niederkniend den Riemen seines Schuhs aufzubinden; **14.** der aber wird euch taufen im heiligen Geist." **15.** Wegen des Planes nun ...

einfalt, vgl. gr. *δί-παλτος* doppelt. — f r a g i f t s f i „Verleihung" ais. *gipt*, ae. *gift*, ahd. *gift* Gabe, zu *giban*. — **11.** m i d u m a f ō, ahd. *mittamo* m „Mitte". — u f a r - þ e i h a n st. V. I „übertreffen", ae. *þion*, ahd. *dīhan* < **þinȝhan*, wozu noch nach Reihe III PP. ae. *ȝeđungen*, as. *githungan* „gediegen". — m i n n i z a Komp. (zu *leitils* § 77) „geringer", ais. *minni*, ahd. *minniro*, zu gr. *μινύω*, l. *minuō* mindere. — **12.** b a í r h t s Adj. a „klar", ais. *bjartr*, ae. *beorht*, *briht*, ne. *bright*, ahd. *bëraht*. — s w i n þ s Adj. a „stark" (nhd. *geschwind*), ais. *svinnr*, *sviđr*, ae. *swíđ*, mhd. *swind*(*e*): abl. ae. *sund*, ahd. *-sunt* „gesund". — s k a u d a r a i p (s ?) n, m? „Schuhriemen", = *skauda* mhd. *schōte* „Schote", dneb. ais. *skióđa* Hülse, + *raip*(*s*), ais. *reip*, ae. *ráp*, ne. *rope* Seil, ahd. *reif*. — s k o h s m a „Schuh", ais. *skór*, ae. *scóh*, ahd. *scuoh*.

Blatt IV

1. „So nu faheþs meina usfullnoda. jains skal wahsjan,

1. „Diese meine Freude ward nun erfüllt. Jener muß wachsen,

1. w a h s j a n st. V. VI m. *j*-Präs. „wachsen", gr. *αὔξω* ver-

iþ ik minznan". 2. eiþan nu siponjam seinaim, þaim bi swiknein du Judaium sokjandam jah qiþandam sis: 3. „rabbei, saei was miþ þus hindar Jaurdanau, þammei þu weitwodides, sai sa daupeiþ, jah allai gaggand du imma" — nauh unkunnandans (*Nom.*) þo bi nasjand, 4. inuh þis laiseiþ ins qiþands: „jains skal wahsjan, iþ ik minznan". 5. aþþan so bi ina garehsns du leitilamma mela raihtis bruks was jah fauramanwjandei saiwalos þize daupidane fralailot aiwaggeljons mereinai: 6. iþ fraujins laiseins anastodjandei af Judaia jah and allana midjungard gaþaih, and[1]) ƕarjano[h] þeihandei und hita nu. jah aukandei, all manne du gudis kunþja tiuhandei, inuh þis jah skeirs wisandei[2]). 7. mikilduþ fraujins wulþaus kannida qiþands: 8. „sa iupaþro qimands

aber ich abnehmen." 2. Daher nun seinen Jüngern, die über die Reinigung mit den Juden stritten und zu ihm sagten: 3. „Rabbi, der mit dir jenseit des Jordan war, für den du zeugtest, sieh der tauft, und alle gehen zu ihm" — weil sie noch nicht wußten das über den Heiland, 4. deswegen belehrt er sie sprechend: „jener muß wachsen, aber ich abnehmen." 5. Aber der Plan bezüglich seiner war nämlich für kurze Zeit brauchbar, und vorbereitend die Seelen der Getauften übergab er sie der Verkündigung des Evangeliums: 6. doch die Lehre des Herrn anfangend von Judäa breitete sich auch aus über die ganze Welt, zu jedem sich verbreitend bisher und zunehmend, alle Menschen (*G.*) zur Erkenntnis Gottes ziehend, deswegen auch klar seiend. 7. Die Größe des Herrn der Herrlichkeit verkündete er sprechend: 8. „der von

mehre, l. *auxilium.* — minznan sw. V. IV „abnehmen", ahd. *minnirōn* neb. ae. *minsian*, as. *minson* mit hartem *s.* — 3. nasjands m nd (Part.) „Heiland". — 5. brūks Adj. i/ja „brauchbar", ae. *bryce*, ahd. *brūhhi*, zu *brūkjan.* — mereins f i/ō „Verkündigung", zu *merjan.* — 6. midjungards m a „Erdkreis", ais. *miðgarðr*, ae. *middanʒeard*, ahd. *mitti(n)-*, *mittilgart.* — und hita nu „bis jetzt", *hita* ist Akk. n zum defekt. Pron.-Stamm *hi-*, § 62c. — skeirs Adj. a od. i/ja „klar", ais. *skírr*, ae. *scír*, nhd. *schier*, zu *skeinan.* — 7. mikildūþs f i „Größe", zu *mikils*, über ableit. *-dūþs* vgl. *managduþs* Kor. 8, 2. — 8. ufaro Präp.

[1]) Streitberg setzt, Jellinek folgend, nach *and [anda]* in den Text.
[2]) Vielleicht stand ursprünglich „wisands", dann begann mit „inuh þis" („deswegen auch") der neue Satz (7) etwas völliger.

ufaro allaim ist". **9.** ni þatei ufaro wisandan sware kannidedi, ak jah swalauda is mikilduþais maht insok jah himinakundana jah iupaþro qumanana qiþands, iþ sik airþakundana jah us airþai rodjandan, in þizei wistai manna was: jaþþe weihs jaþþe praufetus wisands jag-garaihtein weitwodjands, **10.** akei us airþai was jah us waurdahai wistai rodjands, **11.** iþ sa us himina qumana, jabai in leika wisan þuhta, akei ufaro allaim ist, **12.** „jah þatei gasaƕ jag-ga-hausida þata weitwodeiþ, jah þo weitwodida is ni ainshun nimiþ." **13.** jah þauhjabai us himina an[a] airþai in manne garehsnais qam, akei ni þe haldis airþeins was nih us airþai rodjands, ak himinakunda anafilhands fulhsnja þoei gasaƕ

oben Kommende ist über allen." **9.** Nicht daß er ihn als den höher Seienden ohne Grund verkündet hätte, sondern er zeigte auch die Größe seiner Macht als so groß auf und ihn himmelentstammt und von ober her gekommen nennend (*statt*: nannte er), aber sich als erdenentstammt und von der Erde her redend, deswegen weil er dem Wesen nach Mensch war: sei es, daß er ein Heiliger oder ein Prophet war und die Gerechtigkeit bezeugend, **10.** doch war er von der Erde und seiner vernünftigen Natur nach redend. **11.** Aber der vom Himmel Gekommene, wenn er auch im Fleische zu sein schien, doch ist er über allen, **12.** „und was er sah und hörte, das bezeugt er, und sein Zeugnis nimmt niemand auf". **13.** Und wenn er auch vom Himmel auf die Erde wegen des Planes bezüglich der Menschen kam, gleichwohl war er nichts desto mehr irdisch noch von der Erde her redend, sondern himmlische Geheimnisse mitteilend, die er sah und hörte (*Plq.*) beim Vater.

eig. Adv. „darüber", Weiterbildung zu *ufar* mit ablativ. *ō* (idg. *ōd*). — **9.** s w a r e Adv. „vergebens", Ablativbildung wie l. *certē* (alat. *-ēd*), so wohl auch *simle* „einst". — i n s a k a n bezeichnen. — h i m i n a k u n d s Adj. a „himmlisch", *kunds* = ais. *kundr*, ae. *cund*, gr. *γνητός*, l. *nātus*, vgl. ais. *kundr* Sohn, mhd. *kunder* Geschöpf. — aír þ a - k u n d s „irdisch", vgl. d. Vor. — g a r a í h t e i f n „Gerechtigkeit", zu *garaíhts* (3, 7). — **10.** w a ú r d a h s Adj. a „in Worten sich äußernd, vernünftig", zu *waúrd* mit Suff. *-aha-*. — w i s t s f i „Wesen, Natur", ais. *vist*, ahd. *wist*, zu *wisan*[2] (vgl. Joh. 8, 35). — **13.** þ a ū h - j a b a i Konj. „wenn auch". — þ e Instr. zum Pron. n *þata*. — h a l d i s Komp. Adv. „mehr", ais. *heldr*, ahd. *halt*; *ni þe h.* = „darum doch nicht". — aír þ e i n s

jag-gahausida at attin. **14.** þo nu insakana wesun fram Johanne ni in þis þatainei, ei fraujins mikilein gakannidedi, ak du gatarhjan jah gasakan þo afgudon haifst Sabailliaus jah Markaill(i)aus, þaiei ainana ananànþidedun qiþan attan jah sunu. iþ anþar s[a] weiha . . .

14. Dieses wurde nun aufgezeigt von Johannes nicht deswegen allein, damit er des Herrn Größe verkündete, sondern zu kennzeichnen und zu widerlegen den gottlosen Streit des Sabellius und Markellus, die sich erkühnten, einen zu nennen Vater und den Sohn. Aber der andere, der heilige (Geist?) . . .

Adj. ja „irdisch", zu *airþa.* — anafilhan „überliefern". — fulhsni n ja „Geheimnis", ais. *fylgsni* Versteck, zu *filhan* „verbergen "mit Suff. *-snia-*. — **14.** ga-tarhjan sw. V. I „kennzeichnen", zu ae. as. *torht*, ahd. *zoraht* „klar, glänzend", ahd. *ougo-zorhtan, -ōn* offenbaren; gr. *δέρκομαι* sehe. — afguþs (d) Adj. a „gottlos", norw. *avgud* dass., fläm. *afgod.* — haifsts f i „Streit", ais. *heipt* u. *heifst*, ae. *hǽst*, dz. ahd. *heisti* gewaltsam. — ana-nanþjan sw. V. I „Mut fassen", ais. *nenna*, ae. *néđan*, ahd. *nenden*, zu ahd. *ga-nindan* st. V. III mutig sein, *nand* Kühnheit, N. pr. *Ferdi-nand* usw.

Kleinere Denkmäler

Das Vaterunser (Matth. VI, 9—13)

9. Atta unsar þu in himinam, weihnai namo þein. **10.** qimai þiudinassus þeins. wairþai wilja þeins, swe in himina jah ana airþai. **11.** hlaif unsarana þana sinteinan gif uns himma daga. **12.** jah aflet uns þatei skulans sijaima, swaswe jah weis afletam þaim skulam unsaraim. **13.** jah ni briggais uns in fraistubnjai, ak lausei uns af þamma ubilin; unte þeina ist þiudangardi jah mahts jah wulþus in aiweins. amen.

9. weihnan sw. V. IV „heilig werden", zu *weihs* Lc. 9, 26. — **11.** himma daga „heute", § 62c. — **13.** fraistubni f jō „Versuchung", zu *fraisan* Mc. 10, 2. — lausjan sw. V. I „lösen", ais. *leysa*, ae. *líesan*, ahd. *lōsen*, kaus. zu *laus* Adj., ahd. *lōs.*

Gotische Unterschriften der Urkunde zu Neapel

(früher in Ravenna, dort um 550 geschrieben, lateinisch bis auf vier der Unterschriften)

Ik Sunjaifriþas diakon handau meinai ufmelida jah andnemum skilliggans ·j· jah faurþis þairh kawtsjon miþ-diakona Alamoda unsaramma jah miþ gahlaibaim) unsaraim andnemum skillingans ·rk· wairþ þize saiwe.

Ich, der Diakon S., unterschrieb mit meiner Hand, und wir empfingen 60 Schillinge, und zuvor auf Bürgschaft mit unserem Diakon Alamoþ und mit unseren Genossen empfingen wir (*Plusqu.*) 120 Schillinge, den Preis dieser Marschen.

Die übrigen got. Unterschriften sind gleichlautend bis auf die Namen: Ufitahari papa (Bischof), Merila bokareis (Schreiber) und Wiljariþ bokareis; das Nom. *-s* fehlt hier bereits in *Ufitahari*, *Wiljariþ* und in *Gudilub* (Arezzo), es steht aber in *Sunjaifriþas*. Der letztere Name ist in der lateinischen Umschrift wiedergegeben als *Suniefridus*; das bedeutet, daß das mittlere *ai* nicht diphthongisch, sondern ein einfacher, vielleicht sogar kurzer *e*-Laut war. Der Name kehrt als *Soniefrada* (wohl *-freda*) noch 868 in einer Urkunde aus Galicien wieder: J. Piel, IV. Congres internat. de sciences onomastiques (Uppsala 1952), Lund 1954; Vol. II S. 410. — diakon bei Wulf. *diakaunus* m u. — *uf-* „unter". — skilliggs m a „Schilling", ais. *skillingr*, ae. *scilling* ne. *shilling*, zu *skilla* Schelle, ahd. *skëllan* klingen, oder zu *skildus* Schild, urspr. „Scheibe"? — ·j· = saihs tiguns. — kawtsjo < l. *cautio*, *aw* für das lat. *au* geschrieben, weil eine Schreibung *au* auf die got. Aussprache *ǫ* geführt hätte. — gahlaifs (b) Adj. od. Subst. a (hier adj. flektiert) [Brot-]Genosse, runisch schon auf dem Stein von Tune (5. Jahrh.) *-halaiba*, ahd. *galeipo*; vgl. franz. *compagnon* < l. *companionem* zu *panis*. — ·rk· = „120", taihun-tehund jah twans tiguns. — waírþ n (?) a, „Preis", ahd. *werd* n, zu *wairþs* Adj. wert. — saiws m wa, ais. *sǽr siór*, ae. *sá sǽ*, ahd. *sēo*, hier „Sumpf, Marschland" (auch die Sippe von got. *marei* schwankt zwischen „See" und „Sumpf", bes. ae. *mere*).

Gotische Unterschrift der Urkunde von Arezzo

(nur in einem Abdruck von 1731 erhalten)

Ik Gudil*ai*b ·dkn· þo frabauhtaboka fram mis gawaurhta þus ·dkn· Alamoda fidwor unkjane hugsis Kaballarja jah skilliggans ·rlg· andnam jah ufmelida.

Ich, der Diakon Gudilaib, fertigte die Verkaufsurkunde (von mir) dir, dem Diakon Alamod, über 4 Unzen des Landgutes Caballaria und empfing 133 Schillinge und unterschrieb.

Gudilaib: der Abdruck hat *Gudilub*, im lat. Text aber *Gudilebus*, *Gudiliuus*, danach hergestellt. — frabaúhtaboka = *_frabaúhts_ (f? vgl. *andabaúhts* f i Lösegeld, *faúrbaúhts* f i Einlösung; hier scheinbar a-St.) „Verkauf“ + *boka* (Mc. 10, 4). — unkja < l. *uncia* ein Landmaß. — fidwor ais. *fiórir*, ae. *feower*, ahd. *fior*, gr. *τέτταρες* böot. *πέτταρες*, l. *quattuor* osk. *petora*; das anl. germ. *f* nach *fimf*. — hugs „Landgut“ nur hier. — ·rlg· = 133, taíhuntehund jah þrins tiguns jah þrins.

Epigramm „De conviviis barbaris“

(Anthologia latina ed. Riese^{1} (1894) I, S. 221 Nr. 285)

Inter eils Goticum scapia matzia ia drincan
non audet quisquam dignos educere versus.

Die erste Zeile ist wohl zu lesen: Inter *hails* Goticum, *skapjam matjan jad-drigkan*; Übersetzung: Unter dem gotischen „Heil! schaffen wir zu essen und zu trinken“ wagt niemand würdige Verse vorzubringen. *skapjan* st. V. VI mit j-Präs., ais. *skepia*, ae. *scieppan*, ahd. *skepfen*, zu l. *scăbō* kratze; die Bedeutung ist von „schnitzen, aushöhlen“ zu „fertigen, schaffen“ gegangen; nur deutsch (einschl. nl.) seit etwa 1200 auch „schöpfen“. (Andere lesen: *skapja*, *matjam jaddrigkam*, = „Schaffner, wir wollen essen und trinken“, *skapja* m n ~ as. *skap* ahd. *skaf* Schaff, Gefäß, gr. *σκάφιον* Trinkgeschirr; der Bedeutung nach käme mhd. *schepfe* „Schöffe“ näher.) — Vgl. van Helten, Beitr. z. Gesch. d. dtsch. Spr. u. Lit. 29, S. 339ff.

Wörterverzeichnis

Abkürzungen: Mt = Matthäus, Mc = Markus, Luc = Lukas, Joh = Johannes, Kor = 2. Korintherbrief, Neh = Nehemias, Sk = Skeireins. Verba, die im Simplex vorkommen, stehen unter diesem, auch wenn der erste Beleg ein Kompositum ist, dann mit Strich: *-augjan.* Wo nur Kompositum vorkommt, ist dieses angeführt, aber unter der alphabetischen Stelle des Simplex: *bi-abrjan.*

A

aba Mc 10, 12
bi-abrjan Mt 7, 28
abrs Neh 6, 16
af Mt 7, 16
afar Mt 8, 1
afardags Luc 7, 11
afguþs Sk 4, 14
aflet Sk 3, 9
afsateins Mc 10, 4
aftra Mc 10, 1
aftuma Mc 10, 31
aggilus Luc 9, 26
aggwus Mt 7, 13
agis Kor 7, 1
aglo Kor 7, 4
aglus Mc 10, 23. 24
ahaks Mc 11, 15
ahma Mt 8, 16
ahmeins Sk 3, 7
ahtau Luc 9, 28
aƕa Mt 7, 25
aigan Mt 8, 20
aihtron Mc 10, 46
af-aikan Mt 26, 72
aikklesjo Kor 8, 1
ainaha Luc 9, 38
ainfalþei Kor 8, 2
ainfalþs Sk 3, 9
ainƕaþaruh Sk 3, 5
ains Mt 8, 19
ainshun Mc 11, 2
aipistaule Kor 7, 8
airiza Luc 9, 8
airkniþa Kor 8, 8
airþa Mt 9, 6
airþakunds Sk 4, 9
airþeins Sk 4, 13
airus Luc 9, 52
aiþs Mt 26, 72
aiþei Mc 10, 7
aiþþau Mt 7, 16
aiwaggeljo Mc 10, 29
aiweins Mc 10, 17
ga-aiwiskon Kor 7, 14
aiws Mc 10, 30
ak Mt 7, 21
akei Mc 10, 27
akran Mt 7, 16
alakjo Mc 11, 32
alewja Mc 11, 1
alhs Mc 11, 11
alja Mc 10, 18
aljan Kor 7, 7
allis Luc 9, 24
alls Mt 7, 19
ana Mt 7, 24
anabusns Mc 10, 5
anaks Luk 9, 39
anastodeins Mc 10, 6
anawairþs Mc 10, 30
and Mt 8, 32
andanahti Mt 8, 16
andanems Kor 8, 12
andanumts Luc 9, 51
andbahti Kor 8, 4
andbahtjan Mt 8, 15
andbahts Mc 10, 43
andeis Sk 3, 4
andwairþi Luc 9, 29
ansts Kor 8, 1
anþar Mt 8, 9
apaustaulus Luc 9, 1
arbja Mc 10, 17
arman Mc 10, 47
asts Mc 11, 8
at Mt 7, 15
atta Mt 7, 21
aþþan Mt 8, 11
aufto Mc 11, 13
-augjan Mt 8, 4
augo Neh 6, 16
auhumists Mc 11, 18
auk Mt 7, 12

aukan Sk 4, 6
auso Luc 9, 44
auþeis (auþs?) Luc 9, 10
awiliuþ Kor 8, 16
azets Mc 10, 25
azgo Sk 3, 8

B

bagms Mt 7, 17
and-bahtjan *unter* and-
-bairan Mt 8, 4
-bairhtjan Kor 7, 12
bairhts Sk 3, 12
baitrs Mt 26, 75
bajops Sk 3, 5
balwjan Mt 8, 6
barn Mc 10, 13
barnilo Mc 10, 24
batiza Kor 8, 10
baurgs Mt 8, 33
baurgswaddjus Neh 5, 16
bi-baurgeins Sk 3, 8
bi Mt 7, 16
bida Mc 11, 17
bidjan Mt 8, 5
-bindan Mc 11, 2
bi-runains Sk 3, 4
bi-sauleins Kor 7, 1
bisunjane Luc 9, 12
biþe Mt 26, 1
-biudan Mt 8, 4
biuhts Mc 10, 1
biuþs Neh 5, 17
bliggwan Mc 10, 34
blinds Mc 10, 46
boka Mc 10, 4
bokareis Mt 7, 29
braiþs Mt 7, 13
ga-brannjan Sk 3, 8
briggan Mt 7, 13
-brikan Luc 9, 16
broþar Mc 10, 29
brukjan Sk 3, 7
bruks Sk 4, 5
brusts Kor 7, 15
-bugjan Mc 10, 21

D

ga-daban Mc 10, 32
dags Mt 7, 22
daimonareis Mt 8, 16
dalaþ Mt 7, 25
dalaþro Joh 8, 23
us-daudjan Sk 3, 7
dauhtar Neh 6, 18
daupeins, daupjan Mc 10, 38
daur Mt 7, 13
daurawards Neh 7, 1
daurons Neh 7, 3
ga-dauþnan Mt 8, 32
dauþs Mt 8, 22
dauþus Mc 10, 33
diabaulus Joh. 8, 44
diakaunus Neapel
digrei Kor 8, 20
diups Kor 8, 2
-domjan Mt 26, 74
-dreiban Luc 9, 40
drigkan Mc 10, 38
-driusan Mt 7, 25
driuso Mt 8, 32
drus Mt 7, 27
du Mt 8, 7
duƕe Mc 11, 3
duþe (duþþe) Mc 11, 24
dwals Mt 7, 26

E

ei Mt 8, 4
eiþan Sk 3, 7

F

faginon Joh 8, 56
fahan Joh 8, 20
faheþs Kor 7, 4
bi-faihon Kor 7, 2
faihu (-o) Mc 10, 22
fairguni Mt 8, 1
fairƕus Joh 8, 23
fairinon Kor 8, 20
fairns Kor 8, 10
fairra Mt 7, 23
fairraþro Mc 11, 13
-falþs Mc 10, 30
-fastan Mc 10, 20
fastubni Luc 9, 43
fauho Mt 8, 20
faur Mt 8, 29
faura Mt 7, 15
fauramþleis Neh 5, 14
fauramaþli Neh 5, 14
faurhtjan Mt 8, 26
faurhts Mc 10, 32
faurþis Luc 9, 59
faurþizei Joh 8, 58
fawai Mt 7, 14
fidwor Arezzo
fi(j)ands Neh 6, 16
-filhan Mt 8, 21
filigri Mc 11, 17
filu Mt 8, 28
filusna Neh 5, 18
fimf Luc 9, 13
finþan Luc 9, 11
fisks Luc 9, 13
fon Mt 7, 19
fotus Luc 9, 5
*frabauhts Arezzo
fragifts Sk 3, 10
fraihnan Mc 10, 2
fraisan Mc 10, 2
fraistubni Vaterunser 13

fraiw Joh 8, 33
fralusts Mt 7, 13
fram Mt 8, 11
fraþjan Luc 9, 45
frauja Mt 7, 21
-fraujinon Mc 10, 42
frawaurhts Joh 8, 21
fraweit Kor 7, 11
freis Joh 8, 32
frijaþwa Kor 8, 7
fri(j)on Mc 10, 21
froþs Mt 7, 24
fruma Mc 10, 31
frumisti Joh 8, 44
frumists Mt 8, 21
fugls Mt 8, 20
fula Mc 11, 2
fulhsni Sk 4, 13
-fulljan Luc 9, 31
-fullnan Mt 8, 17

G

gabei Kor 8, 2
gabigs (-eigs) Mc 10, 25
gabruka Luc 9, 17
gadrauhts Mt 8, 9
gagg Mc 11, 4
-gaggan Mt 7, 13
gagrefts Kor 8, 12
gahait Kor 7, 1
gahlaifs Neapel
gaƕeilains Kor 7, 5
gairnei Kor 7, 7
gairnjan Mc 11, 3
gaits Neh 5, 18
galaubeins Mt 8, 10
galeiks Joh 8, 55
galga Mc 10, 21
galiugaweitwoþs Mc 10, 19
gamainei Kor 8, 4
gamainþs Neh 5, 13
gaman Kor 8, 23
ganists Kor 7, 10
ganohs Mc 10, 46
garaihtei Sk 4, 9
garaihts Sk 3, 7
gards Mt 8, 6
garehsns Sk 3, 4
gasinþa Kor 8, 19
gaskafts Mc 10, 6
gatils Luc 9, 62
gaþlaihts Kor 7, 4
gaþrafsteins Kor 7, 13
gaunoþus Kor 7, 7
gaurjan Kor 7, 8
gaurs Mc 10, 22
gawargeins Kor 7, 3
gawaseins Luc 9, 29
gawaurstwa Kor. 8, 23
gawi Mt 8, 28
gazaufylakio Joh 8, 20
ga-geigan Luc 9, 25
us-geisnan Mc 10, 26
giba Mt 8, 4
giban Mc 10, 21
du-ginnan Mt 26, 74
bi-gitan Mt 7, 14
goþs Mt 7, 17
gredags Mc 11, 12
-greipan Luc 9, 47
gretan Mt 26, 75
grets Mt 8, 12
groba Mt 8, 20
gudja Mt 8, 4
gumein Mc 10, 6
guma Neh 5, 17
guþ Mt 8, 29

H

haban Mt 7, 29
-hafjan Mt 8, 8
haifsts Sk 4, 14
-hailjan Mt 8, 7
ga-hailnan Mt 8, 8
haimoþli Mc 10, 29
haims Mc 11, 2
hairda Mt 8, 30
hairto Mc 11, 23
-haitan Mt 7, 23
haldan Mt 8, 30
haldis (ni þe) Sk 4, 13
halisaiw Luc 9, 39
hana Mt 26, 74
handus Mt 8, 3
harduhairtei Mc 10, 5
hardus Mt 8, 6
haubiþ Mt 8, 20
hauheins Joh 8, 50
hauhisti Mc 11, 10
-hauhjan Joh 8, 28
haurds Neh 7, 1
hausjan Mt 7, 24
hazeins Kor 8, 18
hazjan Neh 5, 13
heito Mt 8, 14
her Mt 8, 29
hidre (-ei) Mc 11, 3
himinakunds Sk 4, 9
himins Mt 7, 21
himma Vaterunser 11
hindar Mt 8, 18
hindumists Mt 8, 12
hiri Mc 10, 21
hita Sk 4, 6
hiuhma Mt 8, 18
hlaifs Luc 9, 3
hlaiwasnos Mt 8, 28
us-hlaupan Mc 10, 50
hleiduma Mc 10, 37
hleiþra Luc 9, 33
hlifan Mc 10, 19
hlutrs Kor 7, 11
hnaiwjan Mt 8, 20

hneiwan Luc 9, 12
ga-hnipnan Mc 10, 22
hoha Luc 9, 62
horinassus Joh 8, 41
horinon Mc 10, 11
hrainei Sk 3, 7
hraineins Sk 3, 7
-hrainjan, hrains Mt 8, 2. 3
us-hramjan Mt 26, 2
af-hrisjan Luc 9, 5
hropjan Mt 8, 29
hrot Mt 8, 8
hrukjan Mt 26, 74
hugjan Mc 10, 24
hugs Arezzo
-huljan Mt 8, 24
hundafaþs Mt 8, 5
huzd Mc 10, 21

ƕ

ƕaiwa Mc 10, 24
ƕan Mt 7, 14
ƕanhun Mt 7, 23
ƕanoh s. ƕazuh
ƕar Mt 8, 20
ƕarbon Mc 11, 27
ƕarjis Luc 9, 46
ƕarjizuh Luc 9, 14
ƕas Mt 8, 26
ƕashun Mc 10, 18
ƕaþ Joh 8, 14
ƕaþar Sk 3, 5
ƕaþo Luc 9, 39
ƕaþro Joh 8, 14
ƕazuh Mt 7, 21
ƕeila Mt 8, 13
-ƕeilan Kor 7, 13
ƕeits Luc 9, 29
ƕelauþs Kor. 7, 11
ƕileiks Mt 8, 27
ƕoftuli Kor 7, 4
ƕopan Kor 7, 14
ƕotjan Mc 10, 48

I

ibai (-a) Mt 7, 16
ibnassus Kor 8, 13
-iddja s. gaggan
idreiga, idreigon Kor 7, 8. 9
iftuma Mc 11, 12
im s. wisan
in Mt 7, 13
inn- Mt 7, 13
innana Kor 7, 5
innaþro Mt 7, 15
inuh Mc 10, 7
inwinds Luc 9, 41
is Mt 7, 12
iþ Mt 7, 15
iumjo Mt 8, 1
iupaþro Joh 8, 23
iusila Kor 8, 13
izei Mt 7, 15

J

jabai Mt 8, 2
jah Mt 7, 12
jainar Mt 26, 71
jains Mt 7, 22
jainþro Mc 10, 1
jaþþan Joh 8, 16
jaþþe Kor 8, 23
jer Joh 8, 57
ju Sk 3, 7
judaiwisks Sk 3, 7
junda Mc 10, 20
juþan Mc 11, 11
juzei (jus+ei) Kor 8, 10

K

kalbo Sk 3, 8
kannjan Kor 8, 1
karkara Sk 3, 3
kas Mc 11, 16
kaupatjan Mt 26, 67
kaurjan Luc 9, 32
kausjan Luc 9, 27
kawtsjo Neapel
-kiusan Luc 9, 22
knussjan Mc 10, 17
krusts Mt 8, 12
kubitus Luc 9, 14
ana-kumbjan Mt 8, 11
kuni Luc 9, 41
-kunnan[1], kann Mt 7, 23
-kunnan[2], -aida Mt 7, 16
kunþi Kor 8, 7
kustus Kor 8, 2

L

-lagjan Mt 7, 19
-laikan Mc 10, 34
laisareis Mt 8, 19
laiseins Mt 7, 28
laisjan Mt 7, 29
laistjan Mt 8, 1
lamb Mt 7, 15
ga-laubjan, us- Mt 8, 13. 31
laufs Mc 11, 13
laugnjan Mt 26, 70
lausjan Vaterunser 13
-ledjan Kor 8, 9
leik Mc 10, 8
leikan Joh 8, 29
ga-leikon Mt 7, 24
leitils Mt 8, 26
-leiþan Mt 7, 13
lekinassus (leik-) Luc 9, 11
lekinon (leik-) Luc 9, 6
-letan Mt 8, 15

libains Mt 7, 14
liban Kor 7, 3
af-lifnan Luc 9, 17
ligan Mt 8, 6
af-linnan Luc 9, 39
lisan Mt 7, 16
liufs (b) Luc 9, 35
liugan Mc 10, 11
liugn, liugnja Joh 8,44
liugnapraufetus Mt 7, 15
liuhaþ Joh 8, 12
liuþareis Neh 7, 1
lofa Mt 26, 67
us-lukan Neh 7, 3
lun Mc 10, 45
lustus Joh 8, 44

M

magan Mt 7, 18
magus Luc 9, 42
mahteigs Mc 10, 27
ana-mahtjan Mc 10,19
mahts Mt 7, 22
-maidjan Sk 3, 7
mais Mc 10, 26
maists Luc 9, 46
-maitan Mt 7, 19
maiza Luc 9, 13
malma Mt 7, 26
managduþs Kor 8, 2
managei Mt 7, 28
-managnan Kor 8, 2.7
manags Mt 7, 13
manamaurþrja Joh 8, 44
manaseþs (-seiþs) Luc 9, 13
manna Mt 7, 12
mannahun Joh 8, 33
manwjan Mc 10, 40
marei Mt 8, 18
marka Mt 8, 34
matibalgs Luc 9, 3
matjan Mc 11, 14
mats Luc 9, 12
maþlei(ns?) Joh 8, 43
maurgins Mc 11, 20
maurþrjan Mc 10, 19
megs Neh 6, 18
meins Mt 7, 21
mel Mt 8, 29
meljan Mt 8, 17
menoþs Neh 6, 15
mereins Sk 4, 5
merjan Luc 9, 2
waila-merjan Luc 9, 6
mes Mc 11, 15
midjis Joh 8, 59
midjungards Sk 4, 6
miduma Sk 3, 11
mikilduþs Sk 4, 7
mikilei Luc 9, 43
mikils Mt 7, 22
milhma Luc 9, 34
minnists Luc 9, 48
minniza Sk 3, 11
minzan Sk 4, 1
missadeþs Mc 11, 25
misso Mc 10, 26
mitons Luc 9, 46
miþ Mt 8, 11
miþþanei Luc 9, 18
ga-motan Joh 8, 37
ga-motjan Mt 8, 28
mulda Luc 9, 5
-munan[1], man Mc 11, 21
munan[2], -aida Sk 3, 8
muns Kor 8, 11

N

namnjan Luc 9, 10
namo Mt 7, 22
ana-nanþjan Sk 4, 14
nasjan Mt 8, 25
nauh Mc 11, 2
nauhþan Luc 9, 42
nauhþanuh Joh 8, 20
nawis Luc 9, 60
neƕa Mc 11, 1
neþla Mc 10, 25
ni Mt 7, 18
niba(i) Mc 11, 13
nih Mt 7, 18
-niman Mt 8, 17
ga-nisan Mc 10, 26
nist (ni+ist) Mc 10, 40
niu Mt 7, 22
nu Mt 7, 24

O

ogan Mc 11, 18
ogjan Neh 6, 19

P

paida Luc 9, 3
ana-praggan Kor 7, 5
praufetjan Mt 7, 22
praufetus (-es) Mt 7, 12

Q

qens Mc 10, 2
qiman Mt 7, 15
qineins Mc 10, 6
qino Mc 10, 12
-qistjan Mc 11, 18
fra-qistnan Mt 8, 25
qiþan Mt 7, 21
qums Kor 7, 6

R

ragin Kor 8, 10
raidjan Sk 3, 8

Wertvolle Anregung für Besserungen gab mir noch unmittelbar vor der Drucklegung die von H. Pollak in: Studia Neophilologica 32, Uppsala 1960, S. 333—36 veröffentlichte Kritik der vorigen Auflage.

GESAMTVERZEICHNIS

der

SAMMLUNG GÖSCHEN

Jeder Band DM 3,60 · Doppelband DM 5,80

Stand Sommer 1961

WALTER DE GRUYTER & CO., BERLIN W 30

Inhaltsübersicht

Geisteswissenschaften

Philosophie

Einführung in die Philosophie von *H. Leisegang †*. 4. Auflage. 145 Seiten. 1960. (281)
Hauptprobleme der Philosophie von *G. Simmel †*. 7., unveränderte Auflage. 177 Seiten. 1950. (500)
Geschichte der Philosophie
I: Die griechische Philosophie von *W. Capelle*. 1. Teil. Von Thales bis Leukippos. 2., erweiterte Auflage. 135 Seiten. 1953. (857)
II: Die griechische Philosophie von *W. Capelle*. 2. Teil. Von der Sophistik bis zum Tode Platons. 2., stark erweiterte Auflage. 144 Seiten. 1953. (858)
III: Die griechische Philosophie von *W. Capelle*. 3. Teil. Vom Tode Platons bis zur Alten Stoa. 2., stark erweiterte Auflage. 132 Seiten. 1954. (859)
IV: Die griechische Philosophie von *W. Capelle*. 4. Teil. Von der Alten Stoa bis zum Eklektizismus im 1. Jh. v. Chr. 2., stark erweiterte Auflage. 132 Seiten. 1954. (863)
V: Die Philosophie des Mittelalters von *J. Koch*. In Vorbereitung. (826)
VI: Von der Renaissance bis Kant von *K. Schilling*. 234 Seiten. 1954. (394/394 a)
VII: Immanuel Kant von *G. Lehmann*. In Vorbereitung. (536)
VIII: Die Philosophie des 19. Jahrhunderts von *G. Lehmann*. 1. Teil. 151 Seiten. 1953. (571)
IX: Die Philosophie des 19. Jahrhunderts von *G. Lehmann*. 2. Teil. 168 Seiten. 1953. (709)
X: Die Philosophie im ersten Drittel des 20. Jahrhunderts 1. Teil von G. *Lehmann*. 128 Seiten. 1957. (845)
XI: Die Philosophie im ersten Drittel des 20. Jahrhunderts 2. Teil von *G. Lehmann*. 114 Seiten. 1960. (850)
Die geistige Situation der Zeit (1931) von *K. Jaspers*. 5., unveränderter Abdruck der im Sommer 1932 bearbeiteten 5. Auflage. 211 Seiten. 1960. (1000)
Erkenntnistheorie von *G. Kropp*.
I. Teil: Allgemeine Grundlegung. 143 Seiten. 1950. (807)
Formale Logik von *P. Lorenzen*. 165 Seiten. 1958. (1176/1176 a)
Philosophisches Wörterbuch von *M. Apel †*. 5., völlig neubearbeitete Auflage von *P. Ludz*. 315 Seiten. 1958. (1031/1031 a)
Philosophische Anthropologie. Menschliche Selbstdeutung in Geschichte und Gegenwart von *M. Landmann*. 266 Seiten. 1955. (156/156 a)

Pädagogik, Psychologie, Soziologie

Geschichte der Pädagogik von *Herm. Weimer*. 14., neubearbeitete und vermehrte Auflage von *Heinz Weimer*. 181 Seiten. 1960. (145)
Therapeutische Psychologie. Ihr Weg durch die Psychoanalyse von *W. M. Kranefeldt*. Mit einer Einführung von *C. G. Jung*. 3. Auflage. 152 Seiten. 1956. (1034)

Allgemeine Psychologie von *Th. Erismann*. 3 Bände. 2., neubearbeitete Auflage.
I: Grundprobleme. 146 Seiten. 1958. (831)
II: Grundarten des physischen Geschehens. 248 Seiten. 1959. (832/832a)
III: Psychologie der Persönlichkeit. 22 Abbildungen. In Vorbereitung. (833/833a)

Soziologie. Geschichte und Hauptprobleme von *L. von Wiese*. 6. Auflage. 175 Seiten. 1960. (101)

Sozialpsychologie von *P. R. Hofstätter*. 181 Seiten, 15 Abbildungen, 22 Tabellen. 1956. (104/104a)

Psychologie des Berufs- und Wirtschaftslebens von *W. Moede †*. 190 Seiten, 48 Abbildungen. 1958. (851/851a)

Industrie- und Betriebssoziologie von *R. Dahrendorf*. 2. Auflage. 120 Seiten. In Vorbereitung. (103)

Religion

Jesus von *M. Dibelius †*. 3. Auflage, mit einem Nachtrag von *W. G. Kümmel*. 140 Seiten. 1960. (1130)

Paulus von *M. Dibelius †*. Nach dem Tode des Verfassers herausgegeben und zu Ende geführt von *W. G. Kümmel*. 2., durchgesehene Auflage. 155 Seiten. 1956. (1160)

Luther von *F. Lau*. 151 Seiten. 1959. (1187)

Melanchthon von *R. Stupperich*. 139 Seiten. 1960. (1190)

Einführung in die Konfessionskunde der orthodoxen Kirchen von *K. Onasch*. 1961. In Vorbereitung. (1197/1197a)

Geschichte des christlichen Gottesdienstes von *W. Nagel*. 1961. In Vorbereitung. (1202)

Geschichte Israels. Von den Anfängen bis zur Zerstörung des Tempels (70 n. Chr.) von *E. L. Ehrlich*. 158 Seiten, 1 Tafel. 1958. (231/231a)

Römische Religionsgeschichte von *F. Altheim*. 2 Bände. 2., umgearbeitete Auflage.
I: Grundlagen und Grundbegriffe. 116 Seiten. 1956. (1035)
II: Der geschichtliche Ablauf. 164 Seiten. 1956. (1052)

Musik

Musikästhetik von *H. J. Moser*. 180 Seiten. Mit zahlreichen Notenbeispielen. 1953. (344)

Systematische Modulation von *R. Hernried*. 2. Auflage. 136 Seiten. Mit zahlreichen Notenbeispielen. 1950. (1094)

Der polyphone Satz von *E. Pepping*. 2 Bände.
I: Der cantus-firmus-Satz. 2. Auflage. 223 Seiten. Mit zahlreichen Notenbeispielen. 1950. (1148)
II: Übungen im doppelten Kontrapunkt und im Kanon. 137 Seiten. Mit zahlreichen Notenbeispielen. 1957. (1164/1164a)

Allgemeine Musiklehre von *H. J. Moser*. 2., durchgesehene Auflage. 155 Seiten. Mit zahlreichen Notenbeispielen. 1955. (220/220a)

Harmonielehre von *H. J. Moser*. 2 Bände.
I: 109 Seiten. Mit 120 Notenbeispielen. 1954. (809)

Die Musik des 19. Jahrhunderts von *W. Oehlmann*. 180 Seiten. 1953. (170)

Die Musik des 20. Jahrhunderts von *W. Oehlmann*. 312 Seiten. 1961. (171/171a)

Technik der deutschen Gesangskunst von *H. J. Moser*. 3., durchgesehene und verbesserte Auflage. 144 Seiten, 5 Figuren sowie Tabellen und Notenbeispiele. 1954. (576/576a)

Die Kunst des Dirigierens von *H. W. von Waltershausen* †. 2., vermehrte Auflage. 138 Seiten. Mit 19 Notenbeispielen. 1954. (1147)

Die Technik des Klavierspiels aus dem Geiste des musikalischen Kunstwerkes von *K. Schubert* †. 3. Auflage. 110 Seiten. Mit Notenbeispielen. 1954. (1045)

Kunst

Stilkunde von *H. Weigert*. 2 Bände. 3., durchgesehene und ergänzte Auflage.
I: Vorzeit, Antike, Mittelalter. 136 Seiten, 94 Abbildungen. 1958. (80)
II: Spätmittelalter und Neuzeit. 150 Seiten, 88 Abbildungen. 1958. (781)

Archäologie von *A. Rumpf*. 2 Bände.
I: Einleitung, historischer Überblick. 143 Seiten, 6 Abbildungen, 12 Tafeln. 1953. (538)
II: Die Archäologensprache. Die antiken Reproduktionen. 136 Seiten, 7 Abbildungen, 12 Tafeln. 1956. (539)

Geschichte

Einführung in die Geschichtswissenschaft von *P. Kirn*. 3., durchgesehene Auflage. 128 Seiten. 1959. (270)

Zeitrechnung der römischen Kaiserzeit, des Mittelalters und der Neuzeit für die Jahre 1—2000 n. Chr. von *H. Lietzmann* †. 3. Auflage, durchgesehen von *K. Aland*. 130 Seiten. 1956. (1085)

Kultur der Urzeit von *F. Behn*. 3 Bände. 4. Auflage der Kultur der Urzeit Bd. 1—3 von *M. Hoernes*.
I: Die vormetallischen Kulturen. (Die Steinzeiten Europas. Gleichartige Kulturen in anderen Erdteilen.) 172 Seiten, 48 Abbildungen. 1950. (564)
II: Die älteren Metallkulturen. (Der Beginn der Metallbenutzung. Kupfer- und Bronzezeit in Europa, im Orient und in Amerika.) 160 Seiten, 67 Abbildungen. 1950. (565)
III: Die jüngeren Metallkulturen. (Das Eisen als Kulturmetall, Hallstatt-Latène-Kultur in Europa. Das erste Auftreten des Eisens in den anderen Weltteilen.) 149 Seiten, 60 Abbildungen. 1950. (566)

Vorgeschichte Europas von *F. Behn*. Völlig neue Bearbeitung der 7. Auflage der „Urgeschichte der Menschheit" von *M. Hoernes*. 125 Seiten, 47 Abbildungen. 1949. (42)

Der Eintritt der Germanen in die Geschichte von *J. Haller* †. 3. Auflage, durchgesehen von *H. Dannenbauer*. 120 Seiten, 6 Kartenskizzen. 1957. (1117)

Von den Karolingern zu den Staufern. Die altdeutsche Kaiserzeit (900—1250) von *J. Haller* †. 4., durchgesehene Auflage von *H. Dannenbauer*. 142 Seiten, 4 Karten. 1958. (1065)

Von den Staufern zu den Habsburgern. Auflösung des Reichs und Emporkommen der Landesstaaten (1250—1519) von *J. Haller* †. 2., durchgesehene Auflage von *H. Dannenbauer*. 118 Seiten, 6 Kartenskizzen. 1960. (1077)

Deutsche Geschichte im Zeitalter der Reformation, der Gegenreformation und des dreißigjährigen Krieges von *F. Hartung*. 129 Seiten. 1951. (1105)

Deutsche Geschichte von 1648 – 1740. Politischer und geistiger Wiederaufbau von *W. Treue*. 120 Seiten. 1956. (35)

Deutsche Geschichte von 1713 – 1806. Von der Schaffung des europäischen Gleichgewichts bis zu Napoleons Herrschaft von *W. Treue*. 168 Seiten. 1957. (39)

• **Deutsche Geschichte von 1806 – 1890.** Vom Ende des alten bis zur Höhe des neuen Reiches von *W. Treue*. 128 Seiten. 1961. (893)

Deutsche Geschichte von 1890 bis zur Gegenwart von *W. Treue.* In Vorbereitung. (894)

Quellenkunde der Deutschen Geschichte im Mittelalter (bis zur Mitte des 15. Jahrhunderts) von *K. Jacob †.* 3 Bände.
I: Einleitung. Allgemeiner Teil. Die Zeit der Karolinger. 6. Auflage, bearbeitet von *H. Hohenleutner.* 127 Seiten. 1959. (279)
II: Die Kaiserzeit (911—1250). 5., neubearbeitete Auflage von *H. Hohenleutner.* 127 Seiten. 1961. (280)
III: Das Spätmittelalter (vom Interregnum bis 1500). Herausgegeben von *F. Weden.* 152 Seiten. 1952. (284)

Geschichte Englands von *H. Preller.* 2 Bände.
I: bis 1815. 3., stark umgearbeitete Auflage. 135 Seiten, 7 Stammtafeln, 2 Karten. 1952. (375)
II: Von 1815 bis 1910. 2., völlig umgearbeitete Auflage. 118 Seiten, 1 Stammtafel, 7 Karten. 1954. (1088)

Römische Geschichte von *F. Altheim.* 4 Bände. 2., verbesserte Auflage.
I: Bis zur Schlacht bei Pydna (168 v. Chr.). 124 Seiten. 1956. (19)
II: Bis zur Schlacht bei Actium (31 v. Chr.). 129 Seiten. 1956. (677)
III: Bis zur Schlacht an der Milvischen Brücke (312 n. Chr.). 148 Seiten. 1958. (679)
IV: Bis zur Schlacht am Yarmuk (636 n. Chr.). In Vorbereitung. (684)

Geschichte der Vereinigten Staaten von Amerika von *O. Graf zu Stolberg-Wernigerode.* 192 Seiten, 10 Karten. 1956. (1051/1051 a)

Deutsche Sprache und Literatur

Geschichte der Deutschen Sprache von *H. Sperber.* 3. Auflage, besorgt von *W. Fleischhauer.* 128 Seiten. 1958. (915)

Deutsches Rechtschreibungswörterbuch von *M. Gottschald †.* 2., verbesserte Auflage. 219 Seiten. 1953. (200/200 a)

Deutsche Wortkunde. Kulturgeschichte des deutschen Wortschatzes von *A. Schirmer.* 4. Auflage von *W. Mitzka.* 123 Seiten. 1960. (929)

Deutsche Sprachlehre von *W. Hofstaetter.* 10. Auflage. Völlige Umarbeitung der 8. Auflage. 150 Seiten. 1960. (20)

Stimmkunde für Beruf, Kunst und Heilzwecke von *H. Biehle.* 111 Seiten. 1955. (60)

Redetechnik. Einführung in die Rhetorik von *H. Biehle.* 2., erweiterte Auflage. 151 Seiten. 1961. (61)

Sprechen und Sprachpflege (Die Kunst des Sprechens) von *H. Feist.* 2., verbesserte Auflage. 99 Seiten, 25 Abbildungen. 1952. (1122)

Deutsches Dichten und Denken von der germanischen bis zur staufischen Zeit von *H. Naumann †.* (Deutsche Literaturgeschichte vom 5.—13. Jahrhundert.) 2., verbesserte Auflage. 166 Seiten. 1952. (1121)

Deutsches Dichten und Denken vom Mittelalter zur Neuzeit von *G. Müller* (1270 bis 1700). 2., durchgesehene Auflage. 159 Seiten. 1949. (1086)

Deutsches Dichten und Denken von der Aufklärung bis zum Realismus (Deutsche Literaturgeschichte von 1700—1890) von *K. Viëtor †.* 3., durchgesehene Auflage. 159 Seiten. 1958. (1096)

Der Nibelunge Nôt in Auswahl mit kurzem Wörterbuch von *K. Langosch*. 10., durchgesehene Auflage. 164 Seiten. 1956. (1)

Kudrun und Dietrich-Epen in Auswahl mit Wörterbuch von *O. L. Jiriczek*. 6. Auflage, bearbeitet von *R. Wisniewski*. 173 Seiten. 1957. (10)

Wolfram von Eschenbach. Parzival. Eine Auswahl mit Anmerkungen und Wörterbuch von *H. Jantzen*. 2. Auflage, bearbeitet von *H. Kolb*. 128 Seiten. 1957. (921)

Hartmann von Aue. Der arme Heinrich nebst einer Auswahl aus der „Klage", dem „Gregorius" und den Liedern (mit einem Wörterverzeichnis) herausgegeben von *F. Maurer*. 96 Seiten. 1958. (18)

Gottfried von Strassburg in Auswahl herausgegeben von *F. Maurer*. 142 Seiten. 1959. (22)

Die deutschen Personennamen von *M. Gottschald †*. 2., verbesserte Auflage. 151 Seiten. 1955. (422)

Althochdeutsches Elementarbuch. Grammatik und Texte. 3. Auflage von *W. Betz*. In Vorbereitung. (1111)

Mittelhochdeutsche Grammatik von *H. de Boor* und *R. Wisniewski*. 2., verbesserte und ergänzte Auflage. 142 Seiten. 1960. (1108)

Indogermanisch, Germanisch

Indogermanische Sprachwissenschaft von *H. Krahe*. 2 Bände. 3., neubearbeitete Auflage.
I: Einleitung und Lautlehre. 106 Seiten. 1958. (59)
II: Formenlehre. 124 Seiten. 1959. (64)

Gotisches Elementarbuch. Grammatik, Texte mit Übersetzung und Erläuterungen. Mit einer Einleitung von *H. Hempel*. 3. Auflage. 1961. In Vorbereitung. (79/79a)

Germanische Sprachwissenschaft von *H. Krahe*. 2 Bände. 4., überarbeitete Auflage.
I: Einleitung und Lautlehre. 147 Seiten. 1960. (238)
II: Formenlehre. 149 Seiten. 1961. (780)

Altnordisches Elementarbuch. Schrift, Sprache, Texte mit Übersetzung und Wörterbuch von *F. Ranke*. 2., durchgesehene Auflage. 146 Seiten. 1949. (1115)

Englisch, Romanisch

Altenglisches Elementarbuch von *M. Lehnert*. Einführung, Grammatik, Texte mit Übersetzung und Wörterbuch. 4., verbesserte Auflage. 178 Seiten. 1959. (1125)

Historische neuenglische Laut- und Formenlehre von *E. Ekwall*. 3., durchgesehene Auflage. 150 Seiten. 1956. (735)

Englische Phonetik von *H. Mutschmann †*. 117 Seiten. 1956. (601)

Englische Literaturgeschichte von *F. Schubel*. 4 Bände.
I: Die alt- und mittelenglische Periode. 163 Seiten. 1954. (1114)
II: Von der Renaissance bis zur Aufklärung. 160 Seiten. 1956. (1116)
III: Romantik und Viktorianismus. 160 Seiten. 1960. (1124)

Beowulf von *M. Lehnert*. Eine Auswahl mit Einführung, teilweiser Übersetzung, Anmerkungen und etymologischem Wörterbuch. 3., verbesserte Auflage. 135 Seiten. 1959. (1135)

Shakespeare von *P. Meißner †*. 2. Auflage, neubearbeitet von *M. Lehnert*. 136 Seiten. 1954. (1142)

Italienische Literaturgeschichte von *K. Voßler †*. 5. Auflage, neubearbeitet von *A. Noyer-Weidner*. In Vorbereitung. (125)

Romanische Sprachwissenschaft von *H. Lausberg*. 4 Bände.
I: Einleitung und Vokalismus. 160 Seiten. 1956. (128/128a)
II: Konsonantismus. 95 Seiten. 1956. (250)
III: Formenlehre. In Vorbereitung. (1199)
IV: Wortlehre. In Vorbereitung. (1200)

Griechisch, Lateinisch

Griechische Sprachwissenschaft von *W. Brandenstein*. 2 Bände.
I: Einleitung, Lautsystem, Etymologie. 160 Seiten. 1954. (117)
II: Wortbildung und Formenlehre. 192 Seiten. 1959. (118/118a)

Geschichte der griechischen Sprache. 2 Bände.
I: Bis zum Ausgang der klassischen Zeit von *O. Hoffmann †*. 3. Auflage, bearbeitet von *A. Debrunner †*. 156 Seiten. 1953. (111)
II: Grundfragen und Grundzüge des nachklassischen Griechisch von *A. Debrunner †*. 144 Seiten. 1954. (114)

Geschichte der griechischen Literatur von *W. Nestle*. 2 Bände.
I: 3. Auflage, bearbeitet von *W. Liebich*. 144 Seiten. 1961. (70)

Grammatik der neugriechischen Volkssprache von *J. Kalitsunakis*. 3., völlig neubearbeitete und erweiterte Auflage. 1961. In Vorbereitung. (756/756a)

Neugriechisch-deutsches Gesprächsbuch von *J. Kalitsunakis*. 2. Auflage, bearbeitet von *A. Steinmetz*. 99 Seiten. 1960. (587)

Geschichte der lateinischen Sprache von *F. Stolz*. 4. Auflage von *A. Debrunner*. In Vorbereitung. (492)

Geschichte der römischen Literatur von *L. Bieler*. 2 Bände.
I: Die Literatur der Republik. 160 Seiten. 1961. (52)
II: Die Literatur der Kaiserzeit. 133 Seiten. 1961. (866)

Hebräisch, Sanskrit, Russisch

Hebräische Grammatik von *G. Beer †*. 2 Bände. 2., völlig neubearbeitete Auflage von *R. Meyer*.
I: Schrift-, Laut- und Formenlehre I. 3. Auflage. 157 Seiten. In Vorbereitung (763/763a)
II: Formenlehre II. Syntax und Flexionstabellen. 195 Seiten. 1955. (764/764a)

Hebräisches Textbuch zu *G. Beer-R. Meyer*, Hebräische Grammatik von *R. Meyer*. 170 Seiten. 1960. (769/769a)

Sanskrit-Grammatik von *M. Mayrhofer*. 89 Seiten. 1953. (1158)

Russische Grammatik von *E. Berneker †*. 6., verbesserte Auflage von *M. Vasmer*. 155 Seiten. 1961. (66)

Slavische Sprachwissenschaft von *H. Bräuer*. 2 Bände.
I: Einleitung, Lautlehre. 221 Seiten. 1961. (1191/1191a)

Erd- und Länderkunde

Afrika von *F. Jaeger*. Ein geographischer Überblick. 2 Bände. 2., umgearbeitete Auflage.
I: Der Lebensraum. 179 Seiten, 18 Abbildungen. 1954. (910)
II: Mensch und Kultur. 155 Seiten, 6 Abbildungen. 1954. (911)

Australien und Ozeanien von *H. J. Krug*. 176 Seiten, 46 Skizzen. 1953. (319)

Volkswirtschaft, Statistik, Publizistik

Allgemeine Betriebswirtschaftslehre von *K. Mellerowicz*. 4 Bände. 10., erweiterte und veränderte Auflage. (Bd. I, 11. Auflage)
I: 224 Seiten. 1961. (1008/1008a) II: 188 Seiten. 1959. (1153/1153a)
III: 260 Seiten. 1959. (1154/1154a) IV: 209 Seiten. 1959. (1186/1186a)
Diese 4 Bände sind auch in Ganzleinen gebunden zum Preise von je DM 6,30 lieferbar.

Geschichte der Volkswirtschaftslehre von *S. Wendt*. 182 Seiten. 1961. (1194)

Allgemeine Volkswirtschaftslehre von *A. Paulsen*. 4 Bände.
I: Grundlegung, Wirtschaftskreislauf. 3., durchgesehene und ergänzte Auflage. 148 Seiten. 1959. (1169)
II: Haushalte, Unternehmungen, Marktformen. 3., neubearbeitete Auflage. 166 Seiten, 32 Abbildungen. 1960. (1170)
III: Produktionsfaktoren. 2., neubearbeitete und ergänzte Auflage. 200 Seiten. 1961. (1171)
IV: Gesamtbeschäftigung, Konjunkturen, Wachstum. 2. Auflage. 172 Seiten. 1961. (1172)

Allgemeine Volkswirtschaftspolitik von *H. Ohm*. 2 Bände.
I: Systematisch-theoretische Grundlegung. In Vorbereitung. (1195)

Finanzwissenschaft von *H. Kolms*. 4 Bände.
I: Grundlegung, Öffentliche Ausgaben. 160 Seiten. 1959. (148)
II: Erwerbseinkünfte, Gebühren und Beiträge; Allgemeine Steuerlehre. 148 Seiten. 1960. (391)
III: Besondere Steuerlehre. In Vorbereitung. (776)
IV: Öffentlicher Kredit. Haushaltswesen. Finanzausgleich. In Vorbereitung. (782)

Finanzmathematik von *M. Nicolas*. 192 Seiten, 11 Tafeln, 8 Tabellen und 72 Beispiele. 1959. (1183/1183a)

Industrie- und Betriebssoziologie von *R. Dahrendorf*. 2. Auflage. 120 Seiten. In Vorbereitung. (103)

Wirtschaftssoziologie von *F. Fürstenberg*. 122 Seiten. 1961. (1193)

Psychologie des Berufs- und Wirtschaftslebens von *W. Moede †*. 190 Seiten, 48 Abbildungen. 1958. (851/851a)

Allgemeine Methodenlehre der Statistik von *J. Pfanzagl*. 2 Bände.
I: Elementare Methoden unter besonderer Berücksichtigung der Anwendungen in den Wirtschafts- und Sozialwissenschaften. 205 Seiten, 35 Abbildungen. 1960. (746/746a)
II: Höhere Methoden unter besonderer Berücksichtigung der Anwendungen in Naturwissenschaft, Medizin und Technik. 295 Seiten. 1961. (747/747a)

Zeitungslehre von *E. Dovifat*. 2 Bände. 3., neubearbeitete Auflage.
I: Theoretische und rechtliche Grundlagen — Nachricht und Meinung — Sprache und Form. 148 Seiten. 1955. (1039)
II: Redaktion — Die Sparten: Verlag und Vertrieb, Wirtschaft und Technik, Sicherung der öffentlichen Aufgabe. 158 Seiten. 1955. (1040)

Naturwissenschaften

Mathematik

Geschichte der Mathematik von *J. E. Hofmann.* 3 Bände.
I: Von den Anfängen bis zum Auftreten von Fermat und Descartes. 200 Seiten. 1953. (226)
II: Von Fermat und Descartes bis zur Erfindung des Calculus und bis zum Ausbau der neuen Methoden. 109 Seiten. 1957. (875)
III: Von den Auseinandersetzungen um den Calculus bis zur französischen Revolution. 107 Seiten. 1957. (882)

Mathematische Formelsammlung von *F. O. Ringleb.* 7., erweiterte Auflage. 320 Seiten, 40 Figuren. 1960. (51/51 a)

Vierstellige Tafeln und Gegentafeln für logarithmisches und trigonometrisches Rechnen in zwei Farben zusammengestellt von *H. Schubert* und *R. Haussner.* 3., neubearbeitete Auflage von *J. Erlebach.* 158 Seiten. 1960. (81)

Fünfstellige Logarithmen von *A. Adler.* Mit mehreren graphischen Rechentafeln und häufig vorkommenden Zahlenwerten. 3. Auflage. 127 Seiten, 1 Tafel. 1959. (423)

Arithmetik von *P. B. Fischer †.* 3. Auflage von *H. Rohrbach.* 152 Seiten, 19 Abbildungen. 1958. (47)

Höhere Algebra von *H. Hasse.* 2 Bände. 4., durchgesehene Auflage.
I: Lineare Gleichungen. 152 Seiten. 1957. (931)
II: Gleichungen höheren Grades. 158 Seiten, 5 Figuren. 1958. (932)

Aufgabensammlung zur höheren Algebra von *H. Hasse* und *W. Klobe.* 3., verbesserte und vermehrte Auflage. 181 Seiten. 1961. (1082)

Elementare und klassische Algebra vom modernen Standpunkt von *W. Krull.* 2 Bände.
I: 2., erweiterte Auflage. 136 Seiten. 1952. (930)
II: 132 Seiten. 1959. (933)

Algebraische Kurven und Flächen von *W. Burau.* 28 Figuren. 1961. In Vorbereitung. (435)

Einführung in die Zahlentheorie von *A. Scholz †.* Überarbeitet und herausgegeben von *B. Schoeneberg.* 3. Auflage. 128 Seiten. 1961. (1131)

Formale Logik von *P. Lorenzen.* 165 Seiten. 1958. (1176/1176 a)

Topologie von *W. Franz.* 2 Bände.
I: Allgemeine Topologie. 144 Seiten, 9 Figuren. 1960. (1181)

Elemente der Funktionentheorie von *K. Knopp †.* 5. Auflage. 144 Seiten, 23 Fig. 1959. (1109)

Funktionentheorie von *K. Knopp †.* 2 Bände.
I: Grundlagen der allgemeinen Theorie der analytischen Funktionen. 10., neubearbeitete Auflage. 144 Seiten, 8 Figuren. 1961. (668/668 a)
II: Anwendungen und Weiterführung der allgemeinen Theorie. 8./9. Auflage. 130 Seiten, 7 Figuren. 1955. (703)

Aufgabensammlung zur Funktionentheorie von *K. Knopp †.* 2 Bände.
I: Aufgaben zur elementaren Funktionentheorie. 6. Auflage. 135 Seiten. In Vorbereitung. (877)
II: Aufgaben zur höheren Funktionentheorie. 5. Auflage. 151 Seiten. 1959. (878)

Differential- und Integralrechnung von *M. Barner*. (Früher *Witting*). 4 Bände.
I: Grenzwertbegriff, Differentialrechnung. 176 Seiten. 1961. (86/86a)

Gewöhnliche Differentialgleichungen von *G. Hoheisel*. 6., neubearbeitete und erweiterte Auflage. 128 Seiten. 1960. (920)

Partielle Differentialgleichungen von *G. Hoheisel*. 4., durchgesehene Auflage. 128 Seiten. 1960. (1003)

Aufgabensammlung zu den gewöhnlichen und partiellen Differentialgleichungen von *G. Hoheisel*. 4., durchgesehene und verbesserte Auflage. 124 Seiten. 1958. (1059)

Integralgleichungen von *G. Hoheisel*. 2., durchgesehene Auflage. 1961. In Vorbereitung. (1099)

Mengenlehre von *E. Kamke*. 3., neubearbeitete Auflage. 194 Seiten, 6 Figuren. In Vorbereitung. (999/999a)

Gruppentheorie von *L. Baumgartner*. 3., neubearbeitete Auflage. 110 Seiten, 3 Tafeln. 1958. (837)

Ebene und sphärische Trigonometrie von *G. Hessenberg †*. 5. Auflage, durchgesehen von *H. Kneser*. 172 Seiten, 60 Figuren. 1957. (99)

Darstellende Geometrie von *W. Haack*. 3 Bände.
I: Die wichtigsten Darstellungsmethoden. Grund- und Aufriß ebenflächiger Körper. 3., durchgesehene und ergänzte Auflage. 113 Seiten, 120 Abbildungen. 1960. (142)
II: Körper mit krummen Begrenzungsflächen. Kotierte Projektionen. 2., durchgesehene und ergänzte Auflage. 129 Seiten, 86 Abbildungen. 1959. (143)
III: Axonometrie und Perspektive. 2. Auflage. 127 Seiten, 100 Abbildungen. In Vorbereitung. (144)

Analytische Geometrie von *K. P. Grotemeyer*. 2. Auflage. 202 Seiten, 73 Abbildungen. 1961. (65/65a)

Nichteuklidische Geometrie. Hyperbolische Geometrie der Ebene von *R. Baldus †*. Durchgesehen und herausgegeben von *F. Löbell*. 3., verbesserte Auflage. 140 Seiten, 70 Figuren. 1953. (970)

Differentialgeometrie von *K. Strubecker* (früher *Rothe*). 3 Bände.
I: Kurventheorie der Ebene und des Raumes. 150 Seiten, 18 Figuren. 1955. (1113/1113a)
II: Theorie der Flächenmetrik. 195 Seiten, 14 Figuren. 1958. (1179/1179a)
III: Theorie der Flächenkrümmung. 254 Seiten, 38 Figuren. 1959. (1180/1180a)

Variationsrechnung von *L. Koschmieder*. 2 Bände. 2., neubearbeitete Auflage.
I: Das freie und gebundene Extrem einfacher Grundintegrale. 128 Seiten. 23 Figuren. 1961. (1074)

Einführung in die konforme Abbildung von *L. Bieberbach*. 5., erweiterte Auflage. 180 Seiten, 42 Figuren. 1956. (768/768a)

Vektoren und Matrizen von *S. Valentiner*. 2. Auflage. (9., erweiterte Auflage der „Vektoranalysis"). Mit Anhang: Aufgaben zur Vektorrechnung von *H. König*. 202 Seiten, 35 Figuren. 1960. (354/354a)

Versicherungsmathematik von *F. Böhm*. 2 Bände.
I: Elemente der Versicherungsrechnung. 3., vermehrte und verbesserte Auflage. Durchgesehener Neudruck. 151 Seiten. 1953. (180)
II: Lebensversicherungsmathematik. Einführung in die technischen Grundlagen der Sozialversicherung. 2., verbesserte und vermehrte Auflage. 205 Seiten. 1953. (917/917a)

Finanzmathematik von *M. Nicolas.* 192 Seiten, 11 Tafeln, 8 Tabellen und 72 Beispiele. 1959. (1183/1183a)

Physik

Einführung in die theoretische Physik von *W. Döring.* 5 Bände.
I: Mechanik. 2., verbesserte Auflage. 123 Seiten, 25 Abbildungen. 1960. (76)
II: Das elektromagnetische Feld. 2., verbesserte Auflage. 1961. In Vorbereitung. (77)
III: Optik. 117 Seiten, 32 Abbildungen. 1956. (78)
IV: Thermodynamik. 107 Seiten, 9 Abbildungen. 1956. (374)
V: Statistische Mechanik. 114 Seiten, 12 Abbildungen. 1957. (1017)

Mechanik deformierbarer Körper von *M. Päsler.* 199 Seiten, 48 Abbildungen. 1960. (1189/1189a)

Atomphysik von *K. Bechert* und *Ch. Gerthsen †.* 7 Bände.
I: Allgemeine Grundlagen. 1. Teil. 4., durchgesehene Auflage von *A. Flammersfeld.* 124 Seiten, 35 Abbildungen. 1959. (1009)
II: Allgemeine Grundlagen. 2. Teil. 4. Auflage. 1961. In Vorber. (1033)
III: Theorie des Atombaus. 1. Teil. 4., umgearbeitete Auflage. 148 Seiten, 16 Abbildungen. 1961. In Vorbereitung (1123/1123a)
IV: Theorie des Atombaus. 2. Teil. 3., umgearbeitete Auflage. 170 Seiten, 14 Abbildungen. 1954. (1165/1165a)

Differentialgleichungen der Physik von *F. Sauter.* 3., durchgesehene und ergänzte Auflage. 148 Seiten, 16 Figuren. 1958. (1070)

Physikalische Formelsammlung von *G. Mahler †.* Neubearbeitet von *K. Mahler.* 10., durchgesehene Auflage. 153 Seiten, 69 Figuren. 1959. (136)

Physikalische Aufgabensammlung von *G. Mahler †.* Neu bearbeitet von *K. Mahler.* Mit den Ergebnissen. 11. Auflage. 127 Seiten. 1961. (243)

Chemie

Geschichte der Chemie in kurzgefaßter Darstellung von *G. Lockemann.* 2 Bände.
I: Vom Altertum bis zur Entdeckung des Sauerstoffs. 142 Seiten, 8 Bildnisse. 1950. (264)
II: Von der Entdeckung des Sauerstoffs bis zur Gegenwart. 151 Seiten, 16 Bildnisse. 1955. (265/265a)

Anorganische Chemie von *W. Klemm.* 11. Auflage. 185 Seiten, 18 Abbildungen. 1960. (37)

Organische Chemie von *W. Schlenk.* 8., erweiterte Auflage. 272 Seiten, 16 Abbildungen. 1960. (38/38a)

Physikalische Methoden der Organischen Chemie von *G. Kresze.* 1961. In Vorbereitung. (44/44a)

Allgemeine und physikalische Chemie von *W. Schulze.* 2 Bände.
I: 5., durchgesehene Auflage. 139 Seiten, 10 Figuren. 1960. (71)
II: 5., verbesserte Auflage. 178 Seiten, 37 Figuren. 1961. (698/698a)

Versuche zur allgemeinen und physikalischen Chemie von *E. Dehn.* 1961. In Vorbereitung. (1201)

Molekülbau. Theoretische Grundlagen und Methoden der Strukturermittlung von *W. Schulze.* 123 Seiten, 43 Figuren. 1958. (786)

Physikalisch-chemische Rechenaufgaben von *E. Asmus.* 3., verbesserte Auflage. 96 Seiten. 1958. (445)

Maßanalyse. Theorie und Praxis der klassischen und der elektrochemischen Titrierverfahren von *G. Jander* und *K. F. Jahr.* 9., durchgesehene Auflage. 313 Seiten, 49 Figuren. 1961. (221/221a)

Qualitative Analyse von *H. Hofmann* u. *G. Jander*. 308 Seiten, 5 Abbildungen. 1960. (247/247 a)
Thermochemie von *W. A. Roth †*. 2., verbesserte Auflage. 109 Seiten, 16 Figuren. 1952. (1057)
Stöchiometrische Aufgabensammlung von *W. Bahrdt †* und *R. Scheer*. Mit den Ergebnissen. 7., durchgesehene Auflage. 119 Seiten. 1960. (452)
Elektrochemie und ihre physikalisch-chemischen Grundlagen von *A. Dassler*. 2 Bände.
II: 178 Seiten, 17 Abbildungen. 1950. (253)

Technologie

Die Chemie der Kunststoffe von *K. Hamann*, unter Mitarbeit von *W. Funke* und *H. D. Hermann*. 143 Seiten. 1960. (1173)
Warenkunde von *K. Hassak* und *E. Beutel †*. 2 Bände.
I: Anorganische Waren sowie Kohle und Erdöl. 8. Auflage. Neubearbeitet von *A. Kutzelnigg*. 119 Seiten, 18 Figuren. 1958. (222)
II: Organische Waren. 8. Auflage. Vollständig neubearbeitet von *A. Kutzelnigg*. 157 Seiten, 32 Figuren. 1959. (223)
Die Fette und Öle von *Th. Klug*. 6. Auflage. 143 Seiten. 1961. (335)
Die Seifenfabrikation von *K. Braun †*. 3., neubearbeitete und verbesserte Auflage von *Th. Klug*. 116 Seiten, 18 Abbildungen. 1953. (336)
Textilindustrie von *A. Blümcke*.
I: Spinnerei und Zwirnerei. 111 Seiten, 43 Abbildungen. 1954. (184)

Biologie

Einführung in die allgemeine Biologie und ihre philosophischen Grund- und Grenzfragen von *M. Hartmann*. 132 Seiten, 2 Abbildungen. 1956. (96)
Hormone von *G. Koller*. 2., neubearbeitete und erweiterte Auflage. 187 Seiten, 60 Abbildungen, 19 Tabellen. 1949. (1141)
Fortpflanzung im Tier- und Pflanzenreich von *J. Hämmerling*. 2., ergänzte Auflage. 135 Seiten, 101 Abbildungen. 1951. (1138)
Geschlecht und Geschlechtsbestimmung im Tier- und Pflanzenreich von *M. Hartmann*. 2., verbesserte Auflage. 116 Seiten, 61 Abbildungen, 7 Tabellen. 1951. (1127)
Symbiose der Tiere mit pflanzlichen Mikroorganismen von *P. Buchner*. 2., verbesserte und vermehrte Auflage. 130 Seiten, 121 Abbildungen. 1949. (1128)
Grundriß der Allgemeinen Mikrobiologie von *W.* u. *A. Schwartz*. 2 Bände. 2., verbesserte und ergänzte Auflage.
I: 147 Seiten, 25 Abbildungen. 1960. (1155)
II: 142 Seiten, 29 Abbildungen. 1961. (1157)

Botanik

Entwicklungsgeschichte des Pflanzenreiches von *H. Heil*. 2. Auflage. 138 Seiten, 94 Abbildungen, 1 Tabelle. 1950. (1137)
Morphologie der Pflanzen von *L. Geitler*. 3., umgearbeitete Auflage. 126 Seiten, 114 Abbildungen. 1953. (141)

Pflanzengeographie von *L. Diels †*. 5., völlig neubearbeitete Auflage von *F. Mattick*. 195 Seiten, 2 Karten. 1958. (389/389 a)

Die Laubhölzer. Kurzgefaßte Beschreibung der in Mitteleuropa gedeihenden Laubbäume und Sträucher von *F. W. Neger †* und *E. Münch †*. 3., durchgesehene Auflage, herausgegeben von *B. Huber*. 143 Seiten, 63 Figuren, 7 Tabellen. 1950. (718)

Die Nadelhölzer (Koniferen) und übrigen Gymnospermen von *F. W. Neger †* und *E. Münch †*. 4. Auflage, durchgesehen und ergänzt von *B. Huber*. 140 Seiten. 75 Figuren, 4 Tabellen, 3 Karten. 1952. (355)

Pflanzenzüchtung von *H. Kuckuck*. 2 Bände.
I: Grundzüge der Pflanzenzüchtung. 3., völlig umgearbeitete und erweiterte Auflage. 132 Seiten, 22 Abbildungen. 1952. (1134)
II: Spezielle gartenbauliche Pflanzenzüchtung (Züchtung von Gemüse, Obst und Blumen). 178 Seiten, 27 Abbildungen. 1957. (1178/1178 a)

Zoologie

Entwicklungsphysiologie der Tiere von *F. Seidel*. 2 Bände.
I: Ei und Furchung. 126 Seiten, 29 Abbildungen. 1953. (1162)
II: Körpergrundgestalt und Organbildung. 159 Seiten, 42 Abbildungen. 1953. (1163)

Das Tierreich
I: Einzeller, Protozoen von *E. Reichenow*. 115 Seiten, 59 Abbildungen. 1956. (444)
II: Schwämme und Hohltiere von *H. J. Hannemann*. 95 Seiten, 80 Abbildungen. 1956. (442)
III: Würmer. Platt-, Hohl-, Schnurwürmer, Kamptozoen, Ringelwürmer, Protracheaten, Bärtierchen, Zungenwürmer von *S. Jaeckel*. 114 Seiten, 36 Abbildungen. 1955. (439)
IV, 1: Krebse von *H. E. Gruner* und *K. Deckert*. 114 Seiten, 43 Abbildungen. 1956. (443)
IV, 2: Spinnentiere (Trilobitomorphen, Fühlerlose) und Tausendfüßler von *A. Kaestner*. 96 Seiten, 55 Abbildungen. 1955. (1161)
IV, 3: Insekten von *H. von Lengerken*. 128 Seiten, 58 Abbildungen. 1953. (594)
V: Weichtiere. Urmollusken, Schnecken, Muscheln und Kopffüßer von *S. Jaeckel*. 92 Seiten, 34 Abbildungen. 1954. (440)
VI: Stachelhäuter. Tentakulaten, Binnenatmer und Pfeilwürmer von *S. Jaeckel*. 100 Seiten, 46 Abbildungen. 1955. (441)
VII, 1: Manteltiere, Schädellose, Rundmäuler von *Th. Haltenorth*. In Vorbereitung. (448)
VII, 2: Fische von *D. Lüdemann*. 130 Seiten, 65 Abbildungen. 1955. (356)
VII, 3: Lurche (Chordatiere) von *K. Herter*. 143 Seiten, 129 Abbildungen. 1955. (847)
VII, 4: Kriechtiere (Chordatiere) von *K. Herter*. 200 Seiten, 142 Abbildungen. 1960. (447/447 a)
VII, 5: Vögel (Chordatiere) von *H.-A. Freye*. 156 Seiten, 69 Figuren. 1960. (869)
VII, 6: Säugetiere (Chordatiere) von *Th. Haltenorth*. In Vorbereitung. (282)

Land- und Forstwirtschaft

Landwirtschaftliche Tierzucht. Die Züchtung und Haltung der landwirtschaftlichen Nutztiere von *H. Vogel*. 139 Seiten, 11 Abbildungen. 1952. (228)

Kulturtechnische Bodenverbesserungen von *O. Fauser*. 2 Bände. 5., verbesserte und vermehrte Auflage.
I: Allgemeines, Entwässerung. 127 Seiten, 49 Abbildungen. 1959. (691)
II: Bewässerung, Ödlandkultur, Flurbereinigung. 159 Seiten, 71 Abbildungen. 1961. (692)
Agrikulturchemie von *K. Scharrer*. 2 Bände.
I: Pflanzenernährung. 143 Seiten. 1953. (329)
II: Futtermittelkunde. 192 Seiten. 1956. (330/330a)

Geologie, Mineralogie, Kristallographie

Geologie von *F. Lotze*. 2., verbesserte Auflage. 178 Seiten, 80 Abbildungen. 1951. (13)
Mineral- und Erzlagerstättenkunde von *H. Huttenlocher †*. 2 Bände.
I: 2. Auflage. 128 Seiten, 34 Abbildungen. In Vorbereitung. (1014)
II: 156 Seiten, 48 Abbildungen. 1954. (1015/1015a)
Allgemeine Mineralogie. 10., erweiterte Auflage der „Mineralogie" von *R. Brauns †*, bearbeitet von *K. F. Chudoba*. 120 Seiten, 120 Figuren, 1 Tafel, 3 Tabellen. 1958. (29)
Spezielle Mineralogie. 10., erweiterte Auflage der „Mineralogie" von *R. Brauns †*, bearbeitet von *K. F. Chudoba*. 170 Seiten, 125 Figuren, 4 Tabellen. 1959. (31/31a)
Petrographie (Gesteinskunde) von *W. Bruhns †*. Neubearbeitet von *P. Ramdohr*. 5., erweiterte Auflage. 141 Seiten, 10 Figuren. 1960. (173)
Kristallographie von *W. Bruhns †*. 5. Auflage, neubearbeitet von *P. Ramdohr*. 109 Seiten, 164 Abbildungen. 1958. (210)
Einführung in die Kristalloptik von *E. Buchwald*. 4., verbesserte Auflage. 138 Seiten, 121 Figuren. 1952. (619)
Lötrohrprobierkunde. Mineraldiagnose mit Lötrohr- und Tüpfelreaktion. Von *M. Henglein*. 4., verbesserte Auflage. 91 Seiten, 11 Figuren. 1961. (483)

Technik

Graphische Darstellung in Wissenschaft und Technik von *M. Pirani*. 3., erweiterte Auflage bearbeitet von *J. Fischer* unter Benutzung der von *I. Runge* besorgten 2. Auflage. 216 Seiten, 104 Abbildungen. 1957. (728/728a)
Technische Tabellen und Formeln von *W. Müller*. 5., verbesserte und erweiterte Auflage von *E. Schulze*. 1961. In Vorbereitung. (579)
Grundlagen der Straßenverkehrstechnik von *E. Engel*. 1961. In Vorbereitung. (1198)

Elektrotechnik

Grundlagen der allgemeinen Elektrotechnik von *O. Mohr*. 2., durchgesehene Auflage. 260 Seiten, 136 Bilder, 14 Tafeln. 1961. (196/196a)
Die Gleichstrommaschine von *K. Humburg*. 2 Bände. 2., durchgesehene Auflage.
I: 102 Seiten, 59 Abbildungen. 1956. (257)
II: 101 Seiten, 38 Abbildungen. 1956. (881)
Die Synchronmaschine von *W. Putz*. 109 Seiten, 78 Abbildungen. 1961. (1146)
Induktionsmaschinen von *F. Unger*. 2., erweiterte Auflage. 142 Seiten, 49 Abbildungen. 1954. (1140)

Die komplexe Berechnung von Wechselstromschaltungen von *H. H. Meinke.* 2. Auflage. 180 Seiten, 120 Abbildungen. 1957. (1156/1156 a)

Theoretische Grundlagen zur Berechnung der Schaltgeräte von *F. Kesselring.* 3. Auflage. 144 Seiten, 92 Abbildungen. 1950. (711)

Einführung in die Technik selbsttätiger Regelungen von *W. zur Megede.* 2., durchgesehene Auflage. 180 Seiten, 86 Abbildungen. 1961. (714/714 a)

Elektromotorische Antriebe (Grundlagen für die Berechnung) von *A. Schwaiger.* 3., neubearbeitete Auflage. 96 Seiten, 34 Abbildungen. 1952. (827)

Überspannungen und Überspannungsschutz von *G. Frühauf.* Durchgesehener Neudruck. 122 Seiten, 98 Abbildungen. 1950. (1132)

Maschinenbau

Metallkunde von *H. Borchers.* 2 Bände.
I: Aufbau der Metalle und Legierungen. 5. Auflage. 120 Seiten, 90 Abbildungen, 2 Tabellen. In Vorbereitung. (432)
II: Eigenschaften, Grundzüge der Form- und Zustandsgebung. 3. und 4. Auflage. 179 Seiten, 107 Abbildungen, 10 Tabellen. 1959. (433/433 a)

Die Werkstoffe des Maschinenbaues von *A. Thum †* und *C. M. v. Meysenbug.* 2 Bände.
I: Einführung in die Werkstoffprüfung. 2., neubearbeitete Auflage. 100 Seiten, 7 Tabellen, 56 Abbildungen. 1956. (476)
II: Die Konstruktionswerkstoffe. 132 Seiten, 40 Abbildungen. 1959. (936)

Dynamik von *W. Müller.* 2 Bände. 2., verbesserte Auflage.
I: Dynamik des Einzelkörpers. 128 Seiten, 48 Figuren. 1952. (902)
II: Systeme von starren Körpern. 102 Seiten, 41 Figuren. 1952. (903)

Technische Schwingungslehre von *L. Zipperer.* 2 Bände. 2., neubearbeitete Auflage.
I: Allgemeine Schwingungsgleichungen, einfache Schwinger. 120 Seiten, 101 Abbildungen. 1953. (953)
II: Torsionsschwingungen in Maschinenanlagen. 102 Seiten, 59 Abbildungen. 1955. (961/961 a)

Werkzeugmaschinen für Metallbearbeitung von *K. P. Matthes.* 2 Bände.
I: 100 Seiten, 27 Abbildungen, 11 Zahlentafeln, 1 Tafelanhang. 1954. (561)
II: Fertigungstechnische Grundlagen der neuzeitlichen Metallbearbeitung. 101 Seiten, 30 Abbildungen, 5 Tafeln. 1955. (562)

Transformatoren von *W. Schäfer.* 3., überarbeitete und ergänzte Auflage. 130 Seiten, 73 Abbildungen. 1957. (952)

Das Maschinenzeichnen mit Einführung in das Konstruieren von *W. Tochtermann.* 2 Bände. 4. Auflage.
I: Das Maschinenzeichnen. 156 Seiten, 75 Tafeln. 1950. (589)
II: Ausgeführte Konstruktionsbeispiele. 130 Seiten, 58 Tafeln. 1950. (590)

Die Maschinenelemente von *E. A. vom Ende.* 4., verbesserte Auflage. 166 Seiten. 175 Figuren, 9 Tafeln. In Vorbereitung. (3/3 a)

Die Maschinen der Eisenhüttenwerke von *L. Engel.* 156 Seiten, 95 Abbildungen. 1957. (583/583a)

Walzwerke von *H. Sedlaczek* † unter Mitarbeit von *F. Fischer* und *M. Buch.* 232 Seiten, 157 Abbildungen. 1958. (580/580a)

Getriebelehre von *P. Grodzinski* †. 2 Bände.
I: Geometrische Grundlagen. 3., neubearbeitete Auflage von *G. Lechner.* 164 Seiten, 131 Figuren. 1960. (1061)

Gießereitechnik von *H. Jungbluth.* 2 Bände.
I: Eisengießerei. 126 Seiten, 44 Abbildungen. 1951. (1159)

Die Dampfturbinen. Ihre Wirkungsweise, Berechnung und Konstruktion von *C. Zietemann.* 3 Bände. 3., verbesserte Auflage.
I: Theorie der Dampfturbinen. 139 Seiten, 48 Abbildungen. 1955. (274)
II: Die Berechnung der Dampfturbinen und die Konstruktion der Einzelteile. 132 Seiten, 111 Abbildungen. 1956. (715)
III: Die Regelung der Dampfturbinen, die Bauarten, Turbinen für Sonderzwecke, Kondensationsanlagen. 126 Seiten, 90 Abbildungen. 1956. (716)

Verbrennungsmotoren von *W. Endres.* 3 Bände.
I: Überblick. Motor-Brennstoffe. Verbrennung im Motor allgemein, im Otto- und Diesel-Motor. 153 Seiten, 57 Abbildungen. 1958. (1076/1076a)
II: Die heutigen Typen der Verbrennungskraftmaschine. In Vorbereitung. (1184)
III: Die Einzelteile des Verbrennungsmotors. In Vorbereitung. (1185)

Autogenes Schweißen und Schneiden von *H. Niese.* 5. Auflage, neubearbeitet von *A. Küchler.* 136 Seiten, 71 Figuren. 1953. (499)

Die elektrischen Schweißverfahren von *H. Niese.* 2. Auflage, neubearbeitet von *H. Dienst.* 136 Seiten, 58 Abbildungen. 1955. (1020)

Die Hebezeuge. Entwurf von Winden und Kranen von *G. Tafel.* 2., verbesserte Auflage. 176 Seiten, 230 Figuren. 1954. (414/414a)

Wasserbau

Wasserkraftanlagen von *A. Ludin* unter Mitarbeit von *W. Borkenstein.* 2 Bände.
I: Planung, Grundlagen und Grundzüge. 124 Seiten, 60 Abbildungen. 1955. (665)
II: Anordnung und Ausbildung der Hauptbauwerke. 184 Seiten, 91 Abbildungen. 1958. (666/666a)

Verkehrswasserbau von *H. Dehnert.* 3 Bände.
I: Entwurfsgrundlagen, Flußregelungen. 103 Seiten, 52 Abbildungen. 1950. (585)
II: Flußkanalisierung und Schiffahrtskanäle. 94 Seiten, 60 Abbildungen. 1950. (597)
III: Schleusen und Hebewerke. 98 Seiten, 70 Abbildungen. 1950. (1152)

Wehr- und Stauanlagen von *H. Dehnert.* 134 Seiten, 90 Abbildungen. 1952. (965)

Talsperren von *F. Tölke.* 122 Seiten, 70 Abbildungen. 1953. (1044)

Hoch- und Tiefbau

Die wichtigsten Baustoffe des Hoch- und Tiefbaus von *O. Graf †*. 4., verbesserte Auflage. 131 Seiten, 63 Abbildungen. 1953. (984)

Baustoffverarbeitung und Baustellenprüfung des Betons von *A. Kleinlogel*. 2., neubearbeitete und erweiterte Auflage. 126 Seiten, 35 Abbildungen. 1951. (978)

Festigkeitslehre. 2 Bände.
I: Elastizität, Plastizität und Festigkeit der Baustoffe und Bauteile von *W. Gehler †* und *W. Herberg*. Durchgesehener und erweiterter Neudruck. 159 Seiten, 118 Abbildungen. 1952. (1144)
II: Formänderung, Platten, Stabilität und Bruchhypothesen von *W. Herberg* und *N. Dimitrov*. 187 Seiten, 94 Abbildungen. 1955. (1145/1145a)

Grundlagen des Stahlbetonbaus von *A. Troche*. 2., neubearbeitete und erweiterte Auflage. 208 Seiten, 75 Abbildungen, 17 Bemessungstafeln, 20 Rechenbeispiele. 1953. (1078)

Statik der Baukonstruktionen von *A. Teichmann*. 3 Bände.
I: Grundlagen. 101 Seiten, 51 Abbildungen, 8 Formeltafeln. 1956. (119)
II: Statisch bestimmte Stabwerke. 107 Seiten, 52 Abbildungen, 7 Tafeln. 1957. (120)
III: Statisch unbestimmte Systeme. 112 Seiten, 34 Abbildungen, 7 Formeltafeln. 1958. (122)

Fenster, Türen, Tore aus Holz und Metall. Eine Anleitung zu ihrer guten Gestaltung, wirtschaftlichen Bemessung und handwerksgerechten Konstruktion von *W. Wickop †*. 4., überarbeitete und ergänzte Auflage. 155 Seiten, 95 Abbildungen. 1955. (1092)

Heizung und Lüftung von *W. Körting*. 2 Bände. 9., neubearbeitete Auflage.
I: Das Wesen und die Berechnung der Heizungs- und Lüftungsanlagen. 1961. In Vorbereitung. (342)
II: Die Ausführung der Heizungs- und Lüftungsanlagen. 1961. In Vorbereitung. (343)

Industrielle Kraft- und Wärmewirtschaft von *F. A. F. Schmidt* und *A. Beckers*. 167 Seiten, 73 Abbildungen. 1957. (318/318a)

Vermessungswesen

Vermessungskunde von *P. Werkmeister*. 3 Bände.
I: Stückvermessung und Nivellieren. 11., völlig neubearbeitete Auflage von *W. Grossmann*. 143 Seiten, 117 Figuren. In Vorbereitung. (468)
II: Horizontalaufnahmen und ebene Rechnungen. 8., völlig neubearbeitete Auflage von *W. Grossmann*. 133 Seiten, 97 Figuren. 1959. (469)
III: Trigonometrische und barometrische Höhenmessung. Tachymetrie und Absteckungen. 7., völlig neubearbeitete Auflage von *W. Grossmann*. 136 Seiten, 97 Figuren. 1960. (862)

Photogrammetrie von *G. Lehmann*. 189 Seiten, 132 Abbildungen. 1959. (1188/1188a)

Sammlung Göschen / Bandnummernfolge

1 Langosch, Der Nibelunge Nôt
3/3a v. Ende, Maschinenelemente
10 Jiriczek-Wisniewski, Kudrun-und Dietrich-Epen
13 Lotze, Geologie
18 Maurer, Hartmann von Aue. Der arme Heinrich
19 Altheim, Römische Geschichte I
20 Hofstaetter, Dt. Sprachlehre
22 Maurer, Gottfried von Strassburg
29 Brauns-Chudoba, Allg. Mineralog.
31/31a Brauns-Chudoba, Spez. Mineralogie
35 Treue, Dt. Geschichte von 1648 bis 1740
37 Klemm, Anorganische Chemie
38/38a Schlenk, Organische Chemie
39 Treue, Dt. Geschichte von 1713 bis 1806
42 Behn-Hoernes, Vorgesch. Europas
44/44a Kresze, Physikalische Methoden der organischen Chemie
47 Fischer-Rohrbach, Arithmetik
51/51a Ringleb, Mathem. Formelslg.
52 Bieler, Röm. Literaturgesch. I
59 Krahe, Indog. Sprachwiss. I
60 Biehle, Stimmkunde
61 Biehle, Redetechnik
64 Krahe, Indog. Sprachwiss. II
65/65a Grotemeyer, Analyt. Geomet.
66 Berneker-Vasmer, Russische Grammatik
70 Nestle-Liebich, Gesch. d. griech. Literatur I
71 Schulze, Allgemeine und physikalische Chemie I
76 Döring, Einf. i. d. th. Physik I
77 Döring, Einf. i. d. th. Physik II
78 Döring, Einf. i. d. th. Physik III
79/79a Hempel, Got. Elementarbuch
80 Weigert, Stilkunde I
81 Schubert-Haussner-Erlebach, Vierstell. Logarithmentafeln
86/86a Barner, Differential- u. Integralrechn. I
96 Hartmann, Einf. in die allgem. Biologie
99 Hessenberg-Kneser, Ebene und sphär. Trigonometrie
101 v. Wiese, Soziologie
103 Dahrendorf, Industrie- und Betriebssoziologie
104/104a Hofstätter, Sozialpsycholog.
111 Hoffmann-Debrunner, Gesch. der griechischen Sprache I
114 Debrunner, Gesch. der griechisch. Sprache II
117 Brandenstein, Griechische Sprachwissenschaft I
118/118a Brandenstein, Griechische Sprachwissenschaft II
119 Teichmann, Statik der Baukonstruktionen I
120 Teichmann, Statik der Baukonstruktionen II
122 Teichmann, Statik der Baukonstruktionen III
125 Vossler-Noyer-Weidner, Ital. Literaturgeschichte
128/128a Lausberg, Romanische Sprachwissenschaft I
136 Mahler, Physikal. Formelslg.
141 Geitler, Morphologie der Pflanzen
142 Haack, Darstellende Geometrie I
143 Haack, Darstellende Geometrie II
144 Haack, Darstellende Geometrie III
145 Weimer, Gesch. der Pädagogik
148 Kolms, Finanzwissenschaft I
156/156a Landmann, Philosophische Anthropologie
170 Oehlmann, Musik des 19. Jhs.
171/171a Oehlmann, Musik des 20. Jhs.
173 Bruhns-Ramdohr, Petrographie
180 Böhm, Versicherungsmathem. I
184 Blümcke, Textilindustrie I
196/196a Mohr, Grundlagen der Elektrotechnik
200/200a Gottschald, Dt. Rechtschreibungswörterbuch
210 Bruhns-Ramdohr, Kristallogr.
220/220a Moser, Allg. Musiklehre
221/221a Jander-Jahr, Maßanalyse
222 Hassak-Beutel-Kutzelnigg, Warenkunde I
223 Hassak-Beutel-Kutzelnigg, Warenkunde II
226 Hofmann, Gesch. d. Mathem. I
228 Vogel, Landw. Tierzucht
231/231a Ehrlich, Geschichte Israels
238 Krahe, German. Sprachwiss. I
243 Mahler, Physikal. Aufgabenslg.
247/247a Hofmann-Jander, Qualitative Analyse

1147 v. Waltershausen, Kunst des Dirigierens
1148 Pepping, Der polyphone Satz I
1152 Dehnert, Verkehrswasserbau III
1153/1153a Mellerowicz, Allgemeine Betriebswirtschaftslehre II
1154/1154a Mellerowicz, Allgemeine Betriebswirtschaftslehre III
1155 Schwartz, Mikrobiologie I
1156/1156a Meinke, Komplexe Berechn. v. Wechselstromschalt.
1157 Schwartz, Mikrobiologie II
1158 Mayrhofer, Sanskrit-Grammatik
1159 Jungbluth, Gießereitechnik I
1160 Dibelius-Kümmel, Paulus
1161 Kaestner, Spinnentiere
1162 Seidel, Entwicklungsphysiologie der Tiere I
1163 Seidel, Entwicklungsphysiologie der Tiere II
1164/1164a Pepping, Der polyphone Satz II
1165/1165a Bechert-Gerthsen, Atomphysik IV
1169 Paulsen, Allgemeine Volkswirtschaftslehre I
1170 Paulsen, Allgemeine Volkswirtschaftslehre II
1171 Paulsen, Allgemeine Volkswirtschaftslehre III
1172 Paulsen, Allgemeine Volkswirtschaftslehre IV
1173 Hamann-Funke-Hermann, Chemie der Kunststoffe
1176/1176a Lorenzen, Formale Logik
1178/1178a Kuckuck, Pflanzenzüchtung II
1179/1179a Strubecker, Differentialgeometrie II
1180/1180a Strubecker, Differentialgeometrie III
1181 Franz, Topologie I
1183/1183a Nicolas, Finanzmathematik
1184 Endres, Verbrennungsmot. II
1185 Endres, Verbrennungsmot. III
1186/1186a Mellerowicz, Allgemeine Betriebswirtschaftslehre IV
1187 Lau, Luther
1188/1188a Lehmann, Photogrammetrie
1189/1189a Päsler, Mechanik deformierbarer Körper
1190 Stupperich, Melanchthon
1191/1191a Bräuer, Slav. Sprachwissenschaft I
1193 Fürstenberg, Wirtschaftssoziologie
1194 Wendt, Gesch. d. Volkswirtschaftslehre
1195 Ohm, Allgem. Volkswirtschaftspolitik I
1197/1197a Onasch, Einf. in die Konfessionskunde der orthod. Kirchen
1198 Engel, Grundlagen der Straßenverkehrstechnik
1199 Lausberg, Romanische Sprachwissenschaft III
1200 Lausberg, Romanische Sprachwissenschaft IV
1201 Dehn, Versuche zur allgem. u. phys. Chemie
1202 Nagel, Gesch. des christl. Gottesdienstes

Autorenregister

FSC
www.fsc.org
MIX
Papier | Fördert
gute Waldnutzung
FSC® C083411

Kolibri 360 GmbH
Ferdinand-Jühlke-Straße 7
99095 Erfurt, Deutschland
produktsicherheit@kolibri360.de